北陸中部廣域圖
輪島
珠洲
柏崎
七尾
高岡
富山
白馬村
長野
金沢
富山県
小松
加賀
石川県
白川村
松本
輕井澤町
佐久
高山
長野県
福井
福井県
伊那
岐阜県
郡上
下呂
甲府
山梨県
中津川
阿智村
岐阜
富士山
琵琶湖
名古屋
滋賀県
豊田
愛知県
四日市
安城
豊橋
津
東京
大阪
伊勢
三重県
志摩

U0023131

INDEX

景點標誌索引：

書內將景點分類，一眼分辨食、買、玩等類別，方便讀者尋找景點。

餐廳/小吃　購物/手信　玩樂/體驗　遊覽/景觀　動物園/水族館/動物Cafe　博物館/美術館/藝術

酒店/旅館/民宿　溫泉/溫泉旅館　交通工具　寺廟　教堂　神社

岐阜縣
下呂市 3-5
奧飛驒溫泉鄉 3-28
高山 3-13
白川鄉 3-33
福井縣
越前 & 勝山市 4-3
敦賀市 4-9
石川縣
金澤市 5-2
能登半島 5-20
富山縣
富山市 6-3
立山黑部 6-18
黑部峽谷 6-25
高岡市 6-31
冰見市 6-37
旅遊須知 info-0

名古屋屬於日本的中部，一般大家去玩名古屋，其實就是指中部北陸這個範圍，包括了愛知縣（名古屋）、福井、富山、石川（金澤）、岐阜（白川鄉）和三重等。在中部北陸一帶，有好多天然的觀光資源，特別對於我這個很喜歡攝影的人，中部北陸地區，更是愛不惜手。登上立山黑部拍攝秘境，冬天去住合掌屋拍攝雪景，也是難得的旅行主題。

由於中部北陸一帶都有不少沿海區域，想吃到又平又新鮮的海鮮，這一帶是最佳的選擇，如福井三國地區的越前蟹、金澤的近江町市場和三重縣的海女小屋及伊勢海老，還有我吃極都不膩的松阪牛，都是一眾老饕必去的地方。

從東京出發去富山和金澤，利用北陸新幹線，只要3個小時就到，回程可以由名古屋回港，又或者回到東京繼續Shopping，這一帶的行程實在是太多選擇，我有些日本人朋友，更是很流行利用新幹線去富山和金澤來一個周末旅行。

去厭了大城市東京大阪，又嫌沖繩不太日本，你下一個旅行可以考慮中部北陸吧 ！

沙米

鳴謝： JNTO 日本國家旅遊局 日本國家旅遊局 (JNTO)
www.welcome2japan.hk

名古屋新事

【 2023 年 1 月 】

地鐵站名變更

	變更前	變更後
名城線	市役所 駅	名古城 駅
名城線	傳馬町 駅	熱田神宮傳馬町 駅
名城線	神宮西 駅	熱田神宮西 駅
櫻通線	中村區役所 駅	太閤通 駅

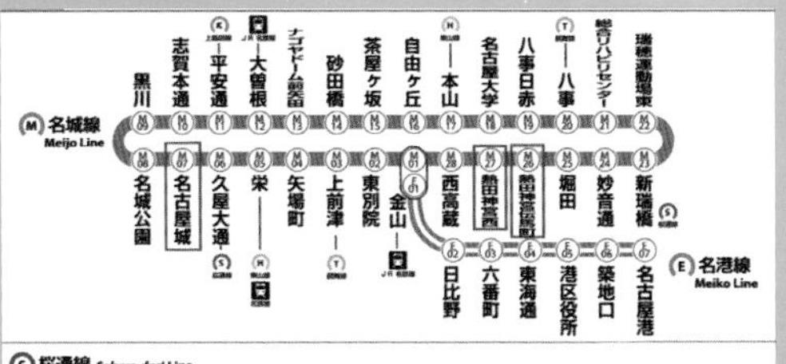

遊名古屋的朋友注意了，當地政府為了方便遊客更直觀了解，將名城線中**市役所駅**、**伝馬町駅**、**神宮西駅**及櫻通線的**中村區役所駅**4個地鐵站更名。想去名古城的話，可以在名城線的**名古城駅**下車；去熱田神宮的話，可以在名城線的**熱田神宮伝馬町駅**和**熱田神宮西駅**下車；由於中村區役所遷至東山線本陣車站附近，所以中村區役所駅亦改名為**太閤通駅**。

網址：https://www.kotsu.city.nagoya.jp/jp/sp/

鶴舞公園 【 2023 年 5 月 】

TSURUMA GARDEN

地下鐵鶴舞線
鶴舞駅4號出口
步行4分鐘

鶴舞公園是名古屋有名的賞花場地，而當地政府為了活化鶴舞公園，決定改建。新商業設施TSURUMA GARDEN是新建的木造建築，分為三區，與公園原本風貌融為一體，賞完花還可以直接在公園用餐，很是方便。現時TSURUMA GARDEN已有14間餐廳及小食店開業，匯聚肉類菜餚、甜點和食品銷售等流行美食，像是有販售華夫餅和雪糕的甜點店「Tri-pot cafe」、炸豬排定食店「カツレツMATUMURA」等，總有一家合乎你的口味！

地址：愛知縣名古屋市昭和區鶴舞1
電話：052-733-8340（名古屋市綠化中心）
營業時間：各店不同
網頁：https://tsurumagarden.com/

名古屋新事

永旺夢樂城 豐川

為了滿足遊客多種需求，包括綠化的花園空間、可以享受運動和戶外體驗的戶外廣場以及購物需求，Aeon大型商場在豐川市白鳥町兔城開幕。商場一共有3層，1F以戶外&生活時尚為主題，並設有遊樂設施和噴泉，家長可以購物之餘亦有給小朋友遊玩的地方；2F設有Toyokawa Dining，是匯聚21家食品店的美食區，遊客可以在此買好小吃再在同一層的「中央公園」內享用餐點；3F設有大型美食廣場Food Forest，還有Capcom最新的娛樂設施「MIRAINO」和書店x Cafe的「本の豊川堂×nido cafe」等商店，滿足遊客不同的需求。

地址：愛知縣豐川市白鳥町兔足 1-16
電話：052-733-8340（名古屋市綠化中心）
營業時間：商店 10:00am-9:00pm
餐廳 11:00am-10:00pm，各店不同
網頁：https://toyokawa.aeonmall.com/

吉卜力公園

【2022年1月】

地下鐵東山線藤が丘駅下車，再轉磁浮列車リニモ 於「愛・地球博記念公園」下車

吉卜力官方與當地政府達成合作，保留2005年萬國博覽會會場並安排擴建，預計2024年3月完成全部擴建。目前開放4個園區，有關吉卜力公園詳細資訊，請參閱F1的吉卜力公園專題內容。

地址：愛知縣長久手市茨ケ廻間乙 1533-1
電話：0561-64-1130
營業時間：10:00am-5:00pm，星期六日及假期 9:00am-5:00；
星期二休息，如遇假期會順延
網頁：https://ghibli-park.jp/

龍貓迷不能錯過 —

交通：地下鐵東山線藤が丘駅下車，再轉磁浮列車リニモ於「愛●地球博記念公園」下車

2005年，愛知縣舉辦了萬國博覽會，讓世界更多人認識了這個地方，而這個愛●地球博記念公園就是當年的會場之一。隨著萬國博覽會落幕，這裡也保留下來。本來是一個供居民日常休憩的地方，因為保留了當時很受注目的「皐月與小梅的家」(サツキとメイの家)，即是宮崎駿動畫《龍貓》兩姊妹的家，成了各地宮崎駿迷必到的朝聖之地。後期改建分為三階段，在2022年11月，第一階段改建已完成並開放參觀。第一階段開放了五大園區中的「ジブリの大倉庫」、「どんどこ森」和「青春の丘」；而第二階段的園區「もののけの里」亦於2023年11月開放，現在就讓小編介紹一下這四個園區的特色吧！

來到這個公園，就一定可以嘗試乘坐磁浮列車了。

入口處的電梯塔以《哈爾移動城堡》和《天空之城》形象來設計，每位參觀者都可以乘坐，電梯後方有個展望台欣賞風景。

來拯救希達吧！

ジブリの大倉庫

吉卜力大倉庫有一個影片展覽室和三個特別展覽。影片展覽共有十部動畫短片，每月播放一部；特別展覽分為「化身吉卜力角色名場面展」、「《飲食描繪》增補改訂版」和「滿滿吉卜力展」，重現了電影中場景與細節。參觀完展覽，走進南街，街上有熱風書店、大空模型和駄菓子 猫かぶり姫，南街之外還有更大型的精品店冒險飛行團，眾多吉卜力相關精品，相信會令人情不自禁地瘋狂購買。買好戰利品，肚子空空的話可以到大陸橫斷飛行咖啡廳，品嚐三明治和披薩等等輕食，也可以到旁邊牛奶小賣櫃嚐嚐《風起》中的西伯利亞蛋糕和在地牛奶哦！

門票：大人 (13 歲或以上) ¥2,000，星期六日及假期 ¥2,500，小童半價
入場時間：9:00am-3:00pm，每小時整點入場

等比放大了亞莉亞蒂的房屋，從小矮人的角度感受主角所看到世界。

地球屋內部環境，記得地球屋內不能拍攝！(圖片截圖至官方)

青春の丘

由《夢幻街少女》中地球屋和迴旋廣場、《貓之報恩》中貓之事務所以及以19世紀末空想科學為主題的電梯塔所組合的青春之丘。園區中的地球屋1樓重現男主角天澤聖司學習製作小提琴的工作坊，而2樓空間擺放了機械鐘、玩偶、木馬、原石等小道具，遊客還可以從陽台上可以眺望愛•地球博記念公園。貓之事務所是按照貓咪大小來建造的木造平屋，遊客還可以從小平房的窗戶看到貓男爵和阿肥身影和精緻的家具。順帶一提，遊客可以在地球屋買明信片和紀念郵票，從園區寄出的話會有吉卜力限定印章哦！

門票：大人 (13 歲或以上) ¥1,000，小童半價
入場時間：9:00am-4:00pm，每半時入場

鈴木宅前面的電話亭，拿起聽筒聽的話會隨機聽到不同的貓叫聲。

晴天的話，貓之事務所前會放一份貓日新聞，遊客可以拿起來看看哦。

吉卜力公園

どんどこ森

《龍貓》深入民心，是宮崎駿的代表作。2005為了愛知萬博把劇內兩姊妹皐月與小梅（港譯：草子和次子）所住的小屋，真實地呈現出來，讓人走進去彷如走進了龍貓故事的世界中，之後保留下來，變成どんどこ森的一部份。這裡做得一絲不苟，連抽屜裡的物件，全部都是昭和時代的東西，而且擺設更會隨四季而變。在草壁家後方，有どんどこ堂，裡面有一個高約5米的木製龍貓遊樂設施，但是因為很小，限定了只有兒童才能進去遊玩。龍貓旁邊有小販賣所，當中有會場限定御守以及龍貓模型。身為龍貓迷的遊客，一定要來這買買買！

門票：大人 (13 歲或以上) ￥1,000，小童半價
入場時間：9:00am-4:00pm，每半時入場

もののけの里

もののけの里靈感來自《幽靈公主》中的達達拉城風景，同時亦與愛知原有鄉村環境進行配合調和。園區除了放置巨型魔崇神像外，還設有主題學習設施「タタラ場」體驗製作在地鄉土料理五平餅(需另外付費)。另外園內亦遊樂設施一乙事主大型滑梯，長約3.4米，只要是12歲以下的小朋友都可以遊玩。

門票：大人 (13 歲或以上) ¥2,500，
星期六日及假期 ¥3,000，小童半價
(票價已包括ジブリの大倉庫門票，不可獨立購買もののけの里門票)
入場時間：沒有固定時間入場，只需在 4:00pm 入場即可

園內交通資訊

由於どんどこ森園區較遠，從下車位以成人速度步行到此需時約25分鐘，所以園方有提供免費的纜車與巴士接載遊客。而巴士除了到どんどこ森還會到ジブリの大倉庫，如果要乘坐巴士，因為班次不算頻密，記得要留意一下班次表啊。

停站點

地球市民交流センター→あいちサトラボ→大芝生広場
ジブリの大倉庫→公園西口→
日本庭園→どんどこ森

平日	**地球市民交流センター 出發**	**どんどこ森 出發**
首班車	9:00am	9:20am
中間班次	9:00am-4:00pm，每 00 及 40 分開出	10:00am-5:00pm，每 00 及 20 分開出
尾班車	5:00pm	5:20pm

星期六日及假日	**地球市民交流センター 出發**	**どんどこ森 出發**
首班車	8:20am	8:40am
中間班次	9:00am-4:00pm，每 00、20 及 40 分開出	10:00am-4:00pm，每 00、20 及 40 分開出
尾班車	5:00pm	5:20pm

* 資料截自 2023 年 9 月

購買資訊

吉卜力公園採取完全預約制，每個月10號下午2點會開放購買未來三個月的入場券。現時官方也開放海外預購，但海外預購可選擇的時間段會比日本當地預購來得少(每個園區只提供2個時段選擇)，如果有日本手機號碼能收到驗證短訊，建議還是日本購票比較好。除此之外，Klook和KKday亦提供ジブリの大倉庫門票+名古屋酒店住宿2日一夜套票，遊客可以需購買。

日本購票網：https://l-tike.com/bw-ticket/ghibli/ghibli-park/#daisouko
海外購票網：https://ghibli-park.jp/en/ticket/

地址：愛知縣長久手市茨ケ廻間乙 1533-1
電話：0561-64-1130 **網頁**：https://ghibli-park.jp/
營業時間：10:00am-5:00pm，星期六日及假期 9:00am-5:00；星期二休息，如遇假期會順延

吉卜力公園

日本人說名古屋是最悶的地方，其實日本人只總結了名古屋市中心部份，在愛知縣有不少適合一家大小的遊園地，單是名古屋就佔了四個了！

名古屋七大主題園地

1 積木樂園 名古屋Legoland

交通：JR名古屋駅乘あおなみ線，於金城ふ頭駅下車

人氣最高的Cat Cloud，自己動手拉自己上去，就像慢版跳樓機。

日本Legoland共分成七大園區，分別是海盜區、BrickTopia、冒險世界、騎士王國、Miniland、Lego City和樂高工廠，遊樂設施、體驗多達四十幾種，能和馬來西亞的Legoland看齊，更重要的是，父母帶小朋友玩完Legoland，還可以在名古屋市內購物，因為從名古屋站前往Legoland約30分鐘車程，十分方便。這個Legoland雖然面積不大，但如果在開園時進場，一般玩半天就可以完成，然後順道帶小朋友到附近的磁浮鐵道博物館再玩，可以玩足一整天！ 但大家要留意，官方表示樂園是為了2至12歲的小朋友而設，因此園內並沒有給大人玩樂的設施。

Lego人會不時走出來跟大家合照。

無難度海盜船Pirate Lock Up，坐中間最安全，包你玩到面不改容。

Splash Battle水炮海盜船，你可以和岸上的人一起舉行水戰。

地址：愛知縣名古屋市港區金城ふ頭 2-2-1
電話：050-5840-0505
營業時間：10:00am-5:00pm/6:00pm/7:00pm（時間視乎不同日子而定，出發前先留意官網）
門票：(19 歲或以上）¥6,200，(3 至 18 歲）¥3,300
網頁：www.legoland.jp

同場加映

Maker's Pier

Maker's Pier是一個大型戶外商場，內有六十多家店舖，當中包括不少食肆，例如炸串名店串家物語、富士山 55沾麵、熟成牛排 店Gottie's Beef、Café and Pancakes GRAM、香腸及軟雪糕專門店Moku Moku Ham工房等。而商場亦有很多可以親身參與製作的店舖，包括磨製綠茶、雕刻圖章及製作食物模型的さんぷる工房等。另外商場有一個大草坪及噴水池，覺得只去Legoland唔夠喉的話一定要來！

地址：愛知縣名古屋市港區金城ふ頭 2-7-1
電話：052-304-8722
營業時間：商店 10:00am-6:00pm，餐廳 11:00am-9:00pm
網頁：www.makerspier.com

2 了解日本鐵道的發展
JR磁浮鐵道館（JRリニア鉄道館）

交通：於JR名古屋駅乘あおなみ線於金城ふ頭駅下車步行2分鐘

日本有很多鐵道館，而名古屋這個是以磁浮鐵道為主題，佔地1萬4千平方公尺，跟名古屋巨蛋差不多大小。除了展示有關磁浮鐵道和新幹線發展的資料外，還收藏了很多從前在JR東海路線行走過的退役列車，讓大家可以一切身體驗日本鐵道的發展歷史。此外，大人和小朋友更可參與體驗駕駛模擬列車，也可以在火車上拍照。

世界最高車速列車

一走進館內，馬上就給三輛列車吸引著。這三輛歡迎大家的列車，是大有來頭的，因為這三輛就是在歷史上留下最高車速的三款列車，正正就是緊扣這裡的主題，讓大家不止回顧過去的鐵道發展史，更希望大家和日本的鐵道一起成長。

C62形蒸氣機關車

這是日本現存最大的蒸氣機關車，在1954年曾創下時速129km的窄軌機關車最高記錄，在那個年代，這是一個十分超卓的成績。據説，當年松本零士創作《銀河鐵道999》都是以此來作藍本。

955形新幹線試驗電車300X

雖然這電車是用來作測試之用，但當年發展N700新幹線便以此作為基礎。在1996，這電車已創下時速443km的世界最快速度，真正的印證到日本的鐵道發展技術已經十分成熟。

超電導リニア　MLX01－1

這輛車可説是未來的新幹線，結合了日本高技術而研發出來的磁浮列車。這輛劃時代的火車，預計2027年開通之後，從名古屋到東京只要40分鐘，在2003年實驗時，最高車速達581km，至今世界上仍未有列車可以打破記錄。

模擬體驗

館內另一注目地方，就是列車模擬器。模擬器提供在來線的「駕駛體驗」和「車掌體驗」，以及新幹線的「N700駕駛體驗」。新幹線「N700駕駛體驗」和在來線「車掌體驗」需先前往1樓的「館內總合案內」購票，在來線「駕駛體驗」則在模擬器前的售票機購票，分別每次￥500，數量有限，先到先得。

新幹線N700駕駛體驗在來線駕駛體驗

每個模擬體驗都要付款的，只要你抽中後便到指定地點付費，然後就會安排時間體驗。

日本一早就研發出時速500km以上的磁浮列車，想體驗車廂中的感覺，可以來這裡免費試一次。

模擬車廂的前方就有顯示列車時速，大家一起體驗一下500km時速的感覺。

這裡更有解構入閘機，看過了解說，自己可以親身試一次由買票到入閘的過程。

親身體驗真實列車

館內有很多已退役的列車，大部份都可以供大家上車參觀車廂內部，是十分珍貴的體驗。

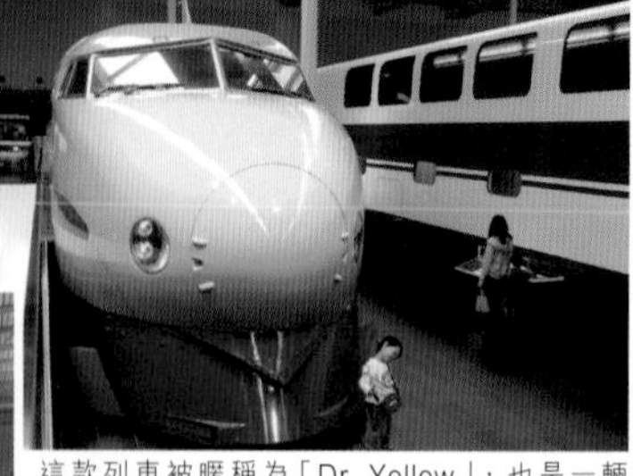

這款列車被暱稱為「Dr. Yellow」，也是一輛試驗列車，用來測試新幹線的軌道及電路訊號，因為車身用上鮮豔的黃色，加上極少會看見，有人説看到Dr. Yellow就是會得到幸福了。

「0」系新幹線是日本第一代正式行走的新幹線，1964年正或在東海道路線行走，現在已經淘汰了，但它在鐵道史上有著重要的地位，也代表了日本的鐵道里程打開了新的一頁。

展示的車廂，很多都是大正和昭和時代所用到的，連車廂都充滿懷舊氣息，大家拍照可以拍個夠了。

原來從前的長途火車都設有餐廳車廂，而且設計豪華，據知當時有些概念是來自飛機機艙，在火車吃東西就好像吃飛機餐一樣。

館內把整個JR東海道東京至大阪的路段都縮小在模型內，單是把所有重點景點找出來也是樂趣。這裡還會有白天和黑夜的變化，大家可以了解到鐵道一整天的運作。

Tips：多國語言聲音導航

入場人士可到貼有免費WiFi標示的上網熱點連接館內免費WiFi，並啟動瀏覽器登入網站，便能享用免費的語音導航，詳盡解釋館內各種展品。對應語言：日語、英語、普通話、韓語、法語、德語、西班牙語及葡萄牙語。

audioguide_WIFI

地址：愛知縣名古屋市港區金城ふ頭 3-2-2
電話：052-389-6100
營業時間：10:00am-5:30pm，星期二休息
入場費：成人 ¥1,000，小童 ¥500
網頁：http://museum.jr-central.co.jp

3 適合一家大小
名古屋水族館

交通：地下鐵名古屋港駅3號出口步行4分鐘

名古屋水族館是一個很地道的景點，因為就算連名古屋人，都喜歡在假日帶小朋友到這裡。這裡就建在日本海旁，海豚表現的劇場可以看到海，把自然環境和水族館融合起來。這裡最人氣的是2012年開始居住在這裡的白鯨Mirai，還有虎鯨Lynn，經常獲媒體的報導呢 ！

這裡的海豚表演十分受歡迎，而且水池容水量達13,400噸，是世界最大規模。

場內有多達10條海豚做表演。

館內飼養了三萬條沙甸魚，每當餵食的時間，都會造成十分壯觀的場面，大家記得要去看呀！

動物明星

企鵝去到哪裡，永遠都這麼觸目。

鯨魚也是館內的人氣動物之一，大家更可以在戶外水池，看到飼養員餵食的情景。

地址：愛知縣名古屋市港區港町 1-3
電話：526-52-1111
營業時間：3 月下旬 -7 月中旬 9:30am-5:30pm、7 月下旬 -8 月 8:00pm 關門
12 月 -3 月中旬 5:00pm 關門，星期一休息；7 月 -9 月至無休
門票：¥2,030，中小學生 ¥1,010
網頁：www.nagoyaaqua.jp

白鯨非常珍貴，粉絲相當多，而且牠們的樣子好像一直在微笑，所以這麼受歡迎。

附近推薦景點

在水族館附近，都有一些特別的景點，有時間的話，大家不妨也去參觀一下吧 ！

南極観測船ふじ

交通：地下鐵名古屋港駅 3 號出口步行 4 分鐘

這是昭和40年時使用的南極観測船ふじ的實物，這艘船使用了14年，現在成為了展覽館，展示出觀測南極的目的及南極自然生態，同時亦重現了南極航海時的船上狀況。

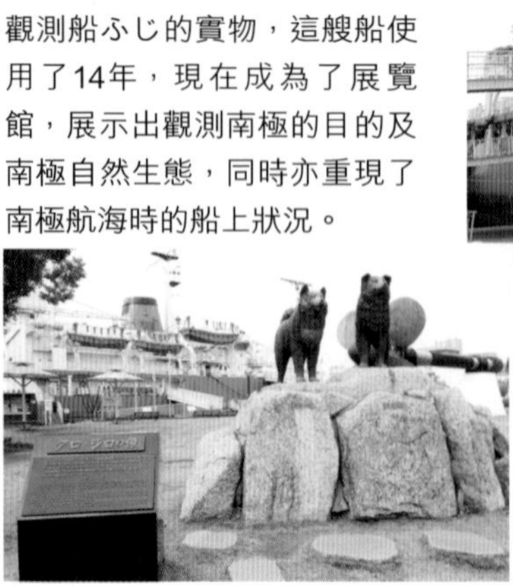

地址：愛知縣名古屋市港區港町 1-9
電話：052-654-7080
營業時間：9:30am-5:00pm；星期一休息（7 月至 9 月無休）
門票：成人 ¥710 、中小學生 ¥400（名古屋港ポートビル 7F 展望室＋海洋博物館＋南極観測船ふじ）
網頁：https://nagoyaaqua.jp/garden-pier/fuji/

名古屋港ポートビル

交通：地下鐵名古屋港駅3號出口步行4分鐘

一走到名古屋港，都會馬上看到這幢巨型建築，建築概念是來自海上揚帆的模樣。這裡其實是個休閒空間，7樓的展望室可以飽覽名古屋港的美景；3樓是名古屋海洋博物館，以海、船、港為主題，令大家可以更了解海洋文化。而2樓是免費的展示空間，也是個不錯的親子活動好去處。

地址：愛知縣名古屋市港區港町 1-9
電話：52-652-1111
營業時間：9:30am-5:00pm；星期一休息（7月至 9 月無休）
門票：成人 ¥710、中小學生 ¥400（名古屋港ポートビル 7F 展望室＋海洋博物館＋南極觀測船ふじ）
網頁：https://nagoyaaqua.jp/garden-pier/port-building/

聯票優惠
名古屋水族館 + 名古屋港ポートビル 7F 展望室＋海洋博物館＋南極觀測船ふじ
聯票 成人 ¥2,440、中小學生 ¥1,210

名古屋港濱海遊樂園

地址：愛知縣名古屋市港區港町 1-9
電話：052-661-1520
營業時間：12:00nn-9:00pm；星期一休息；7 月下旬至 9 月 10:00am-9:30pm，無休
門票：¥2600（遊樂設施全包）、大觀覽車 ¥700，其他 ¥100 起
網頁：www.senyo.co.jp/seatrainland

交通：地下鐵名古屋港駅3號出口步行5分鐘

這個樂園不收入場費，是按各項遊戲來收費，所以大家可以按自己的喜好選擇遊戲。這裡營業至晚上10點，登上高85米摩天輪便可以飽覽名古屋港的夜景了！樂園的設施好多都適合小朋友，不妨就安排在名古屋港玩一整天吧！

七大主題園地

4 城市綠洲 大高綠地公園

公園內的遊樂設施，小朋友看到都會衝上去玩！

交通：名鐵左京山駅站下車步行7分鐘

名古屋市中有「城市綠洲」美稱的大高綠地公園，除了有大片草地供人野餐露營，當然還少不了大型遊樂設施給小朋友放電了！如果想運動的話，可以去戶外運動區，有滑輪纜車、攀岩等各種遊樂設施；想進行親子樂的話，可以到恐龍廣場，這裡有很多遊樂設施。除此之外，還有玩卡丁車的交通公園和划船的琵琶湖，活動十分多采多姿。公園中最受歡的設施，莫過於Dino Adventure了！這裡還原了白堊紀、侏羅紀等遠古時代的恐龍，如果是恐龍迷的話，相信無論是大人還是小孩都會沉醉其中。

春秋兩季時候還可以賞櫻和賞楓。

地址：愛知縣名古屋市緑區大高町字高山 1-1
電話：052-622-2281
網址：aichi-koen.com/odaka

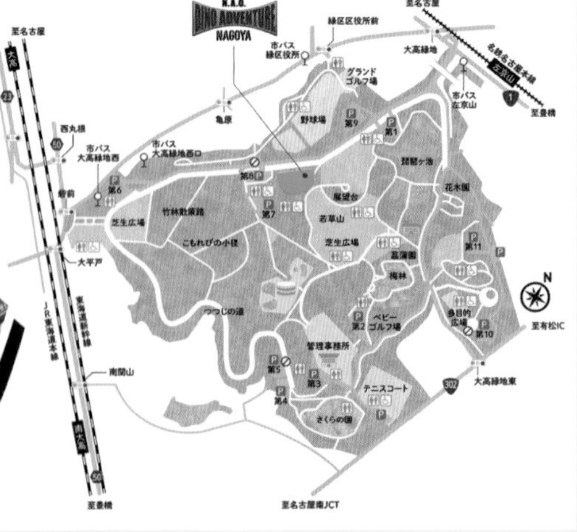

恐龍探索

Dino Adventure 名古屋

Dino Adventure中恐龍探險步道整體來説不算很長，大概花20-30分鐘就可以走完，走道上真實再現了19種恐龍，有些恐龍運用了日本尖端的機器人設計，重現恐龍的咆哮、進食等動作。走完步道，還可以到小賣店買買手信，也可以參加園方舉辦的小活動，像是紙雕活動，由專業人員由一張紙折疊雕刻後變成一隻小小的紙恐龍，十分趣緻。

當然少不了恐龍界star暴龍了。

小賣店滿滿與恐龍相關的精品。

七大主題園地

三角受傷倒地，奄奄一息。

兩隻厚頭龍正在利用頭顱作為武器來爭奪在團體中的地位。

食肉牛龍正在用餐，小心不要靠太近啊。

INFO

地址：愛知縣名古屋市緑區大高町字文根山 1-1
電話：052-693-8798
時間：平日 10:00am-5:00pm，
星期六日及假期 9:00am-5:00pm，
夏季 9:00am-5:30pm，星期一休息。
門票：大人 (16 歲或以上)￥800，小童 ￥600
網址：https://www.dinoadventure.jp/

5 展示世界汽車發展
豐田博物館

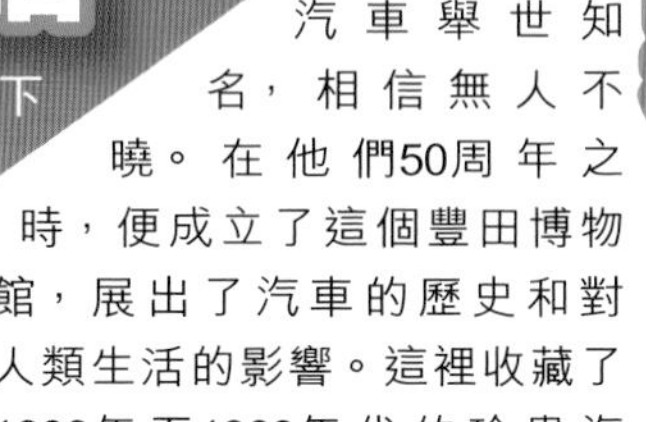

交通：地下鐵東山線藤が丘駅下車，再轉磁浮列車リニモ於「芸大通」下車，1號出口步行5分鐘

豐田Toyota汽車舉世知名，相信無人不曉。在他們50周年之時，便成立了這個豐田博物館，展出了汽車的歷史和對人類生活的影響。這裡收藏了1800年至1960年代的珍貴汽車，藉此展示汽車的歷史，嚴如一座古董車博物館。館內沒有把每輛汽車都加裝保護欄或玻璃，所以大家可以非常近距離的看到汽車的每一個部份，不過不能觸摸。如果你是個汽車迷，便一定要來到這裡，因為肯定會令你相當興奮。

本館2F歐美汽車展示
從第一台汽車開始

大家順著指示來走，第一個部份便走到本館2F，這裡展示了歐美的汽車。從世界第一台汽車開始（德國製的三輪車），利用60輛不同時代的汽車，展示出汽車的歷史，單是看到古董車的華麗設計便讓人興奮了。

這輛充滿未來感的汽車，是否熟回熟面呢？是不是在電影《回到未來》中看過類似呢？

本館3F日本汽車展示

把日本汽車推向國際舞台

日本的經濟在第二次世界大戰後逐步起飛，汽車的發展也從那時開始。3樓展示了日本各個車廠的汽車，跟大家訴説著日本汽車的發展史。

日本豐田第一輛生產的汽車。

這輛汽車是「AE86」，有看《頭文字D》的你一定會知道，也是豐田的出品。

新館2F歐美汽車展示

汽車與生活

新館是在1999年落成，這個部份分成6個區域，根據時間順序，展示出汽車和近代人生活的關係和演進。這裡展出很多和汽車相關的資料，如文獻和海報等。

地址：愛知縣長久手市橫道 41-100
電話：0561-63-5151
營業時間：9:30am-5:00pm；星期一休息，如遇假期會順延
門票：成人 ¥1,200，長者 ¥700，中學生 ¥600，小學生 ¥400
網頁：www.toyota.co.jp/Museum

滅火車就肯定和人類生活息息相關。

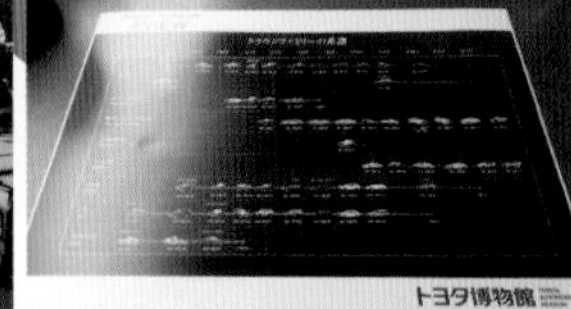

新館設有餐廳，這裡的檯墊也相當特別。

重現明治珍貴建築
博物館明治村

交通：於名鐵犬山駅東口，乘前往「明治村」的巴士 / 名古屋名鐵巴士中心或榮駅前，都有前往明治村的巴士

明治時代是日本開始和西方接觸時候，亦是時代上的一個標誌。時移世易，許多明治時代的珍貴建築，卻因時代的發展而面臨清拆，所以明治村的創始人谷口吉州與前名古屋鐵道社長片元夫發起興建明治村，把這些珍貴建築物移到村內，讓後世的人可以了解更多明治時代的事情。現在村內共有60幢珍貴的歷史建築，佔地十分廣闊，是一個大型的戶外博物館。

金澤監獄，紅磚建築也是明治時代的一個標誌，這技術在現代已快失傳。

三重縣尋常師範学校·蔵持小學校。

不只有保留了當年的桌椅，還有當年的課本。

三重縣廳舍（重要文化財），即是當年三重縣的政府辦公室。

館內展示出明治時代，有錢人的生活，對西洋物品的崇拜。

西鄉從道邸（重要文化財），西鄉從道就是當年維新人物西鄉隆盛的弟弟。

夏目漱石曾經入住過的地方，也被明治村保留下來，相當珍貴。

內部用上圓形的設計，是十分罕見的。而這個郵便局裡，是可以寄信的，大家可以寄Postcard作為留念。

老遠從北海道搬過來的札幌電話交換局（重要文化財）。

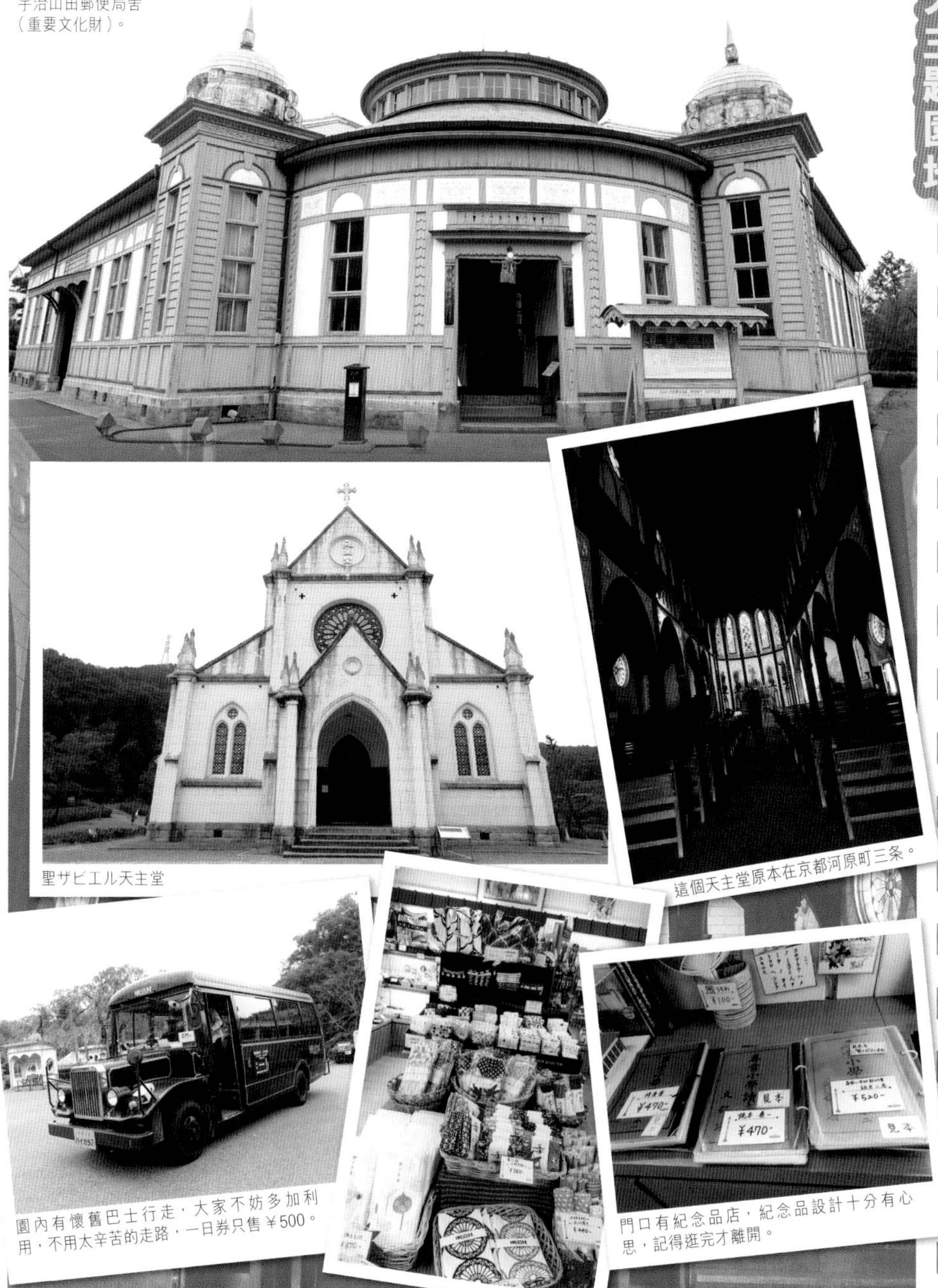

宇治山田郵便局舍（重要文化財）。

聖ザビエル天主堂

這個天主堂原本在京都河原町三条。

園內有懷舊巴士行走，大家不妨多加利用，不用太辛苦的走路，一日券只售￥500。

門口有紀念品店，紀念品設計十分有心思，記得逛完才離開。

地址：愛知縣犬山市字內山 1
電話：0568-67-0314
時間：

3月至7月、9月、10月	9:30am-5:00pm
8月	10:00am-5:00pm
8月（「宵の明治村」開催日）	10:00am-9:00pm
11月	9:30am-4:00pm
12月至2月	10:00am-4:00pm
*休息日子不定，請出發前參閱官方網站	

門票：成人 ¥2,000、長者 ¥1,600、高中生 ¥1,200、中小學生 ¥700、6 歲以下免費
村內交通：

種類	大人（中學生以上）	小學生
のりもの一日券（SL・市電）	¥800	¥500
SL 蒸氣機關車（單程）	¥500	¥300
京都市電（1程）	¥500	¥300
村營巴士（一日券）	¥500	¥300

門票：www.meijimura.com

除了巴士，還有市電，另有蒸氣機關車，同樣也是¥500。

7 陶器之城
常滑陶器散步道

交通：名鐵常滑駅
步行10分鐘

散步道的開端，便是一條由39件以貓為題的「招き猫通り」。

如果你喜歡陶器的話，那麼就一定要來到常滑這個地方（不喜歡的話會覺得有點悶）。常滑是個擁有千年歷史的陶器之城，也是日本六大古窯之一，專門出產朱泥陶器。

可惜常滑由繁盛時期的400多根煙囱，減至現在只剩下少數。有見及此，常滑市便設計了兩條散步道，讓大家重新認識常滑燒。一般時間不多的朋友，最好就選A路線，而路線圖可在名鐵常滑駅的觀光中心拿到。

常滑市陶磁器會館

常滑市陶磁器會館位於散步道上，無論你是走A路線還是B路線，會館都是起點。館內展示了很多常滑出產的陶磁產品，大家可以在此購買。

這裡的指示也十分清楚，沿路都有很多指示牌。

INFO
地址：愛知縣常滑市榮町 3-8
電話：0569-35-2033
營業時間：9:00am-5:00pm
網頁：https://www.tokoname-kankou.net/spot/detail/5/

巨型招財貓
Toko-nyan

招財貓已成為了這裡的地標，愛貓人士會專程來這打卡。原來常滑市是生產招財貓最多的地方，所以這裡常看到招財貓。

延船問屋
瀧田家

交通：名鐵常滑駅步行15分鐘

常滑市近海，在江戶至明治時代海運發展非常發達，而瀧田家就是當時這裡海運批發商人。這幢建築展示了當時他們繁盛的歷史，也成為了市級的文化財產。

部份設施要付費入場，不過戶外部份都是免費的。

INFO
地址：愛知縣常滑市榮町 4-75
電話：0569-36-2031
營業時間：9:30am-4:30pm，星期三休息
網頁：https://www.tokoname-kankou.net/spot/detail/6/
門票：¥200

土管坡

牆上堆滿了明治時代的土管及昭和時期的燒酒瓶，並在地下埋入燒製土管的工具燒台作防滑，是散步道上另一大特色。

網頁：https://www.tokoname-kankou.net/spot/detail/7/

登窯廣場／登窯廣場展示工房館

交通：名鐵常滑駅步行10分鐘

為了紀念常滑市，於2002年建立了廣場與工房館，是散步道的中心點。

旁邊就是登窯廣場展示工房館，入面有陶藝教室。

地址：愛知縣常滑市榮町 6-145
電話：0569-35-0292
營業時間：10:00am-4:00pm，星期三休息
網頁：https://kobokan.jimdo-free.com/

登窯（陶榮窯）

這是日本現存的最大規模登窯，共有8個燒窯和10座煙囱，現時已被列為國家文化財產。這裡最大特色是依山而建，仔細看的話會發現煙囱呈兩側高，中間低的設計，這是為了確保燒物能均勻受熱。

大家可以走進窯內參觀。

網頁：https://www.tokoname-kankou.net/spot/detail/9/

可買到陶器

ほたる子

交通：名鐵常滑駅步行10分鐘

其實在散步道上，很多都只是陶器家的工作室，不一定會作販售或公開參觀，如果想買到別緻的陶器，可以來到ほたる子。這裡賣的陶器，很多都是以貓咪為主題，所以比較適合遊客購買用來做手信。

地址：愛知縣常滑市榮町 6-140
電話：0569-36-0680
營業時間：10:00am-5:00pm，星期四休息
網頁：www.hotaruko.net

【三重縣】

中部北陸必食名物

松阪牛

松阪牛（まつさかうし）是三重縣松阪市及其近郊餵養的黑毛和牛。是日本最頂級的牛肉，與神戶牛、近江牛並稱為日本三大和牛之一，是國寶級和牛。在松阪市內的餐廳吃松阪牛，價格相對便宜而且品質也好。

迴轉燒肉 一升びん

地址：三重縣松阪市宮町字堂ノ後 144-5
電話：0598-50-1200　**網頁**：http://www.isshobin.com/
時間：普通席：平日 11:00am-3:00pm、4:30pm-9:30pm，星期六日及假日 11:00am-9:30pm
迴轉席 平日 5:30pm-9:30pm，
星期六日及假日 12:00nn-3：00pm、4:30pm-9:30pm
交通：於 JR 或近鐵「松阪駅」車口步行 10 分鐘

老店 相生

地址：三重縣松阪市本町 2109-3　**電話**：0598-21-0411
時間：午市 11:30am-1:30pm，晚市 5:00pm-9:00pm，星期一休息
網頁：http://www.aioitei.com/
交通：於 JR 或近鐵 「松阪駅」車口步行 7 分鐘，繼松寺旁

伊勢海老

日語「海老」的意思是蝦，但當寫成「伊勢海老」，就是代表了龍蝦。伊勢海老在日本相當知名，三重縣海域便盛產龍蝦，日本很多高級餐廳都視伊勢海老為上品，但來到三重縣吃的話，價格就親民得多了。

鐵板燒 鐵饌

地址：三重縣伊勢市本町 5-3
電話：0596-21-3000
時間：11:30am-9:00pm
（2:00pm-5:30pm 休息）；星期四休息
網頁：http://sunshine-co.jp/tessen
交通：近畿日本鐵道或 JR「伊勢市」站徒步約 4 分鍾即可抵達；伊勢神宮外宮前步行 5 分鐘

海女小屋

地址：三重縣鳥羽市相差町 1238（相差海女文化資料館）
電話：0599-33-6411　**網頁**：http://osatsu.org
時間：午餐 11:30am-2:00pm (約 1 小時)；下午茶 10:00am-11:00am、3:00pm-4:00pm (1 小時)
費用：導賞連屋內享用午餐 ¥3,850；下午茶時段 ¥2,200
備註：龍蝦和鮑魚須加 ¥2750-¥3850 (根據時期價錢有所變更)
交通：JR/ 近鐵鳥羽駅下車，轉乘三重交通巴士「国崎線」，於「相差バス停」下車步行 10 分鐘

赤福

赤福是一道甜點，以日產糯米製成麻糬後再於麻糬上鋪上北海道產紅豆泥，而上面的波浪紋代表了五十鈴川的景色。赤福是大家到三重縣的必買手信，人人都會買幾盒回去。想即場吃的話，可以到伊勢神宮內宮前的百年甜點店─赤福內享用，夏季到訪的話還能品嚐赤福冰。

地址：三重縣伊勢市宇治中之切町 26　**電話**：0596-22-7000
時間：5:00am-5:00pm　**網頁**：http://www.akafuku.co.jp/
交通：近畿日本鐵道「宇治山田」或「伊勢市」站乘三重交通巴士外宮內宮循環巴士，在「內宮前」下車

【愛知縣】

鰻魚飯

來到名古屋，鰻魚飯是必吃名物，備長炭烤出的鰻魚非常香口。愛知縣這邊吃鰻魚飯會喜歡用上三種不同的吃法，一份鰻魚飯有三重味道層次。在名古屋市有幾間人氣的老店都有供應鰻魚飯，蓬萊軒和備長ひつまぶし兩家就最多人去吃，在市內也有幾間分店。

ひつまぶし 名古屋 備長

地址：愛知縣名古屋市中村區椿町 6-9 エスカ地下街
電話：052-451-5557
時間：11:00am-3:00pm、5:00am10:00pm
網頁：http://hitsumabushi.co.jp/
交通：JR 名古屋站前 Esca 地下街內

蓬萊軒

地址：愛知縣名古屋市中區栄 3-30-8
松坂屋名古屋店南館 10F
電話：052-264-3825
時間：11:00am-2:30pm、4:30pm-8:30pm，
星期六日及公眾假期 11:00am-8:30pm
網頁：http://www.houraiken.com/
交通：地下鐵名城線、東山線，榮站 16 號出口步行 5 分鐘。或地下鐵矢場站 5、6 號出口直達

手羽先

名古屋的炸雞翼叫手羽先，人氣大到連香港和台灣都嚐到。每間店都會有自己的秘方醃料，雞翼炸得香脆，醃料又惹味，一份有5隻，通常一人可以點2份再加一大杯啤酒，便是不錯的宵夜了。

世界の山ちゃん

地址：名古屋市中區榮 4-9-6
電話：052-242-1342
時間：星期一至五 4:00pm-11:15pm，星期六 3:00pm-12:15mn，星期日及假日 3:00pm-11:15pm
網頁：www.yamachan.co.jp
交通：地下鐵名城線、東山線，榮駅 12 號出口下車步行 5 分鐘

風來坊錦吳服通店

地址：名古屋中區錦 3-13-1 デリシアムマドーロ 2F
電話：052-963-0272
時間：6:00pm-11:30pm，假日 5:00pm-12:00mn，星期日休息
網頁：www.furaibou.com
交通：地下鐵名城線、東山線榮駅
1 號出口步行 4 分鐘

中部北陸必食名物

【岐阜縣】

飛驒牛

飛驒牛是指在岐阜縣內飼養超過14個月以上的黑毛和牛，飛驒牛的特點在於完美的脂肪分布，除了熟食甚至可作刺生。吃飛驒牛豐儉由人，想經濟一點的，可以去到高山老街，淺嚐一客飛驒牛壽司和串燒，不用￥1,000便有交易了。想奢華一下，市內也有不少人氣餐廳，可以來一個飛驒牛燒肉晚餐。

味蔵天國

地址：岐阜縣高山市花里 4-308 **電話**：0577-37-1129
時間：11:00am-2:00pm、5:00pm-9:00pm
網頁：http://www.ajikura.jp/
交通：JR 高山駅步行 2 分鐘

坂口屋

地址：岐阜縣高山市上三之町 90 **電話**：0577-32-0244
時間：11:00am-3:00pm；星期二休息
網頁：http://hidatakayama-sakaguchiya.com
交通：JR 高山駅步行 15 分鐘

【石川縣】

海鮮丼

在金澤市內的近江町市場，除了可以在早上吃到新鮮的海鮮，還可以吃到便宜又新鮮的海鮮丼。在市場內有幾家海鮮丼店，都有提供裝得滿滿的海鮮丼，價格甚至低於￥1,500便有交易，想來吃一個豐盛的早餐，可以跑到近江町市場開餐。

近江町市場

地址：石川縣金澤市近江町 50
電話：076-231-1462
時間：9:00am-5:30pm（因各店而異）；星期三休息，假日照常營業
網頁：http://ohmicho-ichiba.com/
交通：JR 金澤駅東口前巴士站，乘巴士於「武蔵ケ辻」下車步行 1 分鐘

いきいき亭

地址：石川縣金澤市近江町いちば館 1F
電話：076-222-2621
時間：7:00am-2:30pm；星期四休息
交通：JR 金澤駅東口前巴士站，乘巴士於「武蔵ケ辻」下車步行 1 分鐘

【富山縣】

富山灣鮨

富山灣魚獲甚豐，利用新鮮美味的海鮮來捏壽司就最好不過。由於新鮮又肥美，因此富山灣鮨在日本非常人氣，很多人都慕名來到富山一嚐這裡的壽司，在富山車站附近就已經有很多選擇了。

江戶前 壽司正

地址：富山縣富山市一番町 4-29 **電話**：076-421-3860
時間：星期一至五 11:30am-1:30pm、5:00pm-11:00pm
星期六日及假日 6:00pm-11:00pm；星期二休息
網頁：http://www.sushimasa.asia/
交通：乘富山市電於「グランドプラザ站」下車步行 2 分鐘

中部北陸必食名物

富山黑拉麵

吃富山黑拉麵就一定要有心理準備，因為正宗的黑拉麵是超級鹹，一般人應該要吃一口麵再喝一口水的。富山黑拉麵是從前給勞動工人吃的，因為他們流汗大，體內鹽分流失得快，所以加很多的鹽去湯頭裡，讓他們可以馬上補充體力和鹽份。

大喜西町本店

地址：富山縣富山市太田口通り 1-1-7
電話：076-423-3001
時間：11:00am-8:00pm，星期三休息
網頁：http://www.nisicho-taiki.com/
交通：乘富山市電於「グランドプラザ」駅下車步行 1 分鐘

富山麵家 Ramen Iroha

地址：富山縣富山市新富町 1-2-3　CiC　B1F
電話：076-444-7211
時間：11:00am-10:00pm，跟隨 CIC 休館日休息
網頁：https://www.menya-iroha.com/
交通：JR／電鐵富山駅步行 3 分鐘

【福井縣】

越前蟹

越前是福井縣的漁港，這裡捕獲的越前蟹被譽為日本最好吃的蟹，甚至是皇室貢品。越前蟹棲息於水深30-100米的海底，一隻公蟹完全長成要24年，這種螃蟹不能人工飼養，只能夠限量捕撈，每年捕撈期是從11月到3月。越前蟹在福井以外的地方都不易吃到，來到福井吃的價格也不低，但愛吃海鮮的人值得一試。

越前蟹の坊

地址：福井縣坂井市三国町宿 1 丁目 16 番
電話：0776-82-3925
時間：平日 11:00am-3:00pm、星期六、日及公眾假期 11:00am-3:30pm，星期一、二休息
網頁：http://www.bouyourou.co.jp/
交通：乘越前鐵道於三国港駅下車，步行 1 分鐘

若狹牛

除了松阪牛及飛驒牛，福井縣坂井市的若狹牛亦深受牛迷歡迎。若狹牛分為5個級別，只有4級以上的高品質的牛肉才能作為若狹牛販賣。若狹牛的脂肪花紋十分細致，肉味濃厚，所以由明治時代已是受歡迎的品牌。

鶴や

地址：坂井市丸岡町一本田 6-36
電話：0776-97-8001
時間：5:00pm-11:00pm，星期四及每月第 1、3 個星期三
網頁：https://meat-tsuruya.jp/
交通：乘 JR 北陸本線於丸岡駅下車，轉乘的士約 10 分鐘

中部北陸必買手信

【愛知縣/名古屋】

(1)えびせんべいの里

來自愛知縣美濱町的著名零食品牌，以蝦餅最熱賣，其他的海鮮類煎餅都很受歡迎。如果有選擇困難一包綜合味煎餅便可嚐盡美味！

綜合味煎餅 ￥765
包括魚，蝦，蝦及章魚等8種口味。

(2)カエルまんじゅう(青蛙饅頭)

名古屋市「青柳總本家」的青蛙饅頭，是非常可愛兼受歡迎的伴手禮。除了基本的紅豆口味，還會在一年四季推出不同口味別著版，無論造型與包裝都很有心思。

青蛙饅頭 ￥864/6入

(3)ワンピース名言角砂糖

角砂糖即是方糖，本來是平常之物，名古屋百年砂糖專賣店「駒屋」卻找來「海賊王 one piece」加持，在方糖上印上角色和金句，立即升價百倍，成為fans的搶手貨！

ワンピース名言角砂糖 ￥648/9入

(4)手羽先仙貝

遊覽名古屋，到「世界の山ちゃん」吃手羽先(炸雞翼)是指定動作。這款同名仙貝特別加上店家獨門的甜鹹醬汁，讓客人隨時隨地都可重溫手羽先的滋味。

世界の山ちゃん 幻の手羽先 ￥174/包

(5)ぴよりんサブレ Piyorin 小雞餅乾

交趾雞是名古屋著名的土雞，這款可愛的餅乾不但參考交趾雞的造型，材料也是用交趾雞的雞蛋，對推動本土品牌不遺餘力。

Piyorin 小雞餅乾 ￥660/8入

(6)千なり銅鑼燒

出品千なり銅鑼燒的和菓子老鋪「両口屋是清」差不多有400年歷史，銅鑼燒的紅豆來自北海道，抹茶則產自愛知縣，無論如何一定要嚐嚐這種跨越幾世紀的滋味。

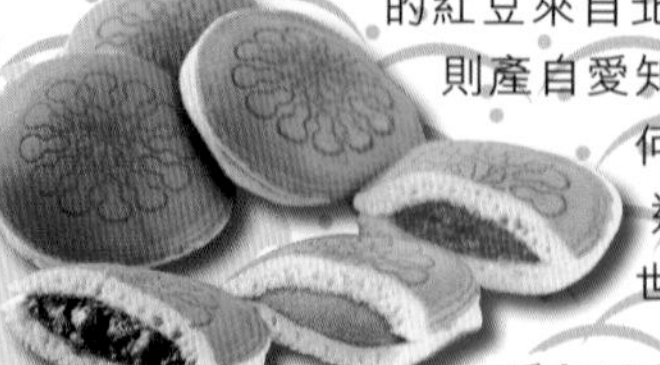

千なり ￥918/5入

(1)-(6)
Grand Kiosk
地址：JR 名古屋駅內
時間：6:15am-10:00pm
網頁：https://www.kiosk.co.jp/store_detail/474/

なごみゃ
地址：名古屋市中村區椿町 6-9 エスカ地下街
電話：052-451-7538
時間：10:00am-8:30pm
網頁：https://www.esca-sc.com/shop_guide/101/

(7) 飛驒寶寶

飛驒寶寶（さるぼぼ）是高山的吉祥物，是從前的居民參照猿猴外型製作給小孩的玩具，據說是帶給孩子祝福的意思。

(8) 合掌屋商品

合掌屋幾乎已成為岐阜縣白川鄉的代名詞，到訪白川鄉，一定要逛逛鄉內的土產商店今藤商店，選購獨一無二的合掌屋紀念品。

結おこし ¥540/10入
採用白川鄉的米製成的米菓。

合掌せんべい ¥1000/3入
合掌屋造型大餅乾。

(9) 三嶋豆

飛驒高山的知名商品，以大豆配上砂糖和青海苔，經歷差不多150年仍廣受歡迎，簡簡單單，卻是岐阜旅遊必買的伴手禮。

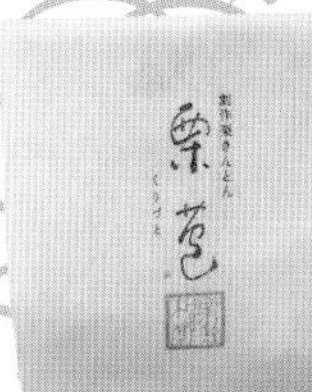

三嶋豆 レトロ缶入り小（160ｇ）¥1,296

(10) 栗苞

岐阜縣的中津川地區以栗子而聞名，明治40年（1907年）創業的松月堂就是以栗子和菓子而馳名，其中的人氣商品栗苞，以軟糯的葛根粉包住香滑的栗子蓉，是岐阜縣人必吃的點心。

栗苞（くりづつみ）
¥2,138/6入

(7)
ひだっちさるぼぼ SHOP
地址：岐阜県高山市相生鎮 19
電話：0577351030
時間：10:00am-5:00pm
網頁：https://takayamap.hida-ch.com/

(8)
今藤商店
地址：岐阜県大野郡白川村荻町 226
電話：05769-6-1041
時間：10:00am-5:00pm
網頁：http://kondou-s.com/

(9)
馬印
地址：岐阜県高山市上一之町 103 番地
電話：0577-32-1810
時間：9:00am-5:00pm
網頁：http://www.mishimamame.com/

(10)
松月堂
地址：岐阜縣中津川市太田町 2-5-29
電話：0573-65-3008
時間：8:30am-6:00pm，星期三休息
網頁：https://syogetsudo.jp/webshop/

【三重縣】

(11) 伊勢茶

伊勢茶葉大而厚實、味道醇香，曾被日本全國茶品評會選為日本第一。伊勢宇治園就在著名的伊勢神宮附近，客人可先試飲後購買，非常體貼。

【石川縣】

(12) 金箔長崎蛋糕

石川縣金澤市以金箔工藝品而聞名，位於金澤市的萬久，也以金箔長崎蛋糕享負盛名。金箔蛋糕不但綽頭十足，更可因應四季或客人生肖而切成可愛的形狀。

金かすてら
¥1,620

(13) 加賀棒茶

棒茶是指烘焙過的棒狀茶梗，已有150年歷史。加賀棒茶其他地方出產的茶梗茶色較為明亮，香氣也較為柔和，所以成為昭和天皇的貢品，也是石川縣受歡迎的伴手禮。

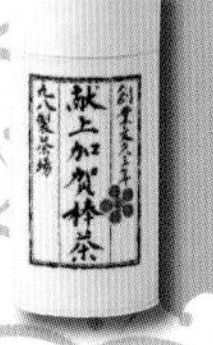

(左至右) 60g罐裝 ¥1,458，60g袋裝 ¥972，茶袋3g X12包 ¥756

【福井縣】

(14) 恐龍商品

Juratic
恐龍公仔
¥1,200

福井縣是恐龍之都，有很多原創的恐龍紀念品，商品種類廣泛，保證獨一無二。

Fukui
猛禽恐龍面膜
¥990/2塊

(11)
伊勢宇治園
地址：伊勢市宇治今宮町 47
電話：0596-23-0764
時間：9:30am-4:30pm
網頁：https://iseujien.stores.jp/

(12)
まめや金澤萬久
地址：石川縣金澤市新保町 1-1
電話：076-260-1080
時間：8:30am-8:00pm
網頁：www.mameya-bankyu.com

(13)
丸八製茶場
地址：石川県金沢市木ノ新保町 1-1 金沢百番街「あんと」内
電話：076-222-6950
時間：8:30am-8:00pm
網頁：https://hyaku.kagaboucha.com/

(14)
KAGAMIYA 店 (Happiring 百貨 1F)
地址：福井県福井市中央 1 丁目 2-1
電話：0776-20-2080 **時間**：9:30am-7:00pm
網頁：https://www.happiring.com/floor/detail.php?cd=10

日本各地有很多大大小小的祭典，以下整理一些名古屋周邊地區的祭典，如果剛巧碰上的話，不妨參觀看看，與當地居民同樂。

時期	活動	地點
一月		
1/1	歳旦祭	熱田神宮
3/1	元始祭	熱田神宮
5/1	初えびす	熱田神宮
7/1	世様神事	熱田神宮
11/1	踏歌神事	熱田神宮
12/1	封水世様神事	熱田神宮
15/1	歩射神事	熱田神宮
二月		
3/2	節分会	大須觀音
7-14/2	田の神祭	水無八幡神社
26/2	カツチン玉祭	赤堤 六所神社
中旬至 3 月下旬	垂枝梅節	名古屋市農業中心 dela 農場
三月		
15/3	豊年祭	田縣神社
中旬	尾張徳川春姫祭	久屋大通 > 名古屋城 > 名古屋城特設會場（遊行）
下旬至 4 月初旬	春の華祭	庄内緑地公園
四月		
上旬	犬山祭	針綱神社
五月		
中旬至 6 月中旬	初夏の華祭	庄内緑地公園
中旬	若宮祭	若宮八幡神社
六月		
第一個星期六日	天王祭	筒井天王神社、須佐之男神社等
5/6	熱田祭（尚武祭）	熱田神宮
七月		
15-16/7	例年大祭	那古野神社
第三個星期六日	祇園祭	五社神社等
第四個星期日	牛立天王祭	牛頭天王神社
下旬	夏祭	若宮八幡神社

時期	活動	地點
八月		
第一個星期日	大森天王祭	八劍神社
11/8	夏祭	庄内緑地公園
中旬	にっぽんど真ん中祭	久屋大通公園、大須觀音、名古屋城等多個會場
第四個星期六日	大祭	若宮八幡神社
九月		
中旬	例大祭	赤堤 六所神社
初旬至 11 月初旬	秋の華祭	庄内緑地公園
十月		
上旬	戸部天王祭	富部神社
第一個星期六日	星宮祭	星宮神社
第一個星期日	有松祭	有松天滿神社
第一個星期日	鳴海祭	成海神社
第二個星期日	比良祭	六所神社
第二個星期六日	花車神明社祭	神明神社
中旬	鳴海祭	鳴海八幡宮
中旬	大須大道町人祭	大須商店街
下旬	名古屋祭	久屋大通公園、綠洲 21、名古屋城等地（遊行）

除了從名古屋進出中部北陸的範圍之外，還可以利用鐵路從東京或大阪前往。因為中部有些地方和關西地區重疊，在出發前大家應該先了解中部北陸包括哪些地方，本書會按照以下行政區域來劃分。

中部一般是指：三重、愛知和岐阜；而北陸則是：石川、福井和富山。

進出中部北陸的交通路線

1. 名古屋中部國際機場

從名古屋進入中部，是其中一個很受歡迎的玩法，但不利於往富山縣，特別是為了想到立山黑部的朋友。從名古屋出發的話，可以先玩岐阜、三重和愛知縣，然後再從岐阜到富山和金澤，這樣則較為順路。現在香港三間航空公司有飛機直飛名古屋，包括：

航班時間（僅供參考，最新資訊請留意航空公司網頁）

香港往名古屋	出發	抵達	飛行時間	出發日子
CX536	10:10am	3:10pm	4小時	每天
HX664	9:30am	2:25pm	3小時55分	每天
UO690	10:30pm	3:30pm	4小時	每天
名古屋往香港	**出發**	**抵達**	**飛行時間**	**出發日子**
HX665	3:25pm	6:30pm	4小時5分	每天
CX539	4:15pm	7:30pm	4小時15分	每天
UO691	5:45pm	9:00pm	4小時15分	每天

國泰航空：www.cathaypacific.com　**香港航空：https://www.hongkongairlines.com**
香港快運：www.hkexpress.com

來往機場與名古屋市區交通

鐵道

從中部國際機場前往名古屋市區，最方便就是乘名古屋鐵道（簡稱：名鐵）的機場火車前往名古屋駅，車程約30分鐘。

機場火車分兩種，一種是 μ-SKY，全車指定席共￥1,250，好處是有行李架放置行李。另一種是普通特急火車，自由席￥890，車程相同。不過，近來有很多日本人不太滿意遊客帶著大型行李乘搭普通不設行李架的火車，因為行李會阻塞通道，所以建議大家還是多付一點，既方便自己又不阻礙別人。

	μ-SKY	普通特急火車
車費	￥1,250（特急票價＋特別車票）	￥890

名古屋鐵道：www.meitetsu.co.jp

車頭寫著Centrair的，就是前往機場的特急列車 μ-SKY。

在名古屋駅上車要留意，該班火車是否前往機場，因為同一月台會有不同的列車駛入。

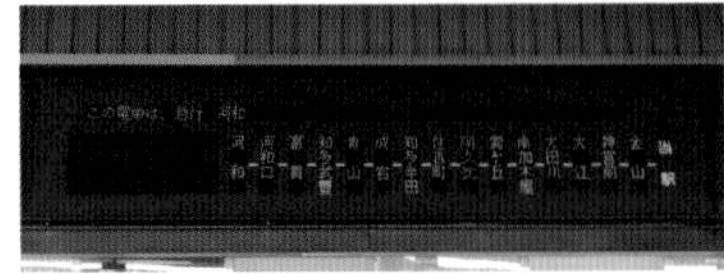

乘普通的火車去機場會有一個很大問題，在名古屋站出發時，必須留意月台上的顯示屏，要確認該班列車會停機場才可。

巴士

在榮駅Oasis21和名鐵名古屋駅，都有機場巴士往來中部機場，特別是住在榮駅要去機場的話，直接從Oasis21出發會比較簡單。

機場巴士：www.meitetsu-bus.co.jp

中部北陸名物

中部國際機場有很多購物的熱點，是大家臨上機前的最後衝刺點。

矢場味噌豬排。

若鯱家的咖喱烏冬是名古屋的名物之一，上機前可以一再回味。

名古屋有名的雞翼店世界の山ちゃん，雖不能帶上機，但你總可以吃完才上機吧！

其他推薦地方

這裡有一個展望台，大家可以看到飛機升降。

amano 藥妝店，一般常買的藥妝都有。

旅客諮詢中心，抵達後可以來到這裡詢問景點及行程。

這是屬於中部的觀光案內所，你可以在這裡獲得中部的旅行資訊。

走進入境大堂，就會發現賣上網卡的自助販賣機。

風の湯可以先泡個溫泉才上機。

2. 從東京出發

自從北陸新幹線開通後，從東京進入富山和金澤就方便很多。由東京駅乘北陸新幹線去富山，車程只要兩小時，換言之，大可以買機票東京入東京走，留一至兩天在東京Shopping。或者選擇買廉航，名古屋入東京走，尾站是富山或金澤，然後從東京返港，完全不走回頭路。

北陸新幹線	票價	時間
東京→富山	約￥12,760	約2小時10分鐘
東京→金澤	約￥13,850	約3小時15分鐘

3. 從關西出發

中部北陸剛好就夾在大阪和東京中間，但因為東京有北陸新幹線，所以往富山特別快。不過大家也可以福井和三重作起點，利用近鐵，由大阪難波出發，經三重去中部名古屋，或者從京都入經福井進入北陸範圍。

此外，從新大阪駅乘東海道新幹線，也可以直接返抵名古屋，車程只需一小時。

東海道新幹線	票價	時間
新大阪→名古屋	約￥5,940	約50分鐘
近鐵	票價	時間
大阪難波→名古屋	約￥4,990	約2小時8分鐘

各種有用的周遊券、火車證

JR高山北陸Pass

這個Pass適合從大阪進入中部北陸的人，因為它只包富山去金澤的新幹線，其他只能使用特急列車，所以如果由名古屋直接進入中部的話，這個Pass就未必適合了。在中部北陸範圍內，很多時都會採用巴士和地方鐵道，這個Pass包含了部份濃飛巴士路線及北鐵巴士，常用的如高山往白川鄉，或高山來往富山。此外，從關西空港出大阪的機場火車Harukas自由席，也可供使用。

價格	網上購買：￥15,280、旅行代理店購買：￥14,260	
使用期	連續五天	
購買方法	不能在日本購買，出發前可以在指定旅行社或網站預先購買兌換證，然後於抵達日本時兌換	
兌換地點	JR東海及JR西日本售票中心或旅遊櫃枱（東京駅、品川駅、新大阪駅、大阪駅、京都駅、金澤駅、關西空港駅、富山駅和橫濱駅）	
可使用範圍	JR	關西空港⇔大阪市內（經關西空港線．阪和線，包括Haruka自由席） 大阪市⇔金澤（經京都線．湖西線．北陸線） 金澤⇔富山（可乘北陸新幹線） 富山⇔名古屋（經山本線）的特急、快速、普通列車的自由席 上述路線可以乘坐4次指定席，不包括北陸新幹線及特急列車はるか（Haruka），北陸新幹線的かがやき號列車為全車指定席，所以持這張Pass不能乘坐。
	高速巴士	白川．金澤線（金澤⇔白川⇔高山） 世界遺產巴士．加越能巴士（新高岡⇔五箇山⇔白川鄉）*毋須預約 高山⇔白川鄉．富山線的白川⇔高山段
網頁	http://touristpass.jp/zh-tw/takayama_hokuriku	

JR北陸拱形鐵路周遊券

這個Pass好處是可以從東京乘北陸新幹線直接入金澤和富山，特別適合主打玩立山黑部和金澤的人。如果從東京乘坐北陸新幹線去富山，單程指定席￥12,530，由金澤回東京，單程指定席￥13,920，單是坐這兩程車已值回票價！當然，如果你在中部北陸花8天或以上，可考慮多買一張JR高山北陸Pass。

價格	￥24,500（日本國外預購）、￥25,500（日本國內購買）	
使用期	連續七天	
購買方法	入境日本前在網上預購兌換證或於下列車站購買 http://shop.westjapanrail.com	
兌換地點	JR東日本及JR西日本的綠色窗口（常用包括：成田及羽田空港、東京駅、上野駅、新宿駅、關西空港、大阪駅、新大阪駅、京都駅、金澤駅和富山駅）	
可使用範圍	JR	成田 · 羽田空港 ⇔ 東京都區內 ⇔ 北陸地區 ⇔ 關西地區 ⇔ 關西空港的新幹線及JR特急、快速、普通的指定席或自由席（關西機場的機場火車Haruka只可乘坐自由席）
	其他	東京單軌電車（東京モノレール） IR石川鐵道（IRいしかわ鉄道）只能使用金澤 ⇔ 津幡站 愛の風富山鐵道（あいの風とやま鉄道）只能使用高岡 ⇔ 富山站 能登鐵道（のと鉄道）只能使用七尾 ⇔ 和倉溫泉
網頁	https://www.westjr.co.jp/global/tc/ticket/hokuriku-arch-pass/	

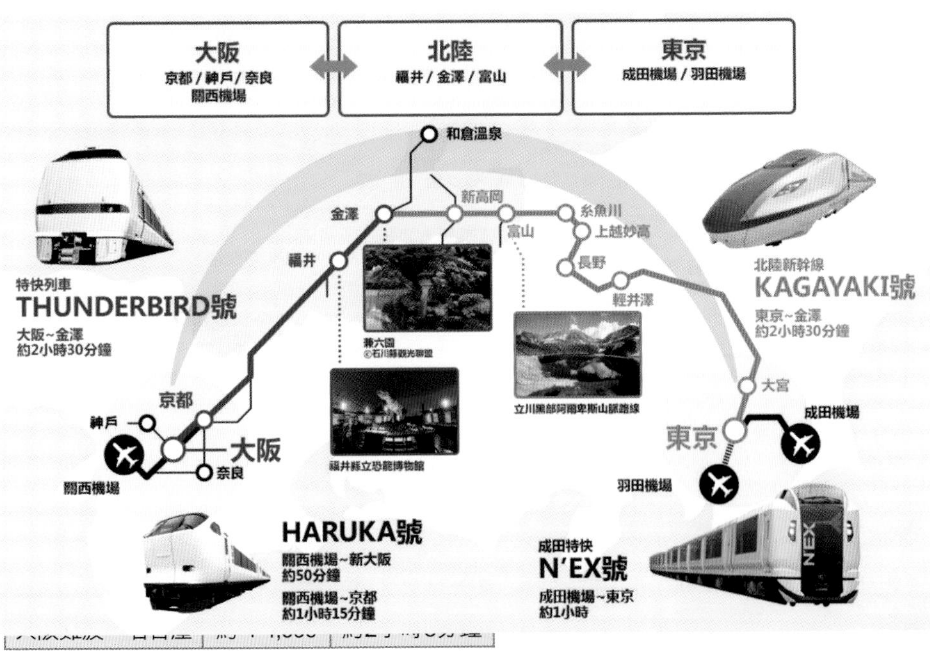

昇龍道巴士周遊券

昇龍道是指三重、愛知、富山、福井、長野、靜岡、岐阜、石川和和歌山，意思指由和歌山熊野古道為龍尾一直延伸到能登半島龍頭的地方，是對於中部北陸地區的地形，一個比較形象化的演繹。雖然牽涉到關西和關東地區，但官方向來都比較著重於中部北陸幾個縣內的宣傳，因此，為了昇龍道推出一張方便在中部北陸地區旅遊的3日巴士乘車券和5日廣域版乘車券。

乘車券	高山、白川鄉、金澤3日券	廣域5日券	松本· 馬籠· 日本阿爾卑斯山3日券
適用地點	名古屋、高山、白川鄉、金澤、富山	名古屋、高山、白川鄉、金澤、五箇山、新穗高、松本	名古屋、岐阜、惠那、馬籠、松本、長野、平湯、新穗高、高山、下呂
價格	￥11,000	￥15,000	￥9,000
可使用範圍 *需要預約座位	名古屋 ⇔ 高山（名鐵巴士、濃飛巴士、JR東海巴士）* 高山 ⇔ 白川鄉 ⇔ 金澤（北陸鐵道巴士、濃飛巴士）* 高山 ⇔ 白川鄉（濃飛巴士） 名古屋 ⇔ 白川鄉（岐阜巴士）* 金澤 ⇔ 富山（富山地鐵、北陸金澤巴士） 名古屋 ⇔ 中部國際機場（名鐵、新特麗亞接駁車） 岐阜 ⇔ 中部國際機場（名鐵）	高山、白川鄉、金澤3日券所包含的範圍 高山 ⇔ 平湯 ⇔ 松本（濃飛巴士、ALPICO交通） 高山 ⇔ 平湯 ⇔ 新穗高（濃飛巴士） 富山 ⇔ 富山機場 ⇔ 平湯 ⇔ 新穗高（濃飛巴士、富山地鐵）※部分車班次不須預約 名古屋 ⇔ 富山（名鐵巴士、富山地鐵）* 名古屋 ⇔ 松本（名鐵巴士、ALPICO交通）* 白川鄉 ⇔ 五箇山 ⇔ 高岡（加越能巴士） 高山 ⇔ 下呂（濃飛巴士） 高山 ⇔ 神岡（濃飛巴士） 新穗高 ⇔ 松本（濃飛巴士、ALPICO交通）僅限特定日運行	名古屋 ⇔ 飯田（名鐵巴士、信南交通）* 名古屋 ⇔ 伊那、箕輪（名鐵巴士、信南交通、伊那巴士）* 名古屋 ⇔ 松本 ⇔ 長野（名鐵巴士、ALPICO交通）* 高山 ⇔ 平湯 ⇔ 松本（濃飛巴士、ALPICO交通） 高山 ⇔ 平湯 ⇔ 新穗高（濃飛巴士） 新穗高 ⇔ 松本（濃飛巴士、ALPICO交通）僅限特定日運行 高山 ⇔ 下呂 ⇔ 加子母（濃飛巴士） 中津川 ⇔ 惠那 ⇔ 惠那峽（東濃鐵道巴士） 名古屋 ⇔ 中部國際機場（名鐵、名鐵巴士）
購買方法	網上預購後，於以下地點以紙本憑證及護照正本兌換 www.mwt.co.jp/shoryudo/index.php		
兌換地點	中部國際機場的Meitetsu Travel Plaza、名鐵中部國際機場車站、名鐵名古屋駅、名鐵巴士中心、小松機場、金澤駅北鐵站前中心、高山濃飛巴士中心、富山地鐵售票中心、松本巴士總站、長野駅前案內所		
網頁	https://www.meitetsu.co.jp/cht/train/Ticket/special/shoryudo/		

自駕遊實用資料

一般自駕遊都會從網上預約租車，這樣可以先格價才決定租哪家。不過，如果你還是喜歡到時按情況租車，在機場內都有多間租車公司櫃枱，惟租車價格會比網上預訂的稍貴。

租車公司網頁

推薦！

Toyota Rent A Car
http://rent.toyota.co.jp

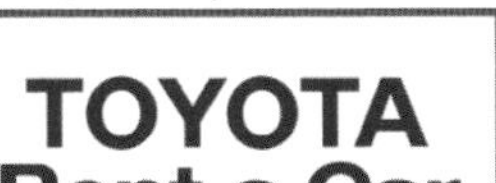

日產 Nissan
https://nissan-rentacar.com

萬事得（Mazda）Times
www.timesclub.jp
（只有日文網頁）

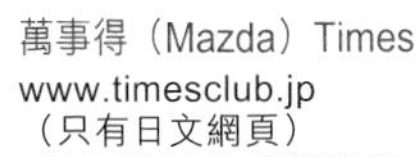

Nippon Rent A Car
www.nipponrentacar.co.jp

JR 駅 Ekiren
www.ekiren.co.jp

ORIX
http://car.orix.co.jp

平價租車網

平價租車網是以第三方形式，提供租車服務，好處可以找到折扣優惠，而且即時比較各品牌的價錢，還有不同的優惠，如提早租車優惠（早割）、網上租車優惠（Web割引）等。

租車格價網頁

樂天
http://travel.rakuten.co.jp/cars/?scid=topC_header_cars

Jalan
www.jalan.net/rentacar

最受旅客歡迎！

ToCoo!
www2.tocoo.jp/english

最好連同附加保險的費用同時計算，因為是強制性，未必一定比其他租車網平，不過勝在用英文介面。

取車須知

國際駕駛執照

香港人在日本租車，除了出示護照、駕駛執照，還要出示國際駕駛執照。出發前帶同身份證正/副本及兩張證件相前往運輸署申請，一年期為$80。如親身前往，可即日領取；以郵遞方式申請則需10個工作天。
（如果代他人辦理，被委託人只需帶同以上文件及自己的身份證。）

驗清楚車身

在辦理好租車手續後，職員會帶你去檢查你租的車，指出使用車輛前，車身有什麼問題，並記錄在案。這個步驟不能掉以輕心，如察覺到有任何問題，要馬上向職員提出，而職員指出有問題的地方，最好用手機拍下留作紀錄，以免還車時有爭拗。

車門匙緊記要袋好

日本的私家車大部份都是免鎖匙啟動，租車公司會先發一個車門的開關鎖匙給你，而開車只需在車內按掣即可，按第一次是著了車的電源，第二次才可開動汽車，記得踏住腳掣。

還車要入滿油

還車前記得先要入滿油，如果忘記入油，租車公司會以他們的油價跟你計算，價格自然比市面的高。

入油選哪款油？

到油站加油，只要跟職員說「Regular」便可，因日語跟英語發音很相似，他們都聽得懂。雖然日本都有自助加油站，但數目不算多。

關於Map Code

現時很多汽車的導航系統都新增了Map Code，雖然Map Code未算十分精確，但對於一些沒有電話號碼的郊外景點，會較容易定位。兩間大的租車公司Toyota和日產，導航系統都有Map Code，當然也有汽車公司仍未有提供，只能以電話號碼或搜尋在火車站附近景點的方法來定位。

現在兩大租車公司的導航系統已有中文介面，語音導航也有普通話。當你進入「目的地」的介面，便可以使用Map Code定位。

Toyota導航系統的Map Code介面在右下方。

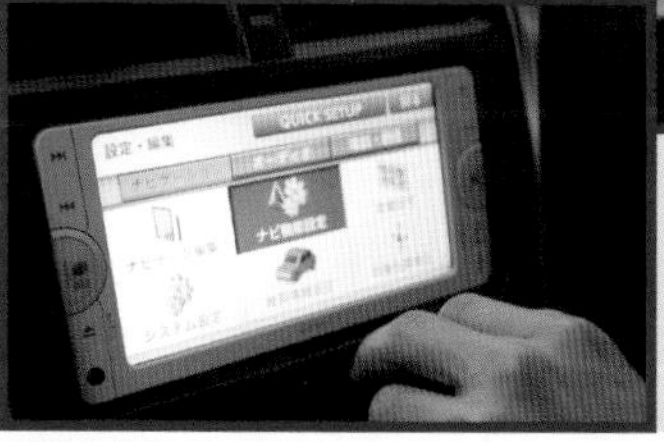

日產導航系統在主目錄介面內，日產還支援iPod或iPhone的USB連接。

其他自駕須知

道路注意

日本跟香港同屬右軚，但有一點不同，左轉車輛可優先行駛，因此在駕車右轉時，對向的車優先，要小心看清楚才開車！另外無論左轉或右轉，皆以行人優先，要格外留神。

交通標誌

日本的交通標誌跟香港的差不多，幾乎都可望圖生義，所以不必太擔心。

停車場

在日本要找停車場不難，大部份都是自助泊車，連收費也一樣是自助。假如你不需要停太長時間，也有方法找一些無料（免費）停車場，例如便利店外。另外，很多餐廳皆會提供免費停車場，出發前做好功課便可以輕鬆省一大筆。

其他自駕須知

有關甲地租乙地還

遊客可選擇在甲地租車，於乙地還車方便你的行程。一般租還車兩地距離不多於五十公里，或在同一個範圍內，都不會額外收取附加費。當然，大前提是要乙地有該租車公司的門市，只要願意付附加費便可以在乙地還車。

超速及違例泊車罰款

日本人駕駛態度十分好，很少會違例，所以請大家都同樣遵守。日本的超速罰款由￥30,000-￥50,000不等，而違例泊車的話，由￥15,000起。此外，日本當局對於醉駕的懲罰超重，隨時有機會即時入獄。

甚麼是ETC？

ETC的全名是Electronic Toll Collection，即是電子道路收費系統。如果汽車裝有ETC系統，只要將ETC卡插到車內的ETC卡槽，當經過道路收費通道，系統便會紀錄在ETC卡中，有時更包括一些折扣優惠。

一般租車公司或會有ETC卡出租（如Toyota），到還車時才一併支付。如果不租用ETC卡，駕駛者須選取「一般」收費亭而非「ETC專用」，先取「高速公路通行券」，於離開時到「料金所」支付費用。

沒租用ETC卡，須選取「一般」收費亭，先取「高速公路通行券」，於離開時到「料金所」支付費用。

只要將ETC卡插到車內的ETC卡槽，當經過道路收費通道，系統便會紀錄在ETC卡中。

租車保險

免責補償

免責補償跟香港的第三者保險相似，即是保險會承保路面意外引起的汽車損毀，及傷者住院的開支。這種保險需要購買者先墊支費用，所以遇上任何意外都要立即報警及通知租車公司，然後從警方處取得「事故證明」，才可向保險公司索償。

CDW免責額補償制度

客人如購買了CDW（Collision Damage Waiver），可不用付出保險墊支金。這種保險一般為￥1,050-￥2,100/天。不過，客人買了CDW並不代表不須承擔所有費用，如果遇上故障、損毀、盜竊或車廂內損毀，客人須負責部份費用，稱為「Non-Operation Charge」，而這種費用是大部份的旅遊保險都不會賠償，費用由￥20,000起。

昇龍道 自駕遊

日本中部北陸地區的地形，能登半島的形狀有如龍頭，最南邊的三重縣形狀像是龍尾，讓人想起龍乘風飛起的英姿而命名為「昇龍道」。昇龍道涵蓋岐阜縣、福井縣、富山縣、石川縣、長野縣、靜岡縣、愛知縣、滋賀縣及三重縣等九個縣，幅員遼闊，各地都有它的特色，有自然風光、人文歷史遺產甚至主題樂園購物玩樂，非常適合一家大小自駕暢遊。

Route01 飛驒高山世遺絕色遊

DAY01

中部國際機場→岐阜市(約90km)

沿途景點：世界淡水魚水族館 Aqua Toto、參觀岐阜市鸕鶿捕魚表演

住宿：岐阜駅前天然溫泉金華之湯

DAY02

岐阜市→郡上市→高山市(約130km)

沿途景點：郡上八幡城、明宝温泉、高山上三之町

住宿：Best Western Hotel

DAY03

高山市→白川鄉→下呂市(約150km)

沿途景點：高山朝市、白川鄉荻町

住宿：下呂小川屋

DAY04

下呂市→土岐→名古屋市(約140km)

沿途景點：土岐 Premium Outlets、名古屋城

住宿：Marriott Associa Hotel

DAY05

名古屋市→中部國際機場

沿途景點：名古屋市觀光購物

白川鄉
高山
郡上八幡
下呂
岐阜
土岐
名古屋
中部國際機場

世界淡水魚水族館	(28 442 198*88)
郡上八幡城	(289 895 554*05)
白川鄉	(549 018 260*34)
下呂溫泉	(361 509 214*28)
高山朝市	(191 195 526*50)

DAY01

中部國際機場→長島→伊勢市(約170km)

沿途景點：Spaland、爵士之夢長島、名花之里

住宿：日の出旅館

爵士之夢長島

DAY02

伊勢市→伊勢神宮→夫婦岩→鳥羽(約16km)

沿途景點：伊勢神宮、夫婦岩、伊城安土桃山文化村

住宿：View Hotel花真珠

伊勢神宮

夫婦岩

DAY03

鳥羽→相差(海女小屋)→橫山展望台→賢島(約40km)

沿途景點：海女小屋、志摩西班牙村、海之博物館

住宿：賢島志摩海景酒店

海女小屋

DAY04

賢島(乘觀光船遊英虞灣)→鳥羽水族館→御木本真珠島→津市(約82km)

沿途景點：鳥羽水族館、御木本真珠島

住宿：津市涼風莊

鳥羽水族館

DAY05

津市→中部國際機場(約115km)

※如怕行程太趕可先回名古屋市住一晚，第2天才回程

長島
津市
中部國際機場
伊勢
鳥羽
賢島

MAPCODE

海女小屋	(338 499 400*50)
御木本真珠島	(118 526 565*45)
鳥羽水族館	(118 536 442*80)
夫婦岩	(118 619 658*31)
伊勢神宮	(118 432 603*52)
爵士之夢長島	(38 717 176*07)

DAY01

中部國際機場→名古屋城
→四日市(約100km)
沿途景點：名古屋城、長島度假村、
工場夜景クルーズ(Kombinat)
住宿：四日市都酒店

名古屋城

長島度假村

DAY02

四日市→伊賀市→賢島(約185km)
沿途景點：伊賀流忍者博物館、
伊賀之里Mokumoku手工農場、
伊勢神宮
住宿：賢島志摩海景酒店

伊賀流忍者博物館

DAY03

賢島→二見浦→鳥羽→伊良湖
→蒲郡・西浦溫泉(約114km)
沿途景點：鳥羽水族館、御木本真珠島、
海女小屋、伊良湖
住宿：西浦溫泉 東海園酒店

DAY04

西浦溫泉→名古屋市(約70km)
沿途景點：蒲郡橘子公園、名古屋電視塔、
大須觀音寺
住宿：Marriott Associa Hotel

蒲郡橘子公園

DAY05

名古屋市→中部國際機場

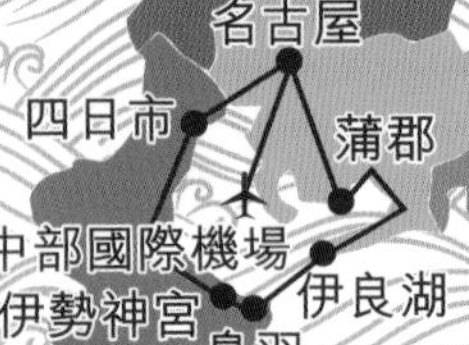

MAPCODE

四日市港口大樓 (38 559 727*73)
伊賀流忍者博物館 (131 675 205*81)
伊賀之里Mokumoku手工農場 (453 067 408*81)
蒲郡橘子公園 (51 374 157*61)

DAY01

中部國際機場→INAX生活博物館
→名古屋市(約52km)

沿途景點：INAX生活博物館、名古屋城、名古屋電視塔

住宿：Marriott Associa Hotel

DAY02

名古屋市→博物館明治村
→犬山市(約41km)

沿途景點：大須觀音寺、德川園、Noritake之森、博物館明治村

住宿：名鐵犬山飯店

DAY03

犬山市→豐田博物館→八丁味噌之鄉
→蒲郡 • 西浦溫泉(約100km)

沿途景點：犬山城、桃太郎神社、豐田博物館、八丁味噌之鄉、西浦溫泉

住宿：西浦温泉 東海園酒店

DAY04

蒲郡→濱名湖→館山寺(約78km)

沿途景點：拉格娜登堡、濱名湖、館山寺

住宿：濱名湖皇家飯店

DAY05

館山寺→中部國際機場(約102km)

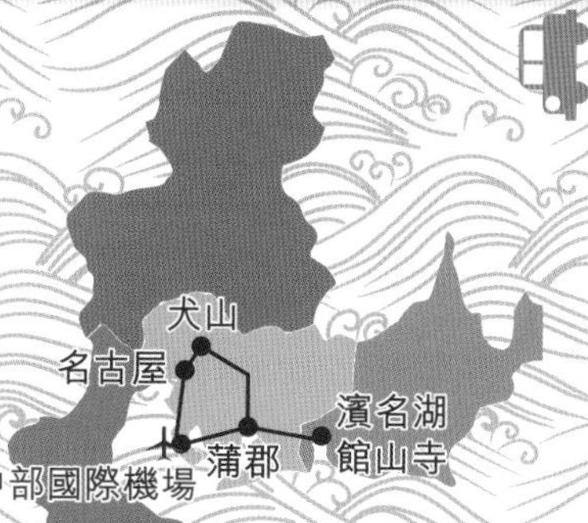

MAPCODE

INAX生活博物館	(371762 337*21)
犬山城	(70 1880001*34)
豐田博物館	(30 607 278*44)
八丁味噌之鄉	(51 723 376*02)
拉格娜登堡	(51 198 464*27)

昇龍道有用 Map Code

【岐阜縣】

新穗高纜車	898 114 821*38
宮川朝市	191 196 790*56
郡上八幡城	289 895 861*24
岐阜公園	28 648 699*63
日本大正村	368 482 186*57
笛吹水果公園夜景	59 710 727*46
白川鄉(合掌村)	549 018 380*16
飛驒古川	191 548 033*66
上三之町	191 196 495*25
陣屋前朝市	191 196 340*00
高山陣屋	191 196 338*88
下呂溫泉	361 509 555*27
沢渡駐車場(往上高地)	405 574 289*60
平湯駐車場(往上高地)	620 682 842*11
奥飛騨温泉鄉神坂新穗高温泉	898 084 092*77
惠那峽	178 094 476*44
馬籠宿（Magomejuku）	178 413 052*06
岐阜城	28 649 606*82
長良川花火大会	28 647 823*25

【愛知縣】

犬山城	70 158 842*42
名古屋城	4 348 757*45
熱田神宮	4 139 821*78
常滑陶藝散步道	371 791 453*88

【三重縣】

長島温泉樂園	38 718 060*55
名花之里	38 894 322*00
伊勢神宮(外宮)	118 549 265*63
伊勢神宮(內宮)	118 432 365*44
鳥羽水族館	118 536 356*50
鈴鹿賽車場	38 035 514*48
伊賀流忍者博物館	131 675 232*07

【富山縣】

立山纜車站	678 893 596*85
レストラン扇沢	691 491 655*77
宇奈月溫泉	220 235 614*35
富山城	40 385 712*52
富岩運河環水公園	40 446 780*44
池田屋安兵衛商店	40 386 224*36
源鱒魚壽司博物館	40 144 834*58
菅沼集落(五箇山合掌村)	549 556 201*58
相倉集落(五箇山合掌村)	549 622 676*77
瑞龍寺	40 512 874*63
高岡Otogi森林公園	40 480 530*66
雨晴海岸	40 815 313*74

【石川縣】

兼六園	41 529 055*33
金澤21世紀美術館	41 499 850*23
近江町市場	41 559 211*67
能登金剛中心	471 012 892*58
東茶屋街	41 560 309*11
香林坊	41 528 293*28
武家屋敷遺跡野村家	41 528 280*41
庄川峽遊覽船	288 781 102*63
和倉溫泉	590 305 202*27
輪島朝市	283 828 227*56
片山津溫泉	120 344 223*80

【福井縣】

東尋坊	264 240 107*84
一乘谷朝倉氏遺跡	63 290 504*33
丸岡城	63 828 810*86

愛知縣

AICHI

有用網頁:www.nagoya-info.jp
名古屋觀光指南

鰻魚飯三吃

名古屋在日本是鰻魚養殖地之冠，而鰻魚飯三吃是名古屋獨有的吃法。第一吃 －普通鰻魚飯；第二吃 －放上細蔥以及芥末；第三吃 －放上細蔥以及海苔後淋上高湯以茶泡飯方式品嚐。(1)

手羽先

炸雞翼

手羽先即是炸雞翼，從1960年代的居酒屋開始流行起來。炸雞翼上塗上辣中帶甜的醬汁，再灑上椒鹽與白芝麻，非常香口。(2)

味噌とん

味噌豬排

名古屋地區的味噌稱八丁味噌，是赤味噌的一種，味道鹹濃，相當有名。加上酥脆的豬排吃，令人想送一口白飯！(3)

きしめん

碁子麵

形狀寬寬扁扁，但很有嚼勁，口味是偏淡的醬油高湯，再配上油豆腐、蔬菜、柴魚片、蔥花等配料，成為名古屋的平民美食。(4)

味噌煮込みうどん

味噌烏龍麵

用八丁味噌及白味噌調配而成的湯頭，濃厚香醇，搭配口感偏硬而且粗身的手打烏龍麵，鹹中帶點微甜。(5)

交趾雞

名古屋交趾雞是日本三大名牌土雞之一，屬純種走地雞，經過4、5個月時間細心培育，因此肉質緊實彈牙，肉汁豐富。(6)

台灣拉麵

台灣拉麵有點像擔擔麵，由肉碎、韭菜、蔥、豆芽及辣椒，加上以醬油及大蒜為基底的高湯。雖然叫台灣拉麵，但發源自名古屋，實際上台灣沒有這種拉麵。(8)

炸蝦飯糰

據說從前一間天婦羅定食店的妻子將炸好的蝦天婦羅用紫菜包成飯團，方便常常沒時間吃午餐的丈夫，結果意想不到的好吃，從此簡單的炸蝦飯糰成了名物。(7)

食肆資料

(1) ひつまぶし 名古屋 備長

地：名古屋市中村區椿町6-9 エスカ地下街

電：052-451-5557

時：11:00am-3:00pm、5:00pm-10:00pm

(2) 世界の山ちゃん

地：名古屋市中村區太閤1-1-16

電：052-453-2215

時：5:00pm-12:15mn，
週日及公眾假期營業至11:15pm

(3) 矢場とん

地：愛知縣名古屋市中村區則椿町6-9
（エスカ地下街）

電：052-452-6500

時：11:00am-10:00pm

(4) 吉田きし麵

地：愛知縣名古屋市中村區則椿町6-9
（エスカ地下街）

電：052-452-2875

時：11:00am-8:00pm，星期五至8:30pm，
星期六日至9:00pm

(5) 山本屋

地：愛知縣名古屋市中村區則椿町6-9
（エスカ地下街）

電：052-452-1889

時：10:00am-10:00pm

(6) 千亀

地：名古屋市中區栄3丁目1-19
ソフランビル2F

電：052-262-4848

時：5:00pm-12:00mn，星期日及假日休息

(7) 千壽

地：名古屋站1-2-2
(近鐵名古屋站地下檢票口旁)

電：052-583-1064

時：11:00am-8:00pm、星期六日10:00am開始

(8) 味仙

地：名古屋市中村區名駅1丁目1-4

電：052-581-0330

時：11:00am-11:00pm

名古屋
Nagoya

交通策略

出發	交通	到達
新大阪駅	JR 東海道新幹線 • 51分鐘	名古屋駅
京都駅	JR 東海道新幹線 • 35分鐘	名古屋駅
東京駅	JR 東海道新幹線 • 1小時40分鐘	名古屋駅
高山駅	高山本線特急ワイドビユーひだ號 • 2小時30分	名古屋駅
伊勢市駅(三重)	近鐵 • 近鐵特急* • 1小時24分 *部分班次要轉車	近鐵名古屋駅
松阪駅(三重)	近鐵 • 近鐵特急 • 1小時7分	近鐵名古屋駅
大阪駅	高速巴士 • 3小時	名古屋駅前

市內交通

名古屋市不算很大，卻是重要的交通樞紐，就算要前往附近的城市，在這裡坐車也較為方便。名古屋除了有JR之外，也有名鐵、近鐵和地下鐵，利用這幾種交通工具，就可以玩盡愛知縣。

營運時間：5:00am-12:00mn
車費：基本票價￥200，並依里程計費

名古屋地下鐵

名古屋地鐵算是旅客常用的，共有五條主路線及一條支線，路線以東山線及名城線為主，幾乎覆蓋了八成景點，其他路線甚少使用，所以相對地簡單易坐。

優惠票：遊客可購買「名古屋巴士地鐵一日乘車券」(￥870)，一天內無限次乘坐名古屋地鐵、名古屋市營巴士及觀光遊覽巴士(Meguru)，坐3程地鐵或巴士已回本！各地鐵站有售。

名古屋鐵道

名古屋鐵道簡稱為「名鐵」，是一條來往名古屋市郊的路線，包括中部國際空港、犬山、常滑和豐田等地方，另外亦可到達岐阜市，是旅客第二種常用的鐵路交通。

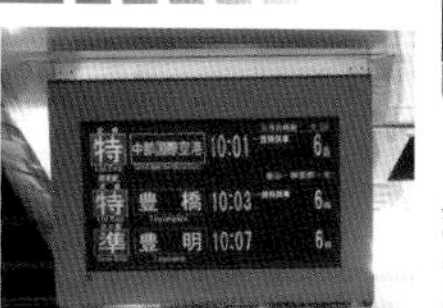

名鐵站月台十分繁複，同一個月台會有多種不同的路線停靠，不同長度的列車都有不同的上車位置，記得提早一點到達月台了解列車停靠情況。

常用車站：名古屋、犬山、中部國際機場、豐田
網頁：www.meitetsu.co.jp/cht

JR東海

在名古屋市內甚少用得上，但許多時從名古屋出發到高山、下呂等，都要搭乘JR東海的路線，有時甚至需要利用JR東海推出的周遊券來遊玩中部北陸這個範圍。

網頁：http://jr-central.co.jp

巴士

名古屋市內有一種叫メーグル(Meguru)的觀光循環巴士，從名古屋駅11號乘車處出發，到達多個主要景點，包括名古屋城、豐田產業館和電視塔等。

時間：9:30am-5:00pm；平日30至60分鐘一班，
星期六、日及假期20至30分鐘一班，
星期一停駛
車費：¥210；1日券¥500(可在車上向司機購買)
網頁：www.nagoya-info.jp/routebus

路線圖

名古屋駅 → 豐田產業館 → Noritake之森西 → 四間道 → 名古屋城 → 名古屋城東 → 德川園 → 二葉館 → 市政資料館南 → 中部電力MIRAI TOWER → 廣小路榮 → 廣小路伏見 → 名古屋城 → 四間道 → Noritake 之森 → 豐田產業館 → 名古屋駅

名古屋市營地下鐵路線圖

東山線 Higashiyama Line (H)
H01 高畑 Takabata
H02 八田 Hatta
H03 岩塚 Iwatsuka
H04 中村公園 Nakamura Koen
H05 中村日赤 Nakamura Nisseki
H06 本陣 Honjin
H07 亀島 Kamejima
H08 名古屋 Nagoya
H09 伏見 Fushimi
H10 栄 Sakae
H11 新栄町 Shinsakae-machi
H12 千種 Chikusa
H13 今池 Imaike
H14 池下 Ikeshita
H15 覚王山 Kakuozan
H16 本山 Motoyama
H17 東山公園 Higashiyama Koen (Higashiyama Park)
H18 星ヶ丘 Hoshigaoka
H19 一社 Issha
H20 上社 Kamiyashiro
H21 本郷 Hongo
H22 藤が丘 Fujigaoka

名城線 Meijo Line (M)
M01 金山 Kanayama
M02 東別院 Higashi Betsuin
M03 上前津 Kamimaezu
M04 矢場町 Yaba-cho
M05 栄 Sakae
M06 久屋大通 Hisaya-odori
M07 名古屋城 Nagoyajo (Nagoya Castle)
M08 名城公園 Meijo Koen
M09 黒川 Kurokawa
M10 志賀本通 Shiga-hondori
M11 平安通 Heian-dori
M12 大曽根 Ozone
M13 ナゴヤドーム前 矢田 Nagoya Dome-mae Yada
M14 砂田橋 Sunada-bashi
M15 茶屋ヶ坂 Chayagasaka
M16 自由ヶ丘 Jiyugaoka
M17 本山 Motoyama
M18 名古屋大学 Nagoya Daigaku
M19 八事日赤 Yagoto Nisseki
M20 八事 Yagoto
M21 総合リハビリセンター Sogo Rihabiri Center
M22 瑞穂運動場東 Mizuho Undojo Higashi
M23 新瑞橋 Aratama-bashi
M24 妙音通 Myoon-dori
M25 堀田 Horita
M26 熱田神宮伝馬町 Atsuta Jingu Temma-cho
M27 熱田神宮西 Atsuta Jingu Nishi
M28 西高蔵 Nishi Takakura

名港線 Meiko Line (E)
E01 金山 Kanayama
E02 日比野 Hibino
E03 六番町 Rokuban-cho
E04 東海通 Tokai-dori
E05 港区役所 Minato Kuyakusho
E06 築地口 Tsukiji-guchi
E07 名古屋港 Nagoyako (Nagoya Port)

鶴舞線 Tsurumai Line (T)
T01 上小田井 Kamiotai
T02 庄内緑地公園 Shonai Ryokuchi Koen
T03 庄内通 Shonai-dori
T04 浄心 Joshin
T05 浅間町 Sengen-cho
T06 丸の内 Marunouchi
T07 伏見 Fushimi
T08 大須観音 Osu Kannon
T09 上前津 Kamimaezu
T10 鶴舞 Tsurumai
T11 荒畑 Arahata
T12 御器所 Gokiso
T13 川名 Kawana
T14 いりなか Irinaka
T15 八事 Yagoto
T16 塩釜口 Shiogama-guchi
T17 植田 Ueda
T18 原 Hara
T19 平針 Hirabari
T20 赤池 Akaike

桜通線 Sakura-dori Line (S)
S01 太閤通 Taiko-dori
S02 名古屋 Nagoya
S03 国際センター Kokusai Center (International Center)
S04 丸の内 Marunouchi
S05 久屋大通 Hisaya-odori
S06 高岳 Takaoka
S07 車道 Kurumamichi
S08 今池 Imaike
S09 吹上 Fukiage
S10 御器所 Gokiso
S11 桜山 Sakurayama
S12 瑞穂区役所 Mizuho Kuyakusho
S13 瑞穂運動場西 Mizuho Undojo Nishi
S14 新瑞橋 Aratama-bashi
S15 桜本町 Sakura-hommachi
S16 鶴里 Tsurusato
S17 野並 Nonami
S18 鳴子北 Naruko Kita
S19 相生山 Aioiyama
S20 神沢 Kamisawa
S21 徳重 Tokushige

上飯田線 Kamiiida Line (K)
K01 上飯田 Kamiiida
K02 平安通 Heian-dori

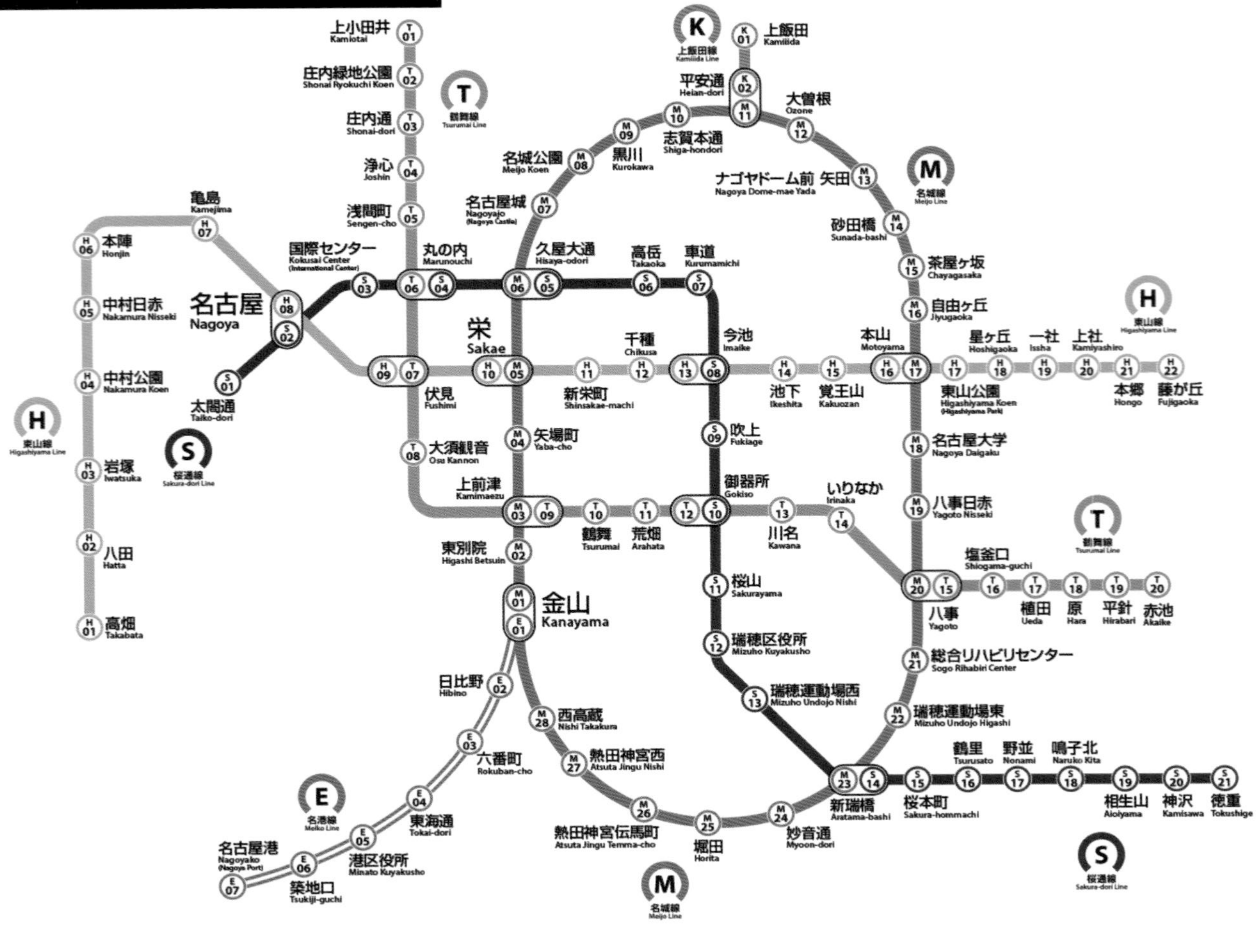

53層高大樓 01 Map1-8/ E2

JR名古屋駅中央雙塔

JR 名古屋駅櫻通口直達

JR名古屋駅上蓋是中央雙塔，樓高53層，高245米，算是名古屋市內最高的建築物。這裡由B2-11樓是高島屋百貨，旗下的Hands在5-11樓，12-13樓是美食層，名古屋的有名美食幾乎都可在這裡找到。最特別之處是在15樓的Sky Street中設有一個離地70米的空中走廊，用上落地大玻璃，讓人可以一覽整個名古屋市的景色。

INFO

愛知縣名古屋市中村區名駅1-1-4 | Gate Walk(B1、MBF) 10:00am-9:00pm，餐廳(12、13F) 11:00am-11:00pm，各店舖營業時間有異 | www.towers.jp

【名古屋駅周邊著名地標】

噴水廣場

走出太閣通口，便會見到巨大的白色噴水池，旁邊就是JR高速巴士站的上落點，也是等人的好地方。

巨型人偶NANA

「ナナちゃん人形」是名古屋駅一個很有名的地標，就在名鐵名古屋與名鐵百貨門口的交界前，每隔一段時間就會換上不同的服裝來宣傳。

金の時計

JR名古屋駅內其中一個等人地標，就在櫻通口側，位於高島屋百貨的旁邊，也是人流最多的地方。

銀の時計

如果怕人太多，可以約人在名古屋駅太閣通口的這個銀時計等，這裡佔地比較小，人流也相對少，更好找。

01. JR 名古屋駅中央雙塔	1-7	06. Bic Camera	1-14
02. 名鐵百貨	1-12	07. Esca 地下街	1-15
03. 近鐵百貨Pass'e	1-12	08. 名古屋うまいもん通り	1-17
04. Midland Square	1-13	09. UNIMALL	1-18
05. 千里馬藥局	1-14	10. Gate Walk	1-19

出2
E
F
G
H
地下鉄東山線
名鉄名古屋本線
13
名駅通
出3
12
09
1
出9
桜通口
桜通
出11
名古屋駅
金の時計
名駅四
2
出6
出12
出7
04
名鉄名古屋駅
14
名鐵
02
広小路口
3
巴士中心
11
近鉄名古屋駅
03
西柳公園
北
近鉄
KINTETSU
西柳公園西
地下鉄東山線
4
巨型人偶NANA

老字號百貨 高島屋 1a

Map1-8/ D1

高島屋百貨位於JR名古屋雙塔內，在B2-11樓，也是名古屋駅裡最大的購物中心，集土產、書店、雜貨和服飾於一身，遇上落雨壞天氣，這裡是一個消磨時間的好地方。雖然日本各地都有高島屋百貨，但名古屋的高島屋就引入不少中部地區的本土品牌，這些都是其他高島屋百貨所沒有的。而5-11樓，有一部分是他們旗下的Hands，集成熟、年輕於一身，所以這裡適合很多人來閒逛。

有超市就會有賣菓子的地方，日式西式任君選擇，有不少更是人氣品牌。

地下是超市，可以買到新鮮水果。

INFO

B2-11F | 052-566-1101 | 10:00am-8:00pm | www.jr-takashimaya.co.jp

51樓無敵景觀 Café Du Ciel 1b

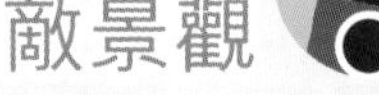

Café Du Ciel位於雙塔的51樓，佔據著最有利位置，可以完全無遮擋飽覽名古屋市的景色。cafe不設訂座，想欣賞夜景最好早一點來到。不過這裡的消費有點高，一杯咖啡或紅茶由￥680起，如果不一定要看夜景的話，下午茶時間連甜食大約￥1,300-￥1,400左右就有交易。

51樓完全可以飽覽名古屋市景色。

Café內設有觀賞的座席。

INFO

51F | 052-566-8924 | 10:00am-10:00pm

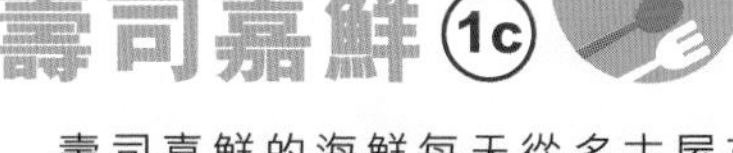

人氣壽司店
壽司嘉鮮 1c

壽司嘉鮮的海鮮每天從名古屋市場直送，確保客人吃到的是最新鮮的食材。他們的價格不高，而且店內設有英文介面的下單顯示屏，就算客人不懂日文，都可以輕鬆點餐。這店在午餐和晚餐時間都要排隊，如不想花太多時間，建議早一點前來。

不想麻煩可以點「おすすめセット」（推薦套餐），師傅一早為客人挑選好當日最好的食材。

套餐包括一大碗蜆肉味噌汁，還有茶碗蒸。

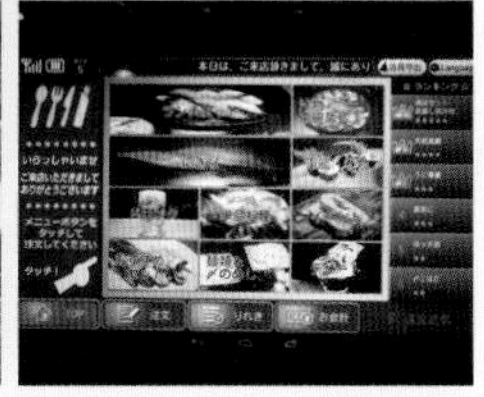

這裡下單很方便，而且有英文介面，吃壽司就不用懂日文了。

INFO

12F | 052-541-3488 | 11:00am-11:00pm

天婦羅老店
天ぷら新宿つな八 1d

東京新宿的人氣天婦羅店天ぷら新宿つな八，同樣擁有逾百年歷史。東主堅持以傳統方法製作食物，令每件天婦羅都不油膩，吃到的正是師傅的好手藝。江戶派的天婦羅更會用上芝麻油來炸，配上特製粉漿，吃下去脆口又有淡淡芝麻香。

師傅用心的處理天婦羅，每一件都不會有多餘的油分。

坐吧枱可以看到師傅的功夫。

INFO

12F | 052-533-0131 | 11:00am-11:00pm | www.tunahachi.co.jp

名古屋老牌百貨 Map1-8/ E3

名鐵百貨 02

 JR 名古屋駅広小路口步行 2 分鐘

這裡的Loft只得一層，集中精選了平日受歡迎的商品。

名鐵百貨由名古屋鐵道公司所經營，是市內老牌本土百貨公司。本館主攻女性市場，從日本及外國引入不同的化妝品和雜貨品牌，而MEN'S紳士館，也同樣照顧到男士需要。這裡的5樓有Loft及電器店LABI，而門前就是名古屋地標NANA小姐了。

紳士館5樓，有專賣露營和行山用品的好日山莊。

INFO

愛知縣名古屋市中村區名駅 1-2-1 | 052-585-1111
MEN'S 館 10:00am-8:00pm，3-6 樓、8 樓、10 樓至 7:00pm，9 樓餐廳 11:00am-10:00pm | www.e-meitetsu.com/mds

 Map1-8/ F3

年輕人百貨 03

近鐵百貨 Pass'e

 JR 名古屋駅広小路口步行 2 分鐘

近鐵即是近畿鐵道，屬於在關西至中部一帶行走的鐵道公司。近鐵百貨則是他們旗下經營的，而名古屋店Pass'e走的是青春風格，引入多個日本和海外的年輕品牌，如平價服飾WEGO、Peach John、Heater和宇宙百貨等。此外，9樓還有Tower Records和他們旗下以動漫為主的Tower Anime。

INFO

愛知縣名古屋市中村區名駅 1-2-2 | 052-582-3411
（1F-7F）10:00am-8:00pm、（8F-9F）10:00am-9:00pm、（B1F）10:00am-8:30pm；1 月 1 日休息 | www.passe.co.jp

高級商場 Map1-8/ F2

Midland Square 04

JR 名古屋駅櫻通口直達

Midand Square就在名鐵百貨對面，外表相當有氣勢。全幢大樓高46層，主打高檔消費市場，聚集不少國際知名品牌，也有一些高級餐廳。有時間可以登上頂樓的Sky Promenade展望台，乘高速電梯從1樓直達42樓，時間只需40秒，可飽覽名古屋市的景色。

有不少國際名牌進駐。

INFO

愛知縣名古屋市中村區名駅 4-7-1 | 052-527-8877 | 商店 11:00am-8:00pm 餐廳 11:00am-11:00pm ; 展望台 11:00am-10:00pm，7 月 -9 月 11:00am-10:00pm，1 月 -2 月 1:00pm-9:00pm | 展望台門票：￥1,000 | www.midland-square.jp

烘焙材料專門店

富澤商店 4a

富澤商店專營烘焙材料，基本上你說得出的材料，都能夠在這裡買到。他們自家推出材料包，讓完全零烘焙知識的人可輕鬆製作出美味的甜品。此外，店內還有不少烹調的配料，更有從外國引入的醬料，喜歡烹飪的人，一定要到這裡逛一次。

連堅果類和乾果類的材料都有十幾款之多。

INFO

Midland Square B1F | 052-527-8817 | 11:00am-8:00pm | https://tomiz.com

這分店很寬敞，種類繁多，喜歡烹飪的人可以慢慢挑選。

最多最齊藥妝 Map1-8/ C3

千里馬藥局 05

JR 名古屋駅太閣口步行 3 分鐘

千里馬雖然不一定每件貨品都比其他藥妝店便宜，但勝在多品牌又齊貨。這裡樓高5層，除了藥妝，還有一些家庭及嬰兒用品。它有別於一般藥妝店，只收現金，不收信用卡，如購買金額超過¥5,000，可以到5樓辦理退税手續。

藥物種類齊備，店內也有中文店員方便遊客詢問。

這裡的食料品種很多都比便利店便宜。

嬰兒用品這裡也有，雖款式不太多但幾乎熱門的商品都有。

INFO

愛知縣名古屋市中村區則椿町 15-23 | 052-453-7570 | 9:00am-9:00pm

大型電器店 06 Map1-8/ B2

Bic Camera

JR 名古屋駅太閣口 / 地下鐵名古屋駅 13 號出口

Headphone全部任試，可以試到合乎自己心水才購買。

到日本逛電器店是常識吧，如果在中部北陸玩，想要逛大型電器店的話，可到名古屋市內唯一的Bic Camera，從JR名古屋駅太閣口走出來便已經看到。雖然貨不及東京大阪那麼齊全，但最新的電器產品都有。不過買電器時記得留意電壓，香港是220V，如果最大只支援到日本電壓100V，便必須額外購買變壓器。

Bic Camera設有玩具部，最新的玩具及電玩遊戲都買得到。

INFO

愛知縣名古屋市中村區則椿町 6-9 | 052-459-1111 | 10:00am-9:00pm | www.biccamera.co.jp

地下街合輯

名古屋駅是以地下購物中心網路而聞名，除了與車站相連，還與周圍的建築物相連，逛起來十分方便舒適。以下介紹名古屋駅周邊的地下街！

搵食好去處 Map1-8/ C3

Esca地下街 07

JR 名古屋駅前

Esca地下街就在JR名古屋駅前，雖然不及東京地下街那麼熱鬧，但有很多名古屋的人氣食店，都在此開設分店。這裡餐廳佔最多，共有33間，而讓人Shopping的店舖卻不多，但仍有ABC-Mart跟Uniqlo，是這兩家店的粉絲不妨逛逛。

INFO

愛知縣名古屋市中村區則椿町 6-9（エスカ地下街） | 052-452-1186 | 8:30am-8:30pm，商店；10:00am-10:00pm，餐廳；各店營業時間有異，1月1日、2月的第三個星期四、9月第二個星期四休息 | www.esca-sc.com

鰻魚三味 7a

ひつまぶし 名古屋 備長

「ひつまぶし 名古屋 備長」是愛知縣的老店之一，講究三味三樂，意思就是指有三種不同的吃法，那是名古屋特有的吃法。雖然分店遍布全日本，但在名古屋吃到的才是最滋味。這裡的鰻魚用備長炭燒炸而成，製作的時候會沾上兩次秘製醬汁，燒到皮脆肉軟，肥而不膩。

最普通一份鰻魚飯￥3,000。

山椒粉是鰻魚的最佳拍檔。

【鰻魚三味三部曲】

第一味：乃最原始的味道，舀起飯就著鰻魚吃，記得加點山椒粉。

第二味：叫作藥味，加上葱花、Wasabi和紫菜一起吃。

第三味：用第二味再加入靜岡綠茶做成茶漬飯。

INFO

052-451-5557 | 11:00am-3:00pm、5:00pm-10:00pm | http://hitsumabushi.co.jp

咖喱烏冬
若鯱家 7b

咖喱烏冬同樣是名古屋的名物之一，如果覺得鰻魚飯有點貴，可以來吃若鯱家的烏冬。他們的咖喱湯把辣度和甜度平衡起來，吃進口又香又濃郁，而且湯汁濃稠，可以均衡地沾滿每條彈牙的粗身烏冬，非常美味。

INFO
052-453-5516 | 11:00am-10:00pm | www.wakashachiya.co.jp

味噌烏冬
山本屋本店 7c

名古屋人似乎特別喜歡吃烏冬，第三種名古屋名物非烏冬莫屬。山本屋已有過百年歷史，主打一款味噌烏冬，麵條較粗身，湯頭用上赤味噌和白味噌煮成，兩種不同味道的味噌剛好達到平衡，不過喜歡清淡的朋友會覺得略嫌鹹了一點。這裡還會用砂鍋上桌，冬天吃就最好不過。

一份最普通味噌烏冬（味噌煮込うどん）¥1,200。

INFO
052-452-1889 | 11:00am-3:00pm、5:00pm-10:00pm
星期六日及假日 11:00am-10:00pm | http://yamamotoyahonten.co.jp

味噌豬排 矢場とん 7d

味噌豬排在昭和初期出現，當時有人將炸豬排沾了味噌鍋的醬汁來吃，因此味噌豬排就此誕生。店內有幾款不同的味道，可按個人口味來選擇，如果喜歡濃郁的味道，就一定要試鐵板豬排（鉄板とんかつ）。

INFO
052-452-6500 | 11:00am-10:00pm | www.yabaton.com

認住這頭豬就是矢場とん。

食買一條龍 08

名古屋うまいもん通り

JR 名古屋駅前 **Map1-8/ D2**

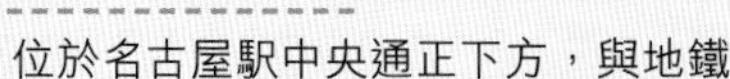

位於名古屋駅中央通正下方，與地鐵櫻通線相連，遊客可以從高島屋一側金の時計附近出入口或者從新幹線出口一側附近的中央樓梯進入地下街。這條地下街分為「名古屋美食街」與「FASHION ONE」，美食街從名古屋美食到人氣伴手禮都有；FASHION ONE 以戶外用品店以及時尚雜貨店為主，想找登山露出用品的話，來這就準沒錯！

INFO

愛知縣名古屋市中村區名駅 1-1-4 | 各店不同 | https://www.nsk-eki.com/nagoya/map/?area=a06

【名古屋美食街】

炭火焼肉スギモト

提供松阪牛、黑豚肉等高品質的燒肉。餐廳內有1人吧台座位、半包廂、沙發座位，滿足不同人的要求。

INFO

052-414-7813 | 11:00am-10:00pm | https://www.oniku-sugimoto.com/

嘉文

可以享用美味的新鮮時令魚貝。雖然是居酒屋，但也有各種套餐、乾麵、蕎麥麵等麵食。

INFO

052-551-8885 | 11:00am-11:00pm | http://www.kamon-group.com/

【FASHION ONE】

Mountain Hardwear

提供注重細節的高品質和高性能戶外產品，健行、登山、越野跑和野外滑雪等專業用品都可在這找到。

INFO

052-564-3791 | 10:00am-8:00pm | https://www.mountain-hardwear.jp/

Foxfire

Foxfire 的直營店，店內的商品種類豐富，包括戶外服裝、釣魚用品、相機袋、旅行服飾等。

INFO

052-551-7522 | 10:00am-8:00pm | https://www.foxfire.jp/

女生最愛 UNIMALL 09

Map1-8/ G1

地下鐵名古屋駅直達

從地下鐵名港線名古屋駅連接到櫻通線的国際センター駅的地下街。這條地下街是直路一條，所以不用擔心迷路。這邊商店約有90家，大部份以女性時尚服飾店為主。除了時裝百貨，亦匯集了休閒娛樂及餐飲美食等商店，其中還有名古屋有名擔擔麵專賣店「想吃担担面」、巧克力店「Godiva」等人氣店鋪。

INFO

愛知縣名古屋市中村區名駅 4-5-26 | 052-586-2511 | 10:00am-8:00pm，各店不同 | https://www.unimall.co.jp/

9a 環保品牌 LUSH

BIG BLUE LUSH
MASSAGE

入浴劑造型十分可愛，女生一定喜歡！

LUSH主打髮膚衛浴、護膚化妝品等產品。LUSH的產品講究原料新鮮，使用新鮮採收的蔬果以及大量精油，每件產品都是在日本國內工廠手工製作的。另外，為了環保及人道考量，所有產品都沒有經過動物測試並減少過度包裝的所帶來的浪費，所以素食者和環保人士亦適用！

INFO

052-571-2150 | https://jn.lush.com/

簡約風雜貨 9b KEYUCA

以「Simple & Natural」為品牌精神，風格多為百搭的簡約風，店鋪內商品種類也包羅萬象，有餐具、收納箱、服裝配配件等，也有販售菓子茶包。最重要的是價錢亦不貴，滿足遊客想要一次買齊的想法。

INFO

052-526-1851 | https://www.keyuca.com/

百貨集中地 Map1-8/ D1

Gate Walk ⑩

 JR 名古屋駅前

位於JR中央塔下方，可以名古屋駅櫻通口進入。這裡有東急HANDS的試營店「Hands Gate Shop」，還有深受女生們歡迎的可麗餅店「ディッパーダン」。這條地下街主要銷售時尚百貨、化妝品、流行美食，對於流行事物有興趣的人，可以來這邊看看。

INFO

愛知縣名古屋市中村區名駅 1-1-2 | 10:00am-9:00pm，各店不同 | https://www.towers.jp/

INFO

愛知縣名古屋市中村區名駅 4-7-25 | 10:00am-8:30pm，各店不同 | https://www.sunroad.org/

名鐵地下街 Map1-8/ F3

Sun Road ⑪

地下鐵名古屋駅直達  

Sun Road是日本第一條與Midland Square等主要建築物相連的大型地下購物中心，歷史悠久。地下街的起點位於名鐵觀光服務公司的彩券售票處旁邊，這裡約有80家商店，東有Midland Square、西有名鐵百貨店與近鐵Pass'e、南有螺旋塔、北有JR中央塔樓，逛完地下街後還可以到四周的知名景點逛逛。

小小地下街 Map1-8/ E1

ダイナード ⑫

 地下鐵名古屋駅直達

ダイナード是名古屋駅周邊地下街中規模最小的，只有3家商店營業。但這條地下街連接大名古屋大樓和地下鐵東山線，如果要去名古屋大樓的話，可以經由這條地下街前往。雖然店舖很少，但如果是下雨天時不用在地面上行走淋濕，還是滿方便的。

INFO

愛知縣名古屋市中村區名駅 3-1 | https://dainagoyabuilding.com/

名古屋站前百貨公司 ⑬
大名古屋大樓 Map1-8/ F1

地下鐵名古屋駅步行 1 分鐘

大名古屋大樓一共有17層，而面向遊客的商店多在B1F-5F。B1F正是連著地下街ダイナード，所以十分方便遊客到達。大樓B1F和3F設有大名古屋Dining，不同美食餐廳林立，除了用餐，還可以在此購買和菓子、果醬、烘焙點心等手信。另外，B1F設有日本有名超市成城石井，除了一般日本品牌的食品外，店內還有其他來自大約30個國家的外國進口商品；而1-2F則以服裝手錶的百貨為主；5F的空中花園會隨著季節和節日而變換裝飾，是拍照打卡的好地方。

INFO

愛知縣名古屋市中村區名駅 3-28-12 | 052-569-2604 | 商店 11:00am-9:00pm，餐廳 11:00am-11:00pm | https://dainagoyabuilding.com/

5/F

打卡熱點
空中花園

Map1-8/ F1

13a

地下鐵名古屋駅步行 1 分鐘

位於5F的空中花園是個綠意盎然的花園，提供給遊客逛得累時可以在坐在這裡休息一下，亦可以在餐廳外賣食物在此享用。由於是露天的關係，所以賞櫻時期可以俯瞰櫻花樹和名古屋駅的建築物，因此每到賞花季節這邊都會人潮湧湧。而這空中花園的裝飾會隨著季節、節日和主題而改變，像是夏日會舉行向日葵花展、《Frozen2》上映時作宣傳裝飾等，最適合來這拍照打卡呃like了！

像是聖誕這些特別節日還會舉行活動。

晨早歎海鮮 ⑭

柳橋中央市場 Map1-8/ H3

JR 名古屋駅東口步行 5 分鐘

柳橋中央市場由明治時代末期已開始售賣海產，場內共有三百多家店舖，不僅供應海鮮，還有肉類、蔬菜、水果、乾製鰹魚、海苔等，以批發為主，不少名古屋的餐廳都會前來採購最新鮮的食材。另外，這裡亦有多間餐廳，有些更提供顧客即買即食，讓客人一大清早就可以享受價錢親民的美食。

INFO

愛知縣名古屋市中村區名駅 4-15-2 | 052-583-3811 | 4:00am-10:00am；零售時間由 8:00am 開始，各店營業時間有異，星期三、日及公眾假期休息

【本館】

タキモ商店

從急凍海鮮肉類及農產品到調味品及漬物都有，由於是百年老店，加上價廉物美，所以很受當地媽媽們的歡迎。

INFO

052-581-0315 | http://takimo.co.jp/

魚河岸割烹 鮮

由魚販直營的居酒屋，提供早午晚三種菜單，餐點包括天婦羅、壽司和刺身，配上清酒就最美味不過。

INFO

090-4267-2416

【2號館】

柳橋きたろう

使用名古屋柳橋市場的新鮮海鮮來製作壽司、手卷、刺身、海鮮丼以及逸品料理，亦是中央市場中唯一提供江戶前壽司的壽司店。

INFO

052-485-4764 | https://www.tamasushi.co.jp/shop/kitaro_nagoya_sijo/

サカナファクトリー

店內最受歡迎的料理是まぜとろ海鮮丼，新鮮的魚生與超過 7 種食材混合而成的超豐盛丼飯，配上流動的蛋黃和特製的芝麻醬更是絕頂好食。

INFO

080-9111-8374 | https://www.instagram.com/sakanafactory/

複合休閒地

Noritake之森 ⑮

JR 名古屋駅櫻通口步行 15 分鐘 / 地下鐵東山線亀島駅 2 號出口步行 5 分鐘

Noritake之森（ノリタケの森）由日本高級瓷器品牌所營運，本來是Noritake的總公司，當年是為了紀念創立100周年而設立。這裡是一個集文化、歷史和消閒於一身的複合式休閒園地，除了能夠欣賞到高級名貴的瓷器外，更可以前往他們設立的店舖內選購各種廚具和餐具，部分更是以優惠價發售。

紅磚倉庫部分已變成了餐廳。

這裡賣的餐具，有部分比市面上便宜。

這幾座煙囱就是昔日燒製陶瓷專用。

INFO

愛知縣名古屋市西區則武新町 3-1-36 | 052-561-7114 | 商店及畫廊 10:00am-6:00pm；工藝中心 10:00am-5:00pm； 餐 廳 11:30am-2:30pm、5:30pm-8:30pm | www.noritake.co.jp/mori

榮 Sakae

交通策略

名古屋駅 ●●●●●● 榮駅
地下鐵・東山線・5分鐘

名古屋駅 ●●●●●● 久屋大通駅
地下鐵・櫻通線・5分鐘

MAP 1-24
榮
Google Map 下載
A
B
C
D
1
2
3
袋町通
本町通
七間町通
呉服町通り
伊勢町通り
大津通
東桜
栄町駅
栄駅
新栄町
西新町
地下鉄東山線
伏見駅
三蔵通
白川通
白川公園
中区
地下鉄名城線
矢場町駅
武平通
東新通
名古屋高速2号東山線
北

城市地標  Map1-24/ C1

MIRAI TOWER ⓪①

地下鐵名城線或東山線榮駅 3、4 號出口步行 3 分鐘 / 名城線或櫻通線久屋大通駅下車南改札口 4B 出口直達

日本很多大城市都有電視塔，名古屋也不例外。電視塔位於名古屋市中心，屹立在榮駅附近，登上展望台可一覽名古屋市的景色。而展望台有室外部分，讓大家能夠在晚上不用受到玻璃的影響，拍到十分漂亮的名古屋市夜景。

一望無際的名古屋美景。

INFO

愛知縣名古屋市中區錦 3-6-15 | 052-971-8546 | 10:00am-9:00pm，星期六至 9:20pm | 大人 ¥1,300，小童 ¥800 | www.nagoya-tv-tower.co.jp

多功能飛船
OASIS 21 02

Map1-24/C1

地下鐵名城線或東山線，榮駅 4 號出口直達

名古屋電視塔旁，是一座好像飛船般的建築物，那就是Oasis 21。它高達14米，連接了地下鐵榮駅，更是機場巴士的總站，集功能、消閒娛樂和藝術於一身。如果住在榮駅附近可以在此下車。這裡以「水之宇宙船」為概念，假日會舉行各種藝術活動及小型音樂會，是名古屋市民假日消閒的好去處。

登上頂層可以在那裡散步，還能看到名古屋電視塔。

這裡晚上點起燈來也十分浪漫。

INFO

愛知縣名古屋市東區錦 1-11-1 | 052-962-1011
10:00am-9:00pm | www.sakaepark.co.jp

【精選商店】

海量扭蛋機 2a
ガチャガチャの森

店內有接近600台的扭蛋機，從動漫周邊到稀奇古怪的東西都有，喜歡扭蛋的人，來這就對了！

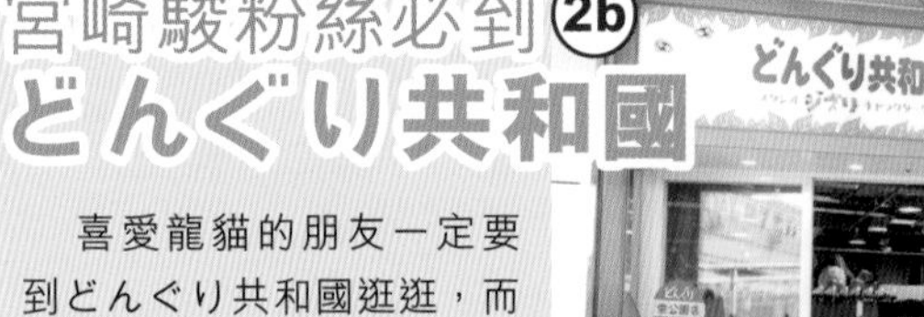

宮崎駿粉絲必到 2b
どんぐり共和國

喜愛龍貓的朋友一定要到どんぐり共和國逛逛，而旁邊則是NHK電視台的卡通人物專賣店。

INFO

https://benelic.com/donguri/

人氣動漫店 2c
JUMPShop

如果你是火影忍者或海賊王的粉絲，JUMP Shop絕對是你必去之地，因為這裡是官方的專賣店，在街上很難買到他們的商品。

獨家魔法周邊 Harry Potter Mahou Dokoro 榮公園店  

天花板還有像電影中蠟燭飄在半空中。

《哈利波特》已經推出二十多年，至今仍有大批粉絲。現在官方周邊店Harry Potter Mahou Dokoro除了在東京赤坂外，也在名古屋榮公園開店了！榮公園店的入口裝潢靈感以魔法世界中出現的裝飾品和配飾為主，店內空間充滿了會令人想起霍格華茲魔法學校的細節，像是背景裝潢重現了霍格華茲的魔法食堂場景，牆壁還有移動樓梯、巫師肖像和彩色玻璃風格的裝飾，令遊客感覺像是入學霍格華茲。

Mahou Dokoro以霍格華茲魔法學校為靈感，店內販售超過300件相關周邊商品，包括學院長袍、魔杖、香薰器、餐具等等原創商品。而且除了《哈利波特》商品外，還有它的前傳《怪獸與牠們的產地》相關周邊商品，相信魔法迷一定心動不已，瘋狂採購了。

英倫裁縫店風格區，主要出售長袍和手袋等服裝配飾。

INFO

052-228-0966 | https://www.harrypotter-mahou-dokoro-benelic.com/toppage

元祖炸雞  Map1-24/ B1

風來坊錦吳服通店 03

 地下鐵名城線或東山線，榮駅步行 4 分鐘

怕熱氣的朋友可以先點一份沙律。

風來坊可說是名古屋手羽先(雞翼)的元祖，在愛知縣有多間分店，乃本地人最喜愛的手羽先店。這裡跟居酒店很像，很多人都在下班後到這裡與同事或朋友，點一杯啤酒、一份手羽先和小吃邊吃邊聊。手羽先先以低溫油炸，再用高溫油炸脆並逼出油分，喜歡吃翼尖的朋友一定會喜愛這種酥脆感。

手羽先5隻 ¥450。

INFO

愛知縣名古屋市中區錦 3-13-1 デリシアムマドーロ 2F | 052-9963-0272 | 6:00pm-11:30pm，假日 5:00pm-12:00mn，星期日休息 | www.furaibou.com | ESCA 店、榮駅、名駅新幹線口店等

一人前手羽先 ¥550。

夢幻手羽先 Map1-24/ D2

世界の山ちゃん 04

地下鐵名城線、東山線，榮駅 12 號出口步行 5 分鐘

世界の山ちゃん雖然不是什麼元祖店，但已經是衝出國際，在香港和台灣也有分店。他們用上秘製的醬汁醃雞翼，再配上中國江蘇產的天然食鹽，逐隻刷上鹽巴，味道帶點微辣，十分香口，配啤酒一流。

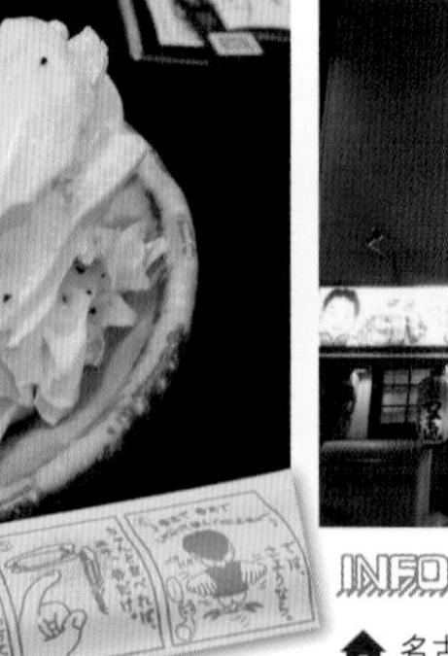
這裡的椰菜加了自家的沙律汁，配雞翼不僅清熱氣更可減低油膩感。

桌上的筷子套有教客人吃雞翼的方法。

INFO

名古屋市中區榮 4-9-6 | 052-242-1342 | 星期一至五 4:00pm-11:15pm，星期六 3:00pm-12:15mn，星期日及假日 3:00pm-11:15pm | www.yamachan.co.jp

集合話題品牌 LACHIC 05

Map1-24/ C2

地下鐵名城線、東山線，榮駅 16 號出口步行 3 分鐘

「LACHIC」是日文中「像自己」的意思，這個商場隸屬三越百貨旗下，從地下到8樓集合了一百七十多家人氣商店，當中有近五十家都是從東京和大阪引進，全部都是話題性十足的品牌。其餘的店鋪則是名古屋本土品牌，這正符合LACHIC的概念，鼓勵名古屋的人具創造精神。

這裡有超市成城石井。

INFO

愛知縣名古屋市中區榮 3-6-1 | 052-259-6666 | 11:00am-9:00pm 餐廳 11:00am-11:00pm，各店營業時間有異 | www.lachic.jp

連續三年金賞 鳥開總本家 5a

名古屋有三間很有名的手羽先（即炸雞翼）專門店，鳥開便是其中一間，店家曾獲「日本唐揚協會」的最高金賞，連續三年都由全日本10,000人選出來。其實鳥開不只有手羽先，他們本身就是一間雞肉料理店，親子丼也是很受歡迎。這裡的手羽先有點貴，得獎版手羽先，1隻賣￥250。

金獎手羽先的體積比較大。

ラシツクセツト￥1,910，是這店的限定料理，可一次過試到這店的幾種名物。

INFO

LACHIC 7F | 052-259-6101 | 11:00am-11:00pm | www.tori-kai.com

7F的美術畫廊有時會舉行藝術展

老牌百貨 Map1-24/ C2
三越名古屋榮本店 06

地下鐵名城線、東山線，榮駅直達

8F的日式庭院舉行盆景展，可參觀又可以買。

三越是日本其中一家老牌百貨公司，在名古屋設有分店，也是當地的名牌集中地。這裡的1樓是外國名牌店，而比較年輕的品牌就集中在3樓，周末閒暇時本地人都喜歡到這裡閒逛。

INFO

愛知縣名古屋市中區榮 3-5-1 | 052-252-1111 | 10:00am-8:00pm | https://www.mitsukoshi.mistore.jp/nagoya.html

Map1-24/ B1
趣味和菓子 川口屋 07

地下鐵榮駅 1 號出口步行 3 分鐘

川口屋是一家擁有300多年歷史的日式和菓子店，歷史可追溯至江戶時代。他們家的和菓子會隨季節變換，像是春季推出櫻麻糬，夏季推出水無月，秋季推出磯饅頭，冬季推出織部薯蕷，而且會因當造材料推出特別口味，精緻美味又賞心悅目。除了傳統和菓子，店家亦與時並進，會在一些西洋特殊節日推出節日菓子，像是在萬聖節時就推出過幽靈和鬼魂造型的和菓子，好看又好食！

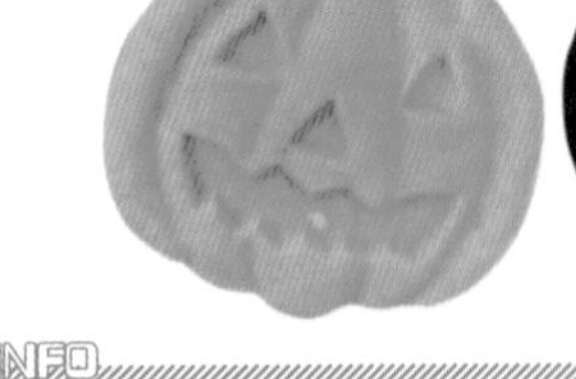

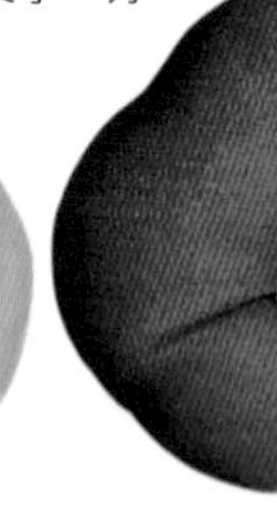

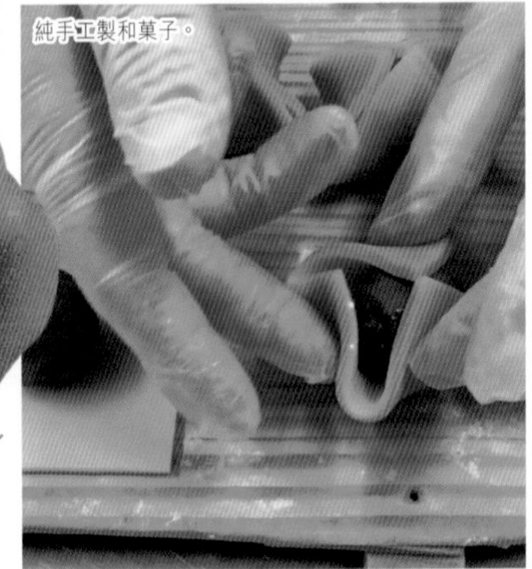
純手工製和菓子。

INFO

名古屋市中区錦 3-13-12 | 052-971-3389 | 9:30am-5:30pm，星期日、假日及每月第三個星期一休息 | https://www.instagram.com/

Map1-24/ C3

400年歷史傳統百貨 松阪屋本館 08

地下鐵名城線、東山線，榮駅 16 號出口步行 5 分鐘 / 矢場駅 5 或 6 號出口直達

松阪屋已是香港人的集體回憶，來到名古屋可以來懷念一下。松阪屋在名古屋內是佔地最大的百貨公司，分為本館、南館和北館，本館的品牌較為傳統，地下的樓層設有食品區，而南館專售潮流品牌；北館則以家具和雜貨為主，分類十分鮮明。

地下的食品樓層，有日式和西式和菓子，也有超市。

南館4-6樓是大型電器店Yodobashi。

INFO

愛知縣名古屋市中區榮 3-16-1 | 052-252-1111
(B2F-3F) 10:00am-8:00pm；(4F-10F) 10am-7:00pm；（餐廳）11:00am-10:00pm；（Yodobashi）10:00am-10:00pm | www.matsuzakaya.co.jp/nagoya

鰻魚飯老店 蓬來軒 8a

蓬來軒是名古屋的鰻魚飯老店，有超過一百四十年歷史，連食家蔡瀾都曾經撰文稱讚。這裡的吃法也是採用名古屋的鰻魚三味。店舖用上備長炭來烤鰻魚，烤出來的鰻魚皮脆肉嫩，而且帶點焦香。其實這樣配飯吃就夠，做茶漬飯反而減低了香口的味道。

最經濟實惠的鰻丼，¥3,100。

INFO

松阪屋南館 10F | 052-264-3825 | 11:00am-2:30pm、4:30pm-8:30pm；星期六、日及公眾假期 11:00am-8:30pm，星期二休息 | www.houraiken.com

落雨好去處 Map1-24/ C1

榮地下街 09

地下鐵榮駅或久屋大通駅直達

旅行遇到下雨天不用太失望，因為日本勝在有很多地下街。名古屋的榮地下街貫通了榮駅和久屋大通駅兩個地鐵站，直通Oasis 21和三越百貨，範圍相當廣。相比附近幾家高級百貨公司，這裡多為經濟一點的品牌，以流行服飾居多，也有一些老店和餐廳，絕對是雨天閒逛的好選擇。

中央圓形水晶廣場是大家約會的熱門集合點。

INFO

10:00am-8:00pm、餐廳 10:00am-9:30pm | www.sakaechika.com

這裡的Menu經常轉換，每次去都有驚喜。

Map1-24/ B3

人氣Pancake Elk 10

地下鐵名城線、東山線，榮駅步行 15 分鐘

近幾年日本很流行吃Pancake，Elk就是其中一間人氣店，在大阪和京都皆有分店。店內除了有空氣感十足的厚Pancake，也有傳統的Hot cake。另外更有配上鹹食和沙律的Pancake，適合當成午餐，誰説Pancake一定要是甜品？這裡還有3D Latte Art飲品，但只在非繁忙時間才供應，一杯要等至少廿分鐘。

INFO

愛知縣名古屋市中區榮 3-20-14 住吉ビル 1F | 052-261-8227 | 10:00am-10:00pm；關門前 30 分鐘 Last Order | http://cafe-elk.com

年輕品牌集中地 PARCO ⑪ Map1-24/ C3

地下鐵名城線、東山線，榮駅步行 7 分鐘 / 地下鐵名城線矢場町駅即達

榮駅有許多老牌高級百貨，幸好還有一間PARCO，主打年輕品牌，裡面的店家都是潮流之選，例如連鎖鞋店的大型旗艦店ABC-Mart Grand Stage，年輕人最愛的雜貨店Village Vanguard，及平價服裝店WEGO等。

地下有搜羅世界各地優質有機護膚品牌的Cosme Kitchen。

由下北沢紅遍日本全國的雜貨店Village Vanguard。

WEGO主打年輕服裝，價錢相當便宜。

INFO

愛知縣名古屋市中區榮 3-29-1 | 052-264-8111 | 10:00am-9:00pm；西館餐廳 11:00am-10:30pm | http://nagoya.parco.jp

Map1-24/ C1 水果千層蛋糕 HARBS ⑫

地下鐵名城線、東山線，榮駅步行 15 分鐘

HARBS雖然全國有34間分店，但店外仍經常大排長龍，為的就是吃到招牌水果千層蛋糕。其實HARBS正正就是在名古屋起家，他們研究出一款令女士們喜歡的蛋糕，標榜不須把蛋糕冷凍起來，水果都是新鮮，而且堅持人手製造。此外，蛋糕的款式都按季節去轉換，選取當下一刻最好的食材，所以每次去都有驚喜。

蛋糕有十數款，而且還會隨著季節轉換。

水果千層蛋糕，用上法式Pancake夾上新鮮時令水果和忌廉，咬下去每一口都是水果，十分豐富。

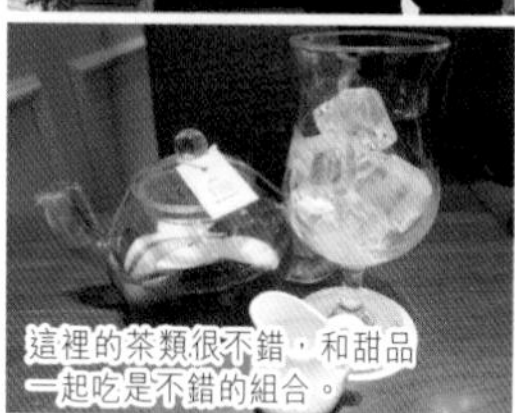
這裡的茶類很不錯，和甜品一起吃是不錯的組合。

INFO

愛知縣名古屋市中區錦 3-6-17 セントラルパークビル 2F | 052-962-9810 | 堂食 11:00am-8:00pm，外賣 11:00am-9:00pm | www.harbs.co.jp

觀眾可無遮無擋見識到由機械製造出來的9米龍捲風。

帶小朋友放電 Map1-24/ A3

名古屋科學館  

 地下鐵東山線，伏見駅步行約 5 分鐘

名古屋科學館於1962年開幕，館高6層，而兩幢方形建築物中間的大巨蛋，是2011年開幕的天文館Brother Earth。球體直徑35米，巨型天像劇場每月播放不同主題的影片。5樓是最受歡迎的「極地體驗室」，可在零下30度中觀察極光現象；3樓是高達9米的人造龍捲風等，非常怪趣。

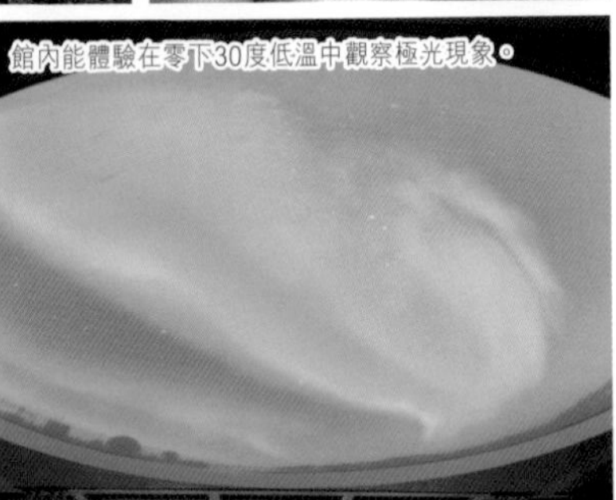
館內能體驗在零下30度低溫中觀察極光現象。

愛知縣名古屋市中區榮 2-17-1 | 052-201-4486 | 9:30am-5:00pm；關門前 30 分鐘停止入場，星期一及每月第三個星期五休息

$ （科學館和天文館）成人 ¥800、學生 ¥500；（科學館）成人 ¥400、學生 ¥200；15 歲以下免費 | www.ncsm.city.nagoya.jp

日本三大名城
名古屋城 ⑭

地下鐵名城線名古屋城駅 7 號出口步行 5 分鐘

名古屋城是日本三大名城之一，當年「關原合戰」結束後，德川家康為防備大阪的豐臣家勢力而建造的。他看中了名古屋位處全日本的中央，方便貿易運輸和傳信，遂下令其兒子在織田信長誕生的舊城「那古野城」的遺址上，建造一座最雄偉及堅固的城堡。直到1945年第二次世界大戰，美軍摧毀了名古屋城，現在看到的天守閣是1959年重修的。

登上天守閣，可以俯瞰名古屋市的景色。

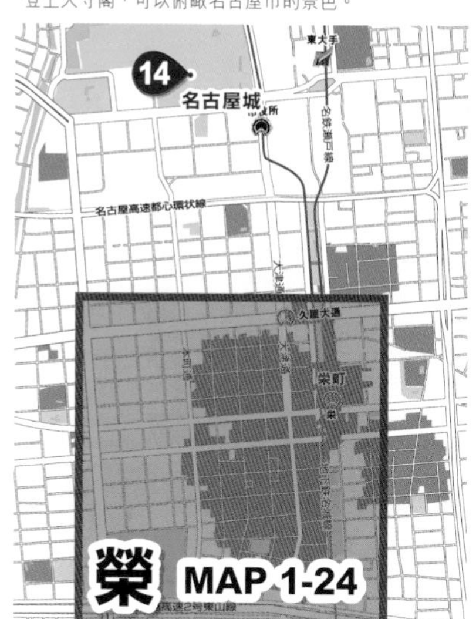

用來鎮守城樓的「鯱」重達1,200公斤，放置在天守閣的屋頂上，成為名古屋城最受注目的部分。

自2018年5月7日起，由於復原木製結構的施工，所以將無法進入名古屋城天守閣內，至另行通告。

天守閣的南側就是本丸御殿，後被大火燒毀，在2018年已完成所有復修。

名古屋おもてなし武將隊，以日本三大武將織田信長、豐臣秀吉和德川家康為主的隊伍，每周六及假日，都會在名古屋城演出。

在名古屋城市，展示出當年建造這裡的歷史，更讓入場人士體驗一下當年的氣氛。

前往名古屋市，可乘地鐵於市役所下車，車站也結合了市內的氣氛。

INFO

愛知縣名古屋市中耿區本丸 1-1 | 052-231-1700 | 9:00am-4:30pm，本丸御殿至 4:00pm， 12 月 29 日至 1 月 1 日休息 | ¥500 | www.nagoyajo.city.nagoya.jp

大須
Osu

交通策略

名古屋駅 — 地下鐵・東山線・3分鐘 — 伏見駅(轉車) — 鶴舞線・2分鐘 — 大須觀音駅

栄駅 — 地下鐵・名城線(左回り)・3分鐘 — 上前津駅(轉車) — 鶴舞線・2分鐘 — 大須觀音駅

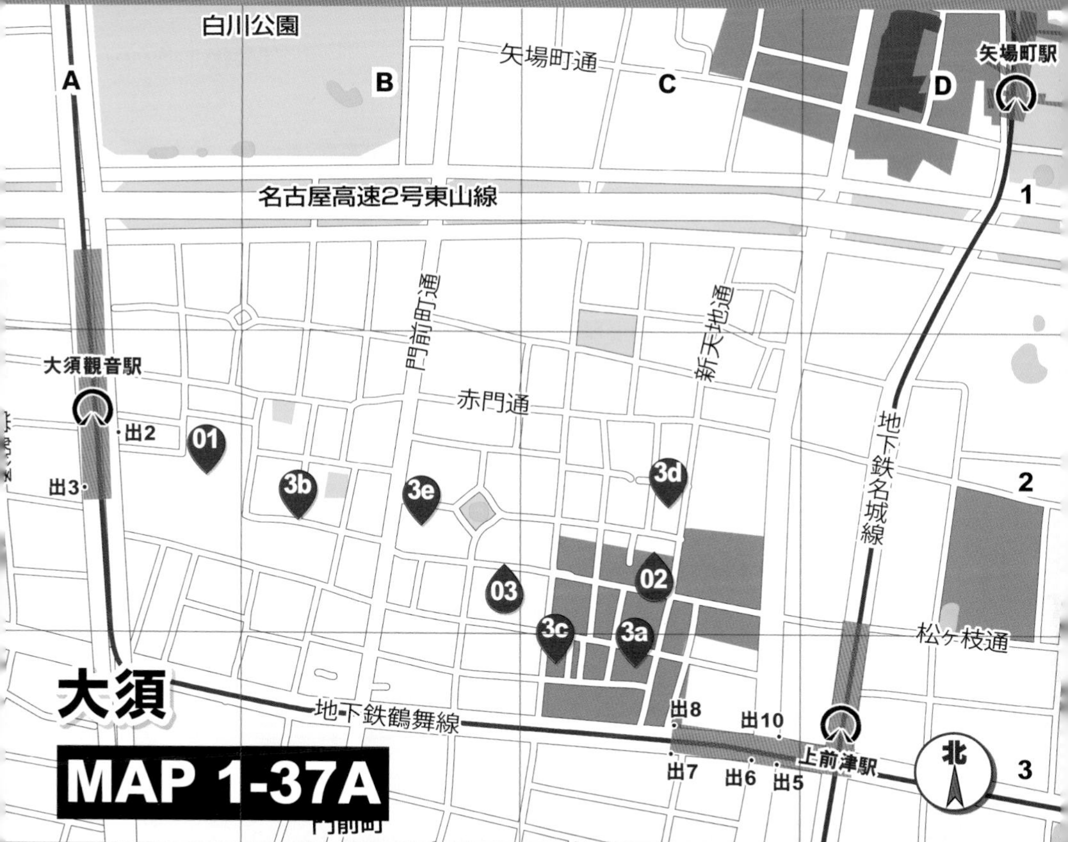

大須

MAP 1-37A

白川公園
矢場町通
矢場町駅
名古屋高速2号東山線
門前町通
新天地通
赤門通
大須観音駅
出2
出3
01
3b
3e
3d
02
03
3c
3a
地下鉄名城線
松ヶ枝通
地下鉄鶴舞線
出8
出10
出7
出6
出5
上前津駅
北
門前町

日本三大觀音
大須觀音寺 01

Map1-37 A/ A2

地下鐵鶴舞線大須觀音駅 2 號出口步行 2 分鐘

大須觀音寺有日本三大觀音之稱，平日香火十分鼎盛。原本觀音寺位於大洲，後來德川家康在名古屋建城後，再派人將整座觀音寺搬過來。在大須觀音寺的旁邊，就是大須商店街，這個範圍也是因為觀音寺而熱鬧起來。如果時間許可，寺方會在每月的18及28日這兩天「 緣日 」舉辦古董市集，那時寺前道路會變成跳蚤市場，場面熱鬧，遊客也有可能在這買到心頭好哦！

INFO

愛知縣名古屋市中區大須 2-21-47 | 052-231-6525 | 6:00am-7:00pm | http://www.osu-kannon.jp/index.html

參拜者可付志納料來抄寫心經。

織田信長機關人偶。

Map1-37 A/ C2 02

供奉觀音 萬松寺

地下鐵大須觀音駅 2 號出口步行 8 分鐘 / 上前津駅步行 3 分鐘

萬松寺在大須商店街內，據説這裡起源於1540年，原本是坐落在名古屋城，用來供奉觀音菩薩，後來才搬到大須。這座寺廟傳聞和織田信長有點關係，所以在本堂3樓的牆上，裝有一個織田信長的機關人偶，內容是他的父親去世後的祭禮和織田信長出征的歌詠。

INFO

愛知縣名古屋市中區大須 3-29-12 | 052-262-0735 | 10:00am-6:00pm；織田信長機關人偶由 10:00am 開始，每兩小時上演一次 | https://www.banshoji.or.jp/

Map1-37 A/ **B2**

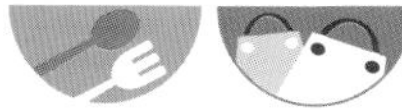

名古屋最大 大須商店街 03

地下鐵鶴舞線大須觀音駅 2 號出口步行 3 分鐘

一般來說有香火鼎盛的寺廟或神社，附近一定有商店街的出現，而大須商店街正是因為大須觀音才形成的。這裡也是名古屋市最大的商店街，除了售賣古物的店家，也有一些廉價的生活雜貨出售，最適合那些喜歡尋寶的朋友。

在商店街近大須觀音的入口處，有一個每逢11am、1pm、3pm、5pm及6:30pm就有人偶走出來的古老鐘，是以德川家第七代藩主德川宗春為主題所製作。

INFO

愛知縣名古屋市中區大須 3-26 | 052-261-2287（商店街連盟）| 10:00am-7:00pm 各店營業時間有異 | https://osu.nagoya/zh_TW/

Map1-37 A/ **C3**

商店街吉祥物 大須招財貓 3a

在商店街的交流廣告處有一隻2米高大型招財貓，招財貓下方有個大螢幕，每天循環播放大須的觀光指南錄像。貓的上方有個由五根柱子支撐的屋頂遮風擋雨，所以時不時有一些表演者在此表演給遊客觀賞。而這五根柱子有金色、銀色和紅色，據說是有隱藏著神秘力量，摸一摸會帶來好運哦！

夢幻雜貨店 **Map**1-37 A/ **B2** 水曜日のアリス 3b

這間雜貨店每逢假日就會有超多人排隊進去，皆因裝潢真的太夢幻了！店面外牆有好幾個不同大小的門，但是真正的入口就是最小的木門，成人要彎腰進入，就像故事中愛麗絲追著白兔時打開的那道小門。店內的裝潢貼近愛麗絲奇幻風，販售的東西包羅萬有，有零食、文具、衣物、飾品等，女生們一定會喜歡！

INFO

愛知縣名古屋市中區大須 2-20-25 | 052-684-6064 | 10:00am-8:00pm | https://www.aliceonwednesday.jp/

深夜食堂 串麻布 3c

Map1-37 A/ C3

在大部份商店都在晚上9點關門下，難得有一家營業至深夜的小吃店。串麻布主打深夜時亦可以享用時令新鮮的串炸，而且環境氣氛不錯，很適合來這約會吃點宵夜小酌一番。除了串炸之外，中午亦會提供定食，有新鮮的刺身、炸排定食，不想吃串炸也可以吃定食。

INFO

愛知縣名古屋市中區大須3-42-1 | 052-684-7743 | 12:00nn-5:00am，星期二休息 | https://www.instagram.com/kushi_azabu_/

懷舊咖啡室 Konparu（コンパル）3d

Map1-37 A/ C2

店內的裝潢一直維持著開店時的模樣。

名物冰咖啡，¥450。

Konparu（コンパル）是有名的老咖啡室，而大須店是本店。這裡最有名的是炸蝦三文治，夾上炒蛋，再淋上豬排醬和他他醬，是不錯的輕食之選。這裡的咖啡也相當特別，以冰咖啡最為具人氣，因為採用了特別的步驟(先加糖在熱咖啡並拌勻，再把咖啡倒入冰塊杯內，最後才加入咖啡奶)，所以可品嘗到咖啡的最佳味道。

INFO

愛知縣名古屋市中區大須 3-20-19 | 052-241-3883 | 8:00am-9:00pm | www.konparu.co.jp

日本最大二手商店 Komehyo 3e

Map1-37 A/ B2

日本人習慣對物件愛惜，所以他們的二手服飾都非常新淨，亦吸人不少人到日本尋求中古名牌。Komehyo (コメ兵)是名古屋最大的二手名牌店，本店位於大須，樓高七層，中古貨品包羅萬有，包括名牌手袋、手錶、首飾，甚至樂器、相機、鏡頭等。

INFO

愛知縣名古屋市中區大須 3-25-31 | 052-242-0088 | 10:30am-7:00pm | www.komehyo.co.jp

800萬人參拜 **Map**1-37 B

熱田神宮 04

名鐵熱田神宮西駅下車步行 3 分鐘 /
地下鐵名城線熱田神宮西駅 2 號出口步行 5 分鐘 /
JR 東海道線熱田駅步行 10 分鐘

據説熱田神宮是繼伊勢神宮後，第二座最多人參拜的神宮，因為這裡每年有多達七十個以上的祭典活動舉行，加上交通十分方便，位於名古屋市內，所以一年內有800萬人來參拜。熱田神宮已有1,900年歷史，供奉的是熱田大神，日本三神器之一：草薙劍之神靈，也是日本天皇統治權所在。

INFO

愛知縣名古屋市熱田區神宮 1-1-1 | 052-671-4152 | www.atsutajingu.or.jp/jingu | 草薙館 + 寶物館入場券：大人 (16 歲以上) ¥800，兒童 ¥300

本宮

神宮內供奉著從日本歷代天皇繼承的三件神器之一的「草薙劍」，神宮祭神為草薙劍化身熱田大神。

別宮八劍宮

供奉在第一鳥居（南門）的西側，供奉著與本宮相同的神明。

一之御前神社

供奉著代表熱田大神的荒魂，荒魂是指神明凶禍形象，象徵「勇猛果斷、俠義堅毅」的精神面向。

草薙館

為了讓人了解日本刀劍的歷史及價值，開設刀劍展示館的草薙館，每月會更換展示神宮的珍藏名刀。

INFO

8:30am-4:30pm | 大人 (16 歲以上) ¥500，兒童 ¥200

清水社

祭祀著水神罔象女神，傳説以柄勺向正中的岩石潑三次水並向泉水許願就可成真，若用泉水洗臉就會有美肌效果。

寶物館

收藏各界人士捐贈給神社約 6,000 件物品，包括古神寶、刀劍、和鏡、舞樂面、古文書等。

INFO

9:00am-4:30pm | 大人 (16 歲以上) ¥500，兒童 ¥200

犬山市 Inuyama

交通策略

名鐵名古屋駅 → 名古屋鐵道・犬山線急行・30分鐘 → **犬山駅/犬山遊園駅**

犬山市廣域
MAP1-43B
桃太郎公園
高山本線
不老滝
犬山城
ひばりヶ丘公園
犬山市
MAP1-45A
名鉄広見線
01. 犬山城 1-44
02. 三光稲荷神社 1-45
03. 針綱神社 1-45
04. 犬山市文化史料館 1-46
05. どんでん館 1-47
06. 山田五平餅店 1-47
07. 壽俵屋 1-47
08. 昭和横丁 1-48
10. 森のマルシエ 1-49
11. 桃太郎神社 1-49
犬山遊園駅
犬山市
MAP1-43A
内田防災公園
名鉄犬山線
Google Map 下載
西口
犬山駅
東口

國寶級城堡 犬山城 01

MAP1-43A/ **B1**

名鐵犬山線犬山遊園駅西口步行 15 分鐘

日本雖然有很多城堡，但不少都是重新修復，未經過重建的只有12座，犬山城便是其中之一，更獲列入為日本國寶。犬山城建於1469年，當時又名白帝城（名字來自唐代詩人李白作品中的白帝城，因地理環境都很相似），也是現存的天守閣中歷史最悠久的一座。到了明治廢藩之後，因政府無力修復，犬山城遂交由私人管理，成為日本唯一一座私人擁有的城堡，直至2004年才移交給財團法人犬山白帝文庫保管。

登上天守閣飽覽犬山市的景色。

一張城下町周遊券除了遊覽犬山城，還可參觀關於犬山歷史和文化的博物館。

另一邊可看到木曾川一帶的風景。

歷代犬山城的主人。

在犬山市有幾棵秋天都會開花的櫻花樹。

INFO

愛知縣犬山市犬山北古券 65-2 | 0568-61-1711 | 9:00am-5:00pm；12 月 29-31 日休息 | ¥550、¥760（城下町周遊券）| inuyama-castle.jp

洗錢神社 MAP1-43A/ B1
三光稲荷神社 02

名鐵犬山線犬山遊園駅西口
步行 15 分鐘

一見稲荷神社，就知道是祈禱生意繁盛的地方。前往犬山城的途中，會經過三光稲荷神社，平日也有不少這裡的居民前來祭拜。在神社內，有個「錢洗池」，傳説只要用池裡的水洗過身上的錢，就可以帶來好運。有些日本人更稱這裡為「加倍奉還神社」，吸引很多日本人慕名前來「洗錢」。

INFO

愛知縣犬山市犬山北古券 41-1 | 0568-61-0702 | 8:30am-4:30pm

相傳在這裡洗錢可以帶來好運。

MAP1-43A/ B1

尾張五大社之一
針綱神社 03

名鐵犬山線犬山遊園駅西口
步行 15 分鐘

針綱神社就在三光稲荷神社附近，前往犬山城就能看見，是保護犬山市的神社。相傳每年4月舉辦的犬山祭是源於針綱神社，當時城下町為了祭祀針綱神社，將馬車改成車山形狀，然後再放上人偶裝飾。現在犬山市的市民，遇上重要節日，都會前來針綱神社祭拜。

INFO

愛知縣犬山市犬山北古券 65-1 | 0568-61-0180 | （4-9 月）9:00am-4:00pm，（10-3 月）9:00am-3:00pm | www.haritsunajinja.com

犬山祭中針綱神社的中絢爛豪華車山。

文化遺產 04

犬山市文化史料館

MAP1-43A/ **B2**

名鐵犬山駅西口步行 14 分鐘

犬山市文化史料館展示出犬山城下町的歷史與傳統，介紹江戶時代，以城下町為中心的武家文化。這裡利用模型重現了江戶時代城下町的樣貌，館內更展出不少古文物和工藝品，有時且會舉辦特別展。

江戶時代城下町樣貌。

INFO

愛知縣犬山市犬山北古券 8 | 0568-62-4802 | 9:00am-5:00pm；閉館前 30 分鐘停止入場 | ¥300（持城下町周遊券可免費入場）

日本傳統人偶 4a

からくり人形展示館

這裡是文化史料館的別館，「からくり人」有機關的意思，主要展示出犬山的人偶工藝。這種人偶關節部分可以活動，是犬山市內的重要手工藝技術。館內除了展示各種人偶的結構，參觀人士更可體驗操作人偶。

犬山的人偶，手腳都能活動。

大家亦可體驗操作人偶。

館內有工藝技師駐場製作人偶。

INFO

http://karakuri-tamaya.jp/exhibition.html

車山展示館  MAP1-43A/ B3

どんでん館 05

 名鐵犬山駅西口步行 13 分鐘

「どんでん（Donden）」是犬山祭拖著大型車山，轉彎時發出的聲響。這裡珍藏了犬山祭所運用的四台大型車山，每台高達8米。除了展出車山外，還介紹犬山祭和車山的文化，解構車山的結構，及有珍貴的紀錄片播放。就算錯過了犬山祭，都可以來到這裡一睹其面貌。

INFO

愛知縣犬山市犬山東古券 62 | 0568-65-1728 | 9:00am-5:00pm；閉館前 30 分鐘停止入場 | ￥100（持城下町周遊券可免費入場）

燒糰子 MAP1-43A/ B2

山田五平餅店 06 

 名鐵犬山駅西口步行 13 分鐘

一串串的燒糰子是犬山的名物，而山田五平餅店的糰子在這一帶非常有名氣，已有百年歷史，建築物也已成為指定文化財產。店家堅持手工製作，糰子在炭火上烤10分鐘後，再把加入了芝麻、花生、核桃等的秘製醬汁，逐顆塗上並烤個焦香。這裡除了五平餅，冬天還會賣番薯，因為用炭火烤，所以只要經過都會被香氣吸引過去。

INFO

愛知縣犬山市犬山東古券 776 | 0568-61-0593 | 11:00am-4:30pm；星期一休息 | http://jfsoft.web.fc2.com/yamada-gohei

守口漬烤飯糰 MAP1-43A/ B2

 壽俵屋  07 

 名鐵犬山駅西口步行 15 分鐘

壽俵屋也是犬山的人氣地道小吃店，他們賣的是守口漬燒飯糰。用竹簽串起一個小炸飯糰，中間夾著一個守口漬，吃時將兩款食物一併吃掉。守口漬其實是白蘿蔔利用醃漬的方法製成，帶點甜，跟烤得焦香的飯糰很配合。

一串￥160。

INFO

愛知縣犬山市犬山西古券 6 | 0568-62-7722 | 10:00am-5:00pm | http://fusomoriguchi.co.jp/inouetei/index.html

懷舊 Food Court **MAP**1-43A/ **B3**

昭和橫丁 08

名鐵犬山駅西口步行 13 分鐘

這裡其實是一個利用昭和作主題的Food Court，裡面的裝潢都是以昭和時代的背景為主，整個氣氛相當濃厚。數間飲食店分布在兩旁，不過每間店的營業時間不一樣，有些只在白天營業，如果沒有頭緒吃甚麼東西，可以來這裡走走。

如果同行想吃不同的店家，可以買到這裡坐下一起吃。

很多都是以居酒屋形式營業。

平日都是以附近居民光顧比較多。

INFO

愛知縣犬山市犬山西古券 60 | 090-9226-5325 | 11:00am-12:00mn；各店營業時間有異 | https://shouwa-yokotyou.com/

MAP1-43A/ **B3**

戀愛小食 8a

七福亭あきな

從正面進入昭和橫丁時，小食店就在右側的盡頭。在這裡有可愛的心形雪糕和心形可樂餅，只要點其中一款，就可以抽戀之籤。如果點了可樂餅，店家會提供番茄醬、蛋黃醬和巧克力給你在上面畫圖。除了心型小食，還有朱古力丸子和生啤，配著吃一流！

INFO

愛知縣犬山市犬山西古券 60 | 0568-62-6662

犬山新名所 MAP1-43A/ B2

森のマルシエ 09

名鐵犬山駅西口步行 15 分鐘

森之市集（森のマルシエ）的建築物以木和鐵骨造成。雖然位於老城區，但融入現代建築美學，沒半點違和感。它進駐了不同店舖，當中うし若丸提供輕食，例如飛驒牛串燒或章魚丸子等，Passport 則提供特式串燒和酒水等等。屋頂可眺望老街景，走得累了，可到這裡休息一下。

愛知縣犬山市大字犬山字西古券 21-2 | 10:00am-6:00pm；星期三休息

保佑孩子健康 MAP1-43B

桃太郎神社 10

名鐵犬山線犬山遊園駅東口步行 45 分鐘，或乘的士約 8 分鐘

桃太郎是日本家喻戶曉的民間故事，傳說中老婆婆就是在木曾川洗衣服撿到桃子的。桃太郎神社位於桃太郎公園對面，當地人認為能保佑孩子的健康。神社內十足一個遊樂場，有很多故事人物雕塑，如赤鬼、白狗、猴子等，亦有一個桃形的鳥居。神社旁邊的寶物館有製作糯米糰子的臼和杵等資料，對桃太郎故事有興趣可付費入場參觀。

傳說中老婆婆用過的洗衣石。

INFO

愛知縣犬山市栗栖大平 853 | 0568-61-1586 | 10:00am-4:00pm | 免費，寶物館 ¥200

三重縣

MIE

有用網頁：

http://tourismmiejapan.tw
三重縣觀光指南

http://en.go-centraljapan.jp/special/shoryudo/index_tw.html
昇龍道

www.ise-kanko.jp/tw/index.html
伊勢市旅行指南

www.sanco.co.jp
三重交通巴士

www.kintetsu.co.jp/foreign/chinese-han/index.html
近鐵日本鐵道

www.matsusaka-kanko.com
松阪市觀光協會

前往三重縣交通

近畿鐵道各款周遊券

從名古屋出發到三重縣，除了可以乘JR之外，還能乘近畿鐵道，而近畿鐵道也推出了不少可在近畿地方用的周遊券給遊客（包括京阪神和名古屋），相當划算及方便。

網頁：www.kintetsu.co.jp/foreign/chinese-han/ticket/index.html

	票價	可使用範圍	可利用的交通	購票地點（必須出示護照）
Kintetsu Rail Pass	￥3,900 (5 Day)	大阪、奈良、京都、名古屋、三重	範圍內的近鐵電車和伊賀鐵道	關西國際機場、中部國際機場、Bic Camera（難波店、JR京都店、名古屋駅西店）、近鐵名古屋駅
Kintetsu Rail Pass Plus	￥5,100 (5 Day)	同上	範圍內的近鐵電車和伊賀鐵道、伊勢志摩地區三重交通巴士和鳥羽市營路線巴士（海鷗巴士）、關西或中部機場到近鐵電車的來回車票	同上

*新版周遊券已取消特急兌換券；以上為日本國內購票價，如於出發前於官網預訂，可減￥200。

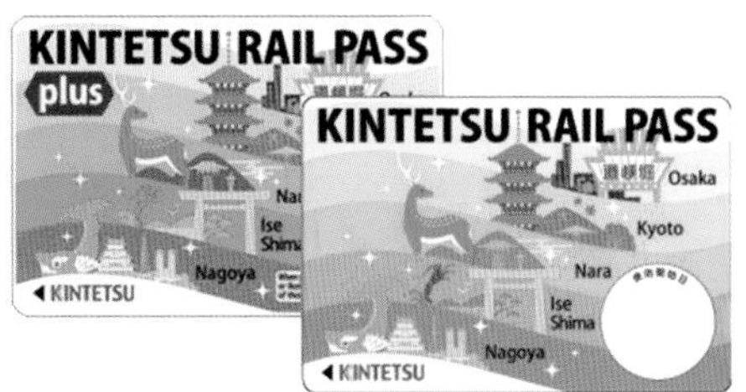

周遊券適用範圍

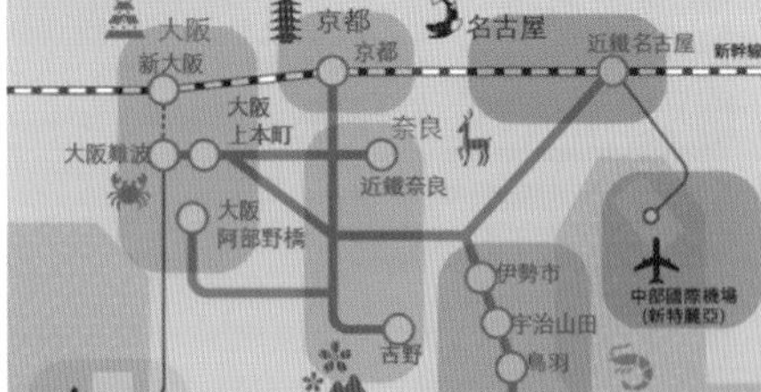

長島 Nagashima

交通策略

出發	路線	到達
近鐵名古屋駅	近鐵・名古屋線・16分	桑名駅
JR名古屋駅	JR 關西本線・29分	桑名駅
伊勢市駅	近鐵・志摩線特急・63分	桑名駅
名古屋名鐵巴士中心	名鐵高速巴士・50分鐘	長島溫泉駅

長島
MAP 2-3
A
B
C
D
1
2
3
4
5
名鉄尾西線
近鉄名古屋
弥富駅
Google Map
下載
JR関西本線
長島駅
KINTETSU
養老線
播磨駅
桑名駅
別所駅
馬道駅
鉄道北勢線
伊勢朝日駅
近鉄名古屋線
木曽岬町
北
01. Spaland 2-4
02. 麵包超人博物館 2-5
03. 三井 Outlet Park 爵士之夢長島 2-6
04. 名花之里 2-6

一站式娛樂購物好去處
長島度假村

距離名古屋40分鐘車程的長島度假村，非常受歡迎，內有三大休閒設施，包括遊樂園Spaland、名花之里及Outlet。這裡除了可以玩盡各款機動遊戲、更有溫泉區、水上樂園、休息區、賞花、購物等等，適合一家大細！

刺激機動樂園 Spaland

Map2-3/ C5

JR 或近鐵桑名駅轉乘三重巴士 / 名古屋駅前名鐵巴士中心乘巴士，於長島溫泉下車

Spaland（ナガシマスパーランド）內有四十多款刺激的機動遊戲，可媲美富士急。當中過山車 Steel Dragon2000以時速高達 153公里、全長 2,479米、最大落差93米的紀錄，入選健力士世界紀錄。而White Cyclone則是世上最大的木軌過山車，全長1,700米，時速102公里，未玩已經驚！另外其中一部份為水上樂園，只限夏天開放。

INFO

三重縣桑名市長島町浦安 333 | 059-448-111 | 9:30am-7:00pm（時間視乎不同日子而定，出發前先留意官網）|（基本門票）成人 ¥1,600，小童 ¥1,000、3:00pm 後入場成人 ¥1,300，小童 ¥900；（任玩套票）成人 ¥5,000，小童 ¥3,800；3:00pm 後入場成人 ¥3,500，小童 ¥2,700 | www.nagashima-onsen.co.jp/spaland

最受小朋友歡迎
麵包超人博物館 02

Map2-3/ C5

JR 或近鐵桑名駅轉乘三重巴士 / 名古屋駅前名鐵巴士中心乘巴士，於長島溫泉下車，穿過三井 Outlet Park 即達

麵包超人博物館設有多個戶外的兒童玩樂設施，及一個大型表演場地，小朋友可以近距離跟卡通人物見面，一起唱歌跳舞。室內有小型劇場、彩虹滑梯及多個模型場景。而主題商店可以購買麵包超人的玩具及週邊產品，當中亦有些更是地區限定版！

INFO

三重縣桑名市長島町浦安 108-4 | 0594-45-8877
10:00am-5:00pm（時間視乎不同日子而定，出發前先留意官網）| ¥2,000 | www.nagoya-anpanman.jp

麵包超人森林 2a
おおきな木とあそびの森

這個「大樹和遊樂森林」遊樂設施由舊劇場改建而成的，因為是室內設施，所以就算在雨天等天氣不佳的日子都可以讓小朋友安全遊玩。在這個麵包超人森林中，有很多設施與隱藏的小東西來吸引小朋友的好奇心，像大樹周圍的滑梯山、獨橋池塘、神秘隧道以及突然掉下來的「樹葉」，激發了孩子們的冒險意識。有時候麵包超人更會現身於此，和小朋友一起玩耍，創造難忘的回憶。

麵包超人和他的同伴登場啦！

骷髏人在這探頭探腦。

瘋狂血拼 03 **Map2-3/ C5**

三井 Outlet Park 爵士之夢長島

JR 或近鐵桑名駅轉乘三重巴士 / 名古屋駅前名鐵巴士中心乘巴士，於長島溫泉下車

三井Outlet Park共有190家人氣專賣店鋪，除了一些常客如Nike、agnès b.、COACH等，亦有國際名牌如Salvatore Ferragamo、BOTTEGA VENETA、Gucci、BALENCIAGA、Chloé、MONCLER等，喜歡家庭用品的這裡亦有Franc franc BAZAR及Le Creuset，售價相當於定價三至七折，絕對不能錯過！

INFO

三重縣桑名市長島町浦安 368 | 059-445-8700 | 10:00am-8:00pm | https://mitsui-shopping-park.com/mop/nagashima/

賞心悅目 **Map2-3/ B3**

名花之里

04 

JR 或近鐵桑名駅轉乘三重巴士，於なばなの里下車 / 名古屋駅前名鐵巴士中心乘巴士前往なばなの里

名花之里佔地約30萬平方公尺，集合豐富的自然景觀，有一個超大花田，一年三季都種滿各種各樣優美的花卉，到了冬季更會變成「星空花園」，以燈飾取代鮮花。園內還設有溫泉設施、當地啤酒園、各種餐廳與商店等等。

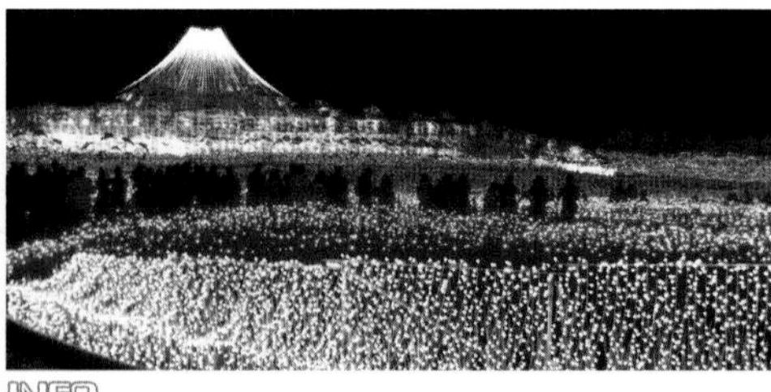

INFO

三重縣桑名市長島町駒江漆畑 270 | 059-441-0787 | 9:00am-10:00pm | 6 月至 10 月下旬 ¥1,700，10 月下旬至 6 月上旬 ¥2,500（入場費會根據舉行活動而有所調整，入場前務必參考官方網頁）| www.nagashima-onsen.co.jp/nabana

伊勢市
Ise

交通策略

出發	路線	到達
JR名古屋駅	伊勢鐵道・快速みえ・1小時29分	伊勢市駅
近鐵名古屋	近鐵・山田／鳥羽／志摩線特急・1小時23分	伊勢市駅
近鐵名古屋	近鐵・山田／鳥羽／志摩線特急・1小時25分	宇治山田駅

伊勢市
01. 伊勢神宮 2-10
02. おはらい町 2-11
2a. 赤福 2-12
2b. 二光堂 寶來亭 2-12
2c. 角屋麥酒 2-13
2d. 伊勢宇治園 2-13
2e. 孫の屋三太 2-14
2f. 奥野家 2-14
03. 外宮 2-15
04. せんぐう館 2-16
05. 山村牛乳 2-17
06. 若松屋 2-17
07. 菊一文字本店 2-18
08. 鐵饌 2-18
09. 二見浦夫婦岩 2-19
10. 伊勢忍者王國 2-20
Google Map 下載
伊勢神宮（內宮）
MAP 2-8A
五十鈴公園
宇治館町
伊勢神宮
伊勢神宮（外宮）
MAP 2-8B
一志町
近鉄 KINTETSU 伊勢市駅
JR 伊勢市駅
吹上
參宮線
近鉄山田線
本町
近鉄 KINTETSU 宇治山田駅
岩渕
縣市政府 伊勢市役所
神宮司庁外宮神楽殿
岡本
近鉄鳥羽線

市內交通

伊勢二見鳥羽周遊巴士（Can Bus）

Can Bus是伊勢市的觀光巴士，由三重交通巴士營運，途經宇治山田駅前至鳥羽水族館、御木本真珠島之間的主要景點，車上更設有免費Wi-Fi。

時間：（平日）伊勢→鳥羽9:24am-4:24pm、鳥羽→伊勢8:35am-4:50pm；（週六、日及假日）伊勢→鳥羽9:30am-4:02pm、鳥羽→伊勢8:35am-5:15pm；30至60分鐘一班
車費：¥180-¥850
網頁：www.sanco.co.jp/shuttle/shuttle03-01

路線圖

宇治山田駅前 → 伊勢市駅前 → 外宮前 → 神宮徵古館 → 近鐵五十鈴川駅 → 內宮前 → 太陽體育館 → 伊勢・安土桃山文化村 → 二見浦表參道 → 二見綜合支所前 → 夫婦岩東口・二見海洋樂園前 → 民話之站・蘇民前 → 池之浦 → 鳥羽巴士中心（鳥羽駅前）→ 鳥羽水族館・御木本真珠島

悠遊車票（伊勢鳥羽みちくさきっぷ）

悠遊車票分1日券和2日券，乘客可在有效期限內，不限次數乘搭路線巴士、參宮巴士及Can Bus，而且在主要觀光景點如鳥羽水族館、御木本真珠島等更可享受折扣優惠。

車費：（1日券）成人¥1,000、6至12歲小童¥500，（2日券）成人¥1,600、小童¥800
購票地點：宇治山田駅前詢問處、伊勢市駅前、內宮前、鳥羽巴士中心、外宮前詢問處、Can Bus車內、御木本珍珠島等

八萬神社之首 伊勢神宮 01

Map2-8A/ B3

近鐵宇治山田駅或 JR 伊勢市駅，轉乘三重交通外宮 - 內宮循環巴士（約 20 分鐘）在內宮前下車

伊勢神宮在日本的地位十分重要，日皇登基之後，一定會來到這裡拜祭祖先，日本人更視為「一生必去一次的地方」。伊勢神宮是神道的中心，也有八萬神社之首的稱號，伊勢的人暱稱伊勢神宮為「御伊勢」。自古以來，參拜的人絡繹不絕，估計每年超過六百萬人次，與京都的平安神宮、東京的明治神宮並列為「日本三大神宮」。

【內宮】

伊勢神宮分為皇大神宮和豐受大神宮。皇大神宮稱為「內宮」，內宮是拜祭高天原主神天照大神，亦即是日本的祖先，乃日本民族最高的神。

內宮的正宮，進入正宮不得拍照。

大鳥居，進入這裡之後，就是神的領域。

從前的人沒有現手水舍，參拜前潔淨儀式，就會在五十鈴川進行，現時仍然可以在這裡潔淨身心。

河上的木柱，是用來防止大風時，樹木被吹過來撞毀大橋，同時也可以防止河水漲翻到橋上。

INFO

伊勢市宇治館町 1 | （1-4 月及 9 月）5:00am-6:00pm、（5-8 月）5:00am-7:00pm、（10-12 月）5:00am-5:00pm | ：免費 | www.isejingu.or.jp

為配合這裡的環境，連郵局都要依足規定的設計。

Map2-8A/ A1

熱鬧商店街 02

おはらい町(厄除横丁)

近鐵宇治山田駅或 JR 伊勢市駅，轉乘三重交通外宮 - 內宮循環巴士（約 20 分鐘），在內宮前下車

おはらい町（厄除横丁）是伊勢神宮內入口前的一條熱鬧街道，兩旁都是商店，把日本江戶時期至日本明治時期伊勢路的氣氛重現出來。這裡不僅能找到三重縣百年老店，還可以看到名產、風俗和歷史。正因為這裡熱鬧，成了很多旅客選擇來到內宮的原因。

【おかけ横丁】

「おかけ」的字義，就是「托福」，意思是「能在這裡長久做生意，全托伊勢神宮之福」。這裡現在成了一條懷舊街，裡面的店舖都是以昔日三重地道的風情作主題，也有超過五十間店舖和食店，同樣十分熱鬧。

三重縣四日市出產的麻油很有名。

這裡有很多賣懷舊玩具和雜貨的商店。

INFO

三重縣伊勢市宇治中之切町 52
0596-23-8838 | 視乎各商店而定，一般為 9:30am-5:30pm |
www.okageyokocho.co.jp

Map2-8A/ A1

300年老店 赤福 2a

赤福由1701年開始在伊勢神宮前營業，所賣的赤福餅便是用厚厚的十勝紅豆蓉包著麻糬，上面的三條紋則代表了五十鈴川的流水。店內還提供用柴火煮出來的綠茶。記得要走到店內最入處享用，大飽口福之餘更可觀賞五十鈴川呢！

2個赤福配伊勢茶￥250

所有赤福餅都是在店內新鮮製作。

INFO

三重縣伊勢市宇治中之切町 26 | 0596-22-7000 | 5:00am-5:00pm | www.akafuku.co.jp

抵食松阪牛 **Map2-8A/ A2**

二光堂 寶來亭 2b

二光堂是牛丼老店，提供以松坂牛為首的特選和牛牛扒丼和牛丼。這裡能吃到質素不俗的國產牛丼(￥1,690)，亦能享受到比較昂貴的松阪牛扒丼，而最便宜的松坂牛肋眼丼「小(50g)」每碗只售￥2,790，難怪中午時分已有很多人前來。

松坂牛西冷牛扒丼(90g)￥3,990

松坂牛扒御膳(120g)￥4,990

INFO

三重縣伊勢市宇治今在家町 60 | 0596-22-4175 | 10:00am-5:00pm | https://www.25-10.com/

伊勢啤酒 **Map2-8A/ A2**

角屋麥酒 2c

伊勢角屋的前身是二軒茶屋角屋本店，本來是以做醬油和傳統醬料起家，已經有400多年歷史。現在的角屋，仍堅守一絲不苟的理念，在最近十多年來，只專注去做釀製單酒，研發出不同的口味。因此，他們在日本業界獲得不少獎項。遊客來到這裡，可以馬上喝到新鮮的啤酒。

¥1,080可以一次過喝到四種口味。

INFO

三重縣伊勢市宇治今在家町東賀集落 34 | 0596-23-8773
11:00am-5:00pm | https://okageyokocho.com/main/tenpo/biyagura/

伊勢限定 **Map2-8A/ A2**

伊勢宇治園 2d

伊勢茶在日本很有名，更是全國產茶量排名第三，所以許多日本人去到伊勢神宮，都喜歡到宇治園買茶葉。園方有自己的茶園，店內設有試飲，大家可以嘗嘗合自己口味的茶才買。這裡的茶在三重縣以外很難買到，用來做手信是一個不錯的選擇。

門前有試飲。

伊勢茶比較甘甜，不會有一般綠茶的苦澀味道。

INFO

三重縣伊勢市宇治今在家町 47 | 0596-23-0764 | 9:30am-4:00pm | https://iseujien.stores.jp/

Map2-8A/ A1 (2e)

懷舊手工玩具店
孫の屋三太

這間店一進去就好像回到小時候，整家店就像停在以前的舊時光。店內的東西都是會勾起回憶的日本昭和玩具，像是鐵皮模型、紙氣球等。除了懷舊玩具，還有其他特色玩具用品，像是可以放在嘴內的蔬菜蠟筆、伊勢達摩塔等，相信無論大人還是小孩連都能逛得不亦樂乎！

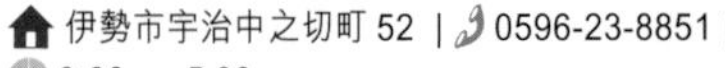

INFO

伊勢市宇治中之切町 52 | 0596-23-8851 | 9:00am-5:00pm

Map2-8A/ A2

伊勢烏冬
奧野家 (2f)

伊勢烏冬也是伊勢名物，和大家常吃到的讚岐烏冬不同，外形較粗圓、易融化及咀嚼，最重要的是伴著深色而帶有淡淡木魚香醬油來吃。這裡更可以點到另一款伊勢名物 —鰹魚手捏醋飯，把新鮮的鰹魚切成厚片，淋上獨特的醬汁，鋪在壽司飯上，相當有特色。

伊勢烏冬鰹魚手捏醋飯定食（てこね寿司セット），一次過可試兩款伊勢名物。

INFO

三重縣伊勢市宇治今在家町 18 | 0596-22-2589 | 11:00am-4:00pm | www.okunoya.co.jp

外宮和內宮交通

外宮和內宮並非在很相近的位置，兩者相隔約6公里左右。如果乘近鐵直接前往，到外宮可在伊勢市駅下車，而內宮則在宇治山田駅下車。如果由外宮往內宮，便必須乘觀光巴士前往。

這三塊石頭叫「三シ石」，很多人認為它可發出能量，甚至還有人説感受到一股暖意。

Map2-8B/ B2

豐受大神宮 外宮 03

近鐵或 JR 伊勢市駅步行 8 分鐘

外宮和內宮相隔6公里，豐受大神宮乃「外宮」。外宮主要拜祭掌管衣食住各個方面的豐受大御神，建於雄略22年(478年)。

外宮跟內宮一樣，也設立了不同的神祇別宮。

INFO

三重縣伊勢市豐川町 279 | 059-624-1111（神宮司廳弘報課） | （1-4 月及 9 月）5:00am-6:00pm、（5-8 月）5:00am-7:00pm、（10-12 月）5:00am-5:00pm | www.isejingu.or.jp

式年遷宮紀念 せんぐう館 ⓪④ Map2-8B/ C2

近鐵或 JR 伊勢市駅步行 8 分鐘

在正式進入伊勢神宮內宮前，一定要先參觀這個歷史資料館，才可了解整個伊勢神宮的事。這裡是為了紀念在2013年第62次遷宮而興建的，式年遷宮儀式每二十年舉行（一般神社是六十年一次）。展館主要為展示式年遷宮儀式的歷史背景及所運用的技術，利用模型和影片，讓參觀人士更清晰有關遷宮的事情。

自古以來，遷宮都是一個十分龐大的儀式。

【關於「式年遷宮」】

每隔二十年，伊勢神宮會重建正殿等所有神殿，然後把神明搬往新的神殿。當遷宮時，神宮會在正殿旁邊留一塊地，大小和現在的差不多，新的正殿就會建在那裡。這樣的活動，其實是人們希望藉著神明有新的地方而獲得新的能量。這個傳統已維持了一千三百多年，最近一次是2013年，下次是2033年。

館內利用模型展示出遷宮的技術。

INFO

三重縣伊勢市豐川町前野 126-1 | 0596-22-6263 | 9:00am-4:00pm，每月第 2 及第 4 個星期二休息 | ¥300 | www.sengukan.jp

牛奶老店 山村牛乳 05

Map2-8B/ C1

近鐵或 JR 伊勢市駅步行 8 分鐘 / 伊勢神宮外宮前步行 2 分鐘

從外宮走出來商店街上，便會看到山村牛乳。這店在1919年開始營業，是三重縣的老牌商店。他們的牛乳來自養在山區的乳牛，牛奶味道細膩口感醇厚，沒有羶味，令人想一喝再喝。乳品仍沿用最傳統的包裝，只用硬紙封住樽蓋，再包上一張玻璃紙，這樣的包裝令人勾起兒時回憶。

除了牛奶，還有咖啡牛奶、軟雪糕和牛奶布丁。

INFO

三重縣伊勢市本町 13-6 | 0596-28-4563 | 10:00am-5:00pm | www.yamamuramilk.co.jp

魚板天婦羅 若松屋 06

Map2-8B/ C1

近鐵或 JR 伊勢市駅步行 8 分鐘 / 伊勢神宮外宮前步行 2 分鐘

若松屋也是伊勢的老店，招牌菜就是魚板天婦羅。把豆腐揉入魚漿中，再包入鵪鶉蛋、牛蒡、筍絲、木耳等多種餡料，再搓成球狀，然後放到油鍋中炸15分鐘，是很多人來到外宮參拜後，不能不吃的小食。店家會在店內新鮮即製，保證吃到最新鮮的天婦羅。

店內即製天婦羅，一次不做多的，客人可以吃到最新鮮的魚板天婦羅。

這個名物天婦羅，連電視台都曾經多次介紹，福山雅治都光顧過。

INFO

三重縣伊勢市本町 13-6 | 0596-22-5177 | 9:00am-5:00pm | www.wakamatsuya.co.jp

百年老店

菊一文字本店 07

Map2-8B/ C1

近鐵或 JR 伊勢市駅步行 5 分鐘 / 伊勢神宮外宮前步行 5 分鐘

菊一文字本店前身是「菊一文字金近」，它是日本宮廷御用的鍛造司，亦即是造刀的職人。店內有菜刀、指甲剪和刨刀等，讓大家可以把這種伊勢傳統技術帶回家。此外，有一個巨型的籤筒叫「神話占合」，籤是一根巨木棒，按自己的心意隨便抽一支，每一支都代表一個神話故事，那是伊勢神祇帶給你的人生啟示，不像平時抽反映吉凶的籤文。

神話占合，跟一般抽籤不同，不會顯示吉凶，而是帶來一些人生啟示。

隨心抽一支即可。

這裡繼續延續鍛造的技術。

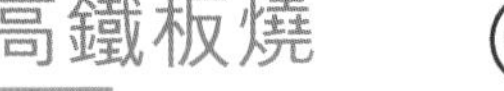

INFO

三重縣伊勢市本町 18-18 | 0596-28-493 | 9:00am-5:00pm | http://isekikuichi.com

CP 值超高鐵板燒

鐵饌 08

Map2-8B/ C1

近鐵或 JR 伊勢市駅步行 4 分鐘 / 伊勢神宮外宮前步行 5 分鐘

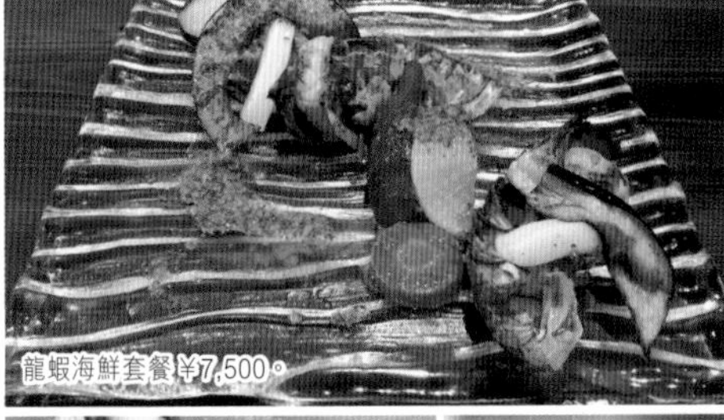

龍蝦海鮮套餐 ¥7,500。

在前往伊勢神宮外宮的商店街上，有一間隱世的鐵板燒店，店子除了供應日本知名的松阪牛之外，更有伊勢出名的海鮮，價錢比市區便宜，可以一次滿足了大家的願望。店內廚師只有一人，他會細心為每位客人即時烹調出美味菜式，而且每日都會親自挑選當天最好味的食材，非一般連鎖餐廳能夠做到。

海鮮餐不乏伊勢海老。

廚師的功架十足，滿足味覺及視覺的享受。

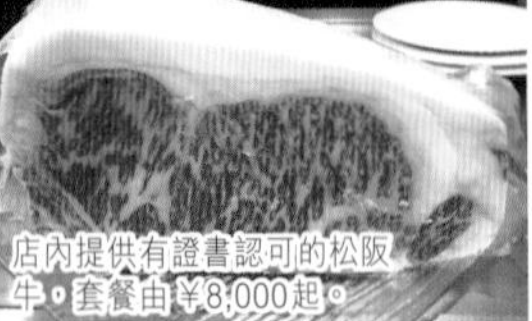

店內提供有證書認可的松阪牛，套餐由 ¥8,000 起。

INFO

三重縣伊勢市本町 5-3 | 0596-21-3000 | http://sunshine-co.jp/tessen
11:30am-2:00pm、5:30pm-9:00pm；星期四休息

祈求夫婦和睦

二見浦夫婦岩 09 Map2-19

JR 参宮線二見浦駅下車步行 15 分鐘

伊勢市的二見浦海濱夫婦岩在日本是非常知名的，夫婦岩在海濱上一大一小，宛如一男一女的模樣，驟眼看就好像夫妻間互相依靠的情景。這對夫婦岩自古來以日出遙拜之地而聞名，天氣好的時候，站在此還能夠遠望靈峰富士。在每年的5月5日、9月5日及12月第三個星期日，神職人員會出海舉行更換注連繩的儀式。

二見興玉神社。

青蛙的日文讀音是「かえる」(ka－e－ru)，和日文的「回歸」同音，再加上興玉神社供奉了猿田彥大神，而祂的使者是青蛙，所以有青蛙的雕像。

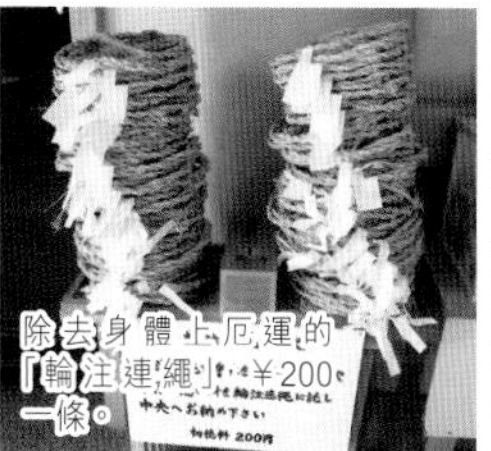

除去身體上厄運的「輪注連繩」¥200一條。

INFO

三重縣伊勢市二見町江 575 | 0596-43-2020 | 24 小時，興玉神社 9:00am-4:00pm | https://futamiokitamajinja.or.jp/

北
09 夫婦岩
二見興玉神社
二見浦海水浴場
二見町茶屋
二見町荘
JR 二見浦駅
參宮線
二見町三津
稻生神社
二見町江
10 主題樂園 伊勢. 安土桃山文化村

09. 二見浦夫婦岩	2-19
10. 伊勢忍者王國	2-20

二見浦、

MAP 2-19、

變身戰國武士

Map2-19

伊勢忍者王國 ⑩

JR 二見浦駅步行約 15 分鐘
近鐵伊勢市駅 / 宇治山田駅 / 鳥羽駅下車 ，轉乘循環巴士 CAN Bus(約 30 分鐘) 於伊勢忍者王國下車

日本戰國末期，亦即是桃山時期，那正是織田信長和豐臣秀吉等名將群起之時。安土桃山文化村，就是把當時的歷史重現出來，包裝成主題樂園，讓大家變身成戰國武士，體驗當時的生活。這裡有不同的遊戲，也可以穿上戰國時代的服飾，打扮成武士，一起在村內化身為戰國時代的人。

女士可以穿上戰國時代的女裝。

各人穿上盔甲扮古代武士。

村內有不少遊戲，大人小朋友都能參與。

這裡的吉祥物「貓武士」。

村內重建了當時聞名的「安土城」。

伊賀忍者妖術屋敷。

INFO

三重縣伊勢市二見町三津 1201-1 | 9:00am-5:00pm，餐廳 (1F) 至 8:00pm，溫泉設施 11:00am-10:00pm | 通行手形：包含服裝出借 (忍者或和服)、真實 RPG、忍者之森大冒險 (A-C 路線任選其一)、各種劇場、各種遊戲各一回、安土城下之湯入浴費：大人 ¥4,900、中學生 ¥3,500、小童 ¥3,000、長者 ¥3,430；入国手形：服裝出借 (忍者或和服) 和安土城下之湯入浴費：大人 ¥3,600、中學生 ¥2,300、小童 ¥2,000、長者 ¥2,520；入場券：不包含任何付費活動：大人 ¥1,500、中學生 ¥1,000、小童 ¥800、長者 ¥1,050 | https://www.ise-jokamachi.jp/

鳥羽 & 志摩市

Toba & Shima

交通策略

JR名古屋駅 ●●●●●●● **鳥羽駅**
伊勢鐵道 • 快速みえ • 1小時45分

鳥羽駅 ●●●●●●● **志摩橫山駅**
近鐵 • 志摩線 • 33分鐘

鳥羽駅 ●●●●●●● **鵜方駅**
近鐵 • 志摩線特急 • 34分

近鐵名古屋駅 ●●●●●●● **鵜方駅**
近鐵 • 志摩線特急 • 2小時5分

志摩

MAP 2-22A

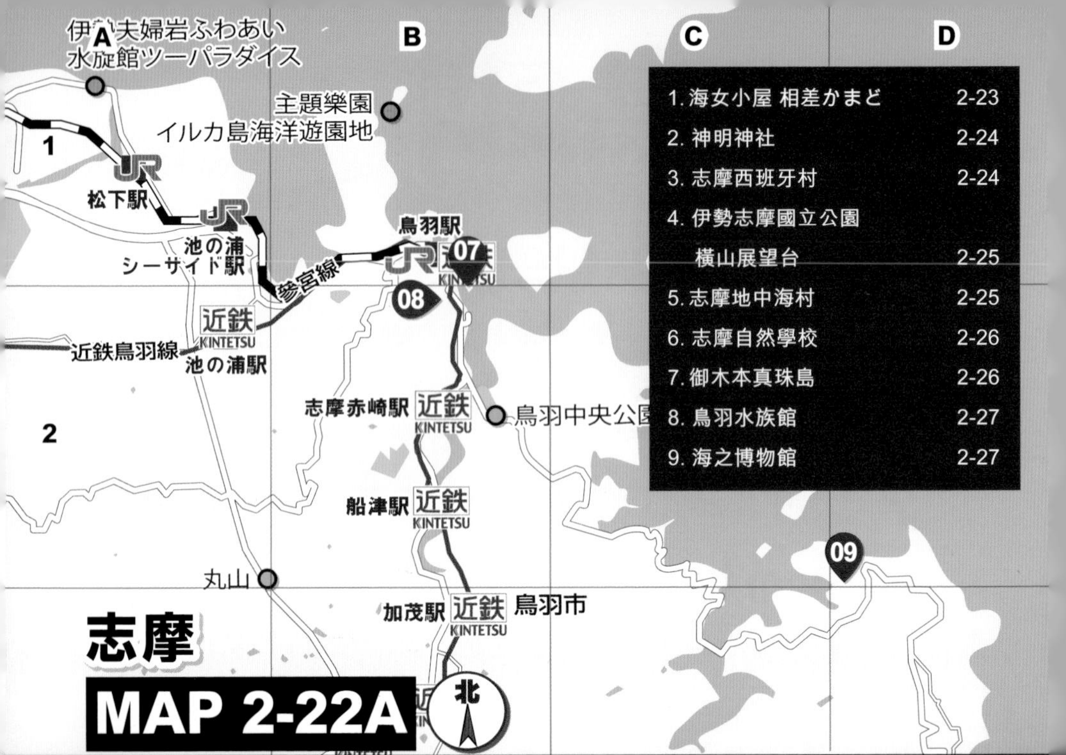

伊勢夫婦岩ふわあい水族館ツーパラダイス
主題樂園 イルカ島海洋遊園地
松下駅
池の浦シーサイド駅
鳥羽駅
参宮線
近鉄鳥羽線
池の浦駅
志摩赤崎駅
鳥羽中央公園
船津駅
丸山
加茂駅
鳥羽市

鳥羽

MAP 2-22B

沓掛駅
上之郷駅
志摩磯部駅
穴川駅
近鉄志摩線
主題樂園 志摩西班牙村
佛寺 志摩国分寺
志摩横山駅
鵜方駅
縣市政府 志摩市役所
志摩神明駅
水族館 志摩マリンランド
賢島駅

Google Map 下載

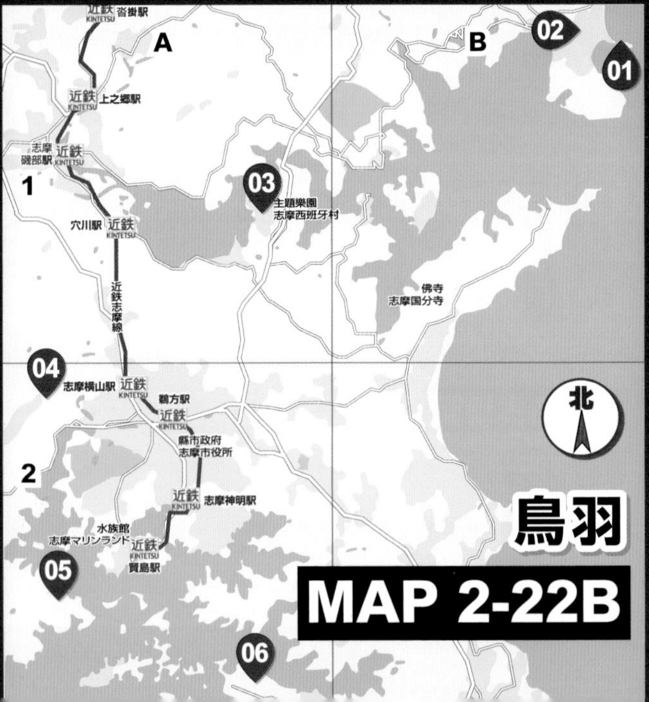

最新鮮海鮮 01 Map2-22B/ B1

海女小屋 相差かまど

JR、近鐵鳥羽駅下車，轉乘三重交通巴士國崎線，於相差バス停下車步行 10 分鐘

在鳥羽一帶，「海女」是一項傳統工作，現時大部分上了年紀的海女都已經沒有再從事捕魚的工作。不過為了讓更多人了解海女這項工作，很多退役海女會在小屋招呼遊客，這些小屋就是從前她們用來休息的地方。在小屋內享用到的還是當天捕獲的海產，基本套餐大多為貝類，也有魚和章魚等。

海膽飯。

遇上海老當造的季節，你也可以點一隻海老，價錢就要在預訂時查詢。

海女會親自為客人燒海鮮。

海鮮大多以貝類為主，而且不經調味。

【關於海女】

「海女」是當地對一些徒手潛水捕魚（不帶氧氣罩）的女性之稱呼（相對男士則稱為「海士」），日文讀作「あま」(AMA)。現時，日本全國仍有2,000名海女，生活在伊勢志摩的有1,000人之多，佔了全國一半。而海女這種職業，全世界只有日本和韓國才有，以日本最積極保存海女的資料。由於當地為沿海地區，漁業非常發達，因而造就此職業誕生。

INFO

三重縣鳥羽市相差町 1238（相差海女文化資料館）| 0599-33-7453 | 午餐 11:30am-2:00pm (約 1 小時) 下午茶時段 10:00am-11:00am、3:00pm-4:00pm(1 小時)| 導賞連屋內享用午餐 ¥3,850；下午茶時段 ¥2,200 | http://osatsu.org | 須於兩日前預約；參加人數由四人起，三人以下可先向他們提出查詢；龍蝦和鮑魚須加 ¥2750-¥3850(根據時期價錢有所變更)

Map2-22B/ B1

守護女性的神社
神明神社 02

JR、近鐵鳥羽駅，轉乘かもめ巴士往國崎方向，在相差駅下車步行 8 分鐘

鳥羽相差町有很多海女，神明神社就是從古到今守護海女的神社，同時也是守護女性的神社。走過參道後會看到一個小神社，原來這裡就是供奉慈母石神的地方，所以海女出海前都會來這裡參拜。現在很多女性也會前來，希望得到神明的眷顧，據説很靈驗，許多人的願望都得以實現。

INFO

三重縣鳥羽市相差町 1237 | 8:30am-4:00pm

守護女士的石神社。

石神御守，女士可以買來放在身邊。

【格子與五芒星符號】

在相差町經常能於屋外看到兩個符號，一個是格子狀，另一個是五芒星。五芒星乃法術的代表，而格子狀也有相似的意味，這兩個符號在伊勢人的心目中，是兩個除魔的符號。在相差町的石神神社，當地人認為石神女神可以滿足女性的願望，將這兩個除魔記號畫在漁具上作為護身符，從此成為守護伊勢鳥羽的象徵。

Map2-22B/ A1

屬於日本人的樂園 03
志摩西班牙村

西班牙式的巡遊表演，表演者會和遊客互動，跟其他主題樂園的巡遊很不一樣。

樂園把西班牙的獨有文化呈現出來，從擺設到建築，就如身處在西班牙。

近鐵鵜方駅下車，轉乘前往志摩スペイン村的直通巴士（成人單程 ¥380）

日本的樂園大家可能只認識大阪的環球影城和東京迪士尼，其實日本人假日非常喜歡到伊勢志摩的西班牙村。樂園以西班牙為概念，除了大城市裡，日本人並不常見歐美人士，對他們亦相當好奇，對於這種充滿異國風情的樂園，特別喜愛。這裡重現了西班牙的街道，並舉行許多充滿西班牙色彩的表演，讓大家彷彿置身於異國街頭一般。

主題樂園少不得一些刺激的遊戲。

INFO

三重縣志摩市磯部町坂崎 952-4 | 0599-57-3333 | 9:30am-5:00pm，7 月下旬 - 8 月至 8:00pm(時間根據不同日子有所不同) | ¥5,400（1 Day）、¥6,800（2 Day）| www.parque-net.com

飽覽英虞灣 Map2-22B/ A2

伊勢志摩國立公園 橫山展望台 04

近鐵志摩橫山駅下車步行 30 分鐘

志摩半島位於三重縣的中部，有多個海灣，如的矢灣和有日本愛琴海之稱的英虞灣。由於海岸地形豐富，所以獲列入為伊勢志摩國立公園。整個國家公園的範圍包括伊勢神宮一帶的森林、志摩半島和伊勢灣口的孤島，還有熊野灘東部的海岸等，大家可以登上展望台，飽覽伊勢志摩國立公園的美麗景色。

INFO

三重縣志摩市阿児町鵜方 875-20 | 0599-44-0567 | 24 小時 | https://chubu.env.go.jp/nature/yokoyama/index.html

從展望台可以俯瞰英虞灣的景色，這裡也是觀看夕陽名所之一。

異國風情度假村 Map2-22B/ A2

志摩地中海村 05

近鐵鵜方駅下車，轉乘的士前往約 15 分鐘

除了西班牙村，在英虞灣附近有一條以住宿為主的地中海村莊，完全仿照地中海沿岸建築的風格所搭建，非常適合度假。度假村佔地約一萬坪，可以欣賞無敵海景，品嚐異國風情的美食。地中海村分為三個部分，包括模仿西班牙馬德里南部的カスティーリヤ (Castilla)、擁有很多矮房、彩色牆壁的サルジニア (Sardegna) 及白色石板街アンダルシア (Andalucía)，每個地方都可打卡拍照！

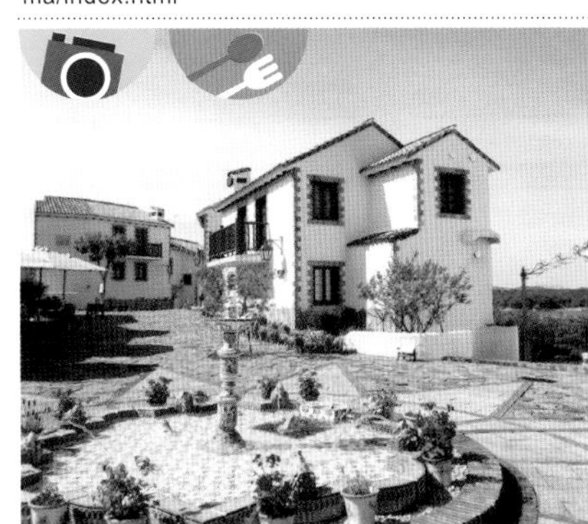

INFO

三重縣志摩市浜島町迫子 2619 番地 1 | 0599-52-1226 | www.puebloamigo.jp

人人都玩得 Map2-22B/ A2

志摩自然學校 06

近鐵賢島駅乘的士約 30 分鐘

店員把水上球充氣後，參觀者就可以入內坐好。

說起水上活動，大家肯定認為必須懂得游水才可以玩，其實並不然！來到志摩自然學校，大人小朋友老人家一樣可以跟大海來個親密的接觸。這裡有個很受家庭客歡迎的水上球（Water Ball），職員充氣後遊客便能入內，當船一開，再怕水的人都可以浮在水面上。從波波底部，還可以很清楚的看到海底世界呢！

船一開，水上球便會浮在水面，大家都會挑戰水上球站立起來，原來也不容易。

INFO

三重縣志摩市大王町波切 2199（ともやま公園內）| 0599-72-1733 | 9:00am-5:00pm | ¥5,000（大人）、¥4,000（小童）| https://shima-nature-school.jp/

全世界第一個珍珠養殖場 07

御木本真珠島 Map2-22A/ B1

JR、近鐵鳥羽駅下車步行 5 分鐘

珍貴的珍珠藝術品。

世界知名品牌MIKIMOTO的發祥地就是御木本真珠島，創辦人御木本幸吉，是全球首位成功試驗珍珠養殖方法的人，而他的珍珠製品更是英國、日本等皇室貴族愛用的首飾。這裡除了講述御木本幸吉的生涯之外，也介紹珍珠養殖的過程，大家可以學懂如何分辨真假珍珠。此外，島上有個非常人氣的節目，就是海女徒手捕魚表演，因為當年的海女是珍珠養殖發展中重要的一環。

海女表演大約每小時一次，非常精彩。

海女不用氧氣罩，所以要經常上水面換氣，如果在海底太久肺部會疼痛，危險度也增加。

這裡有不同價格的珍珠發售，豐儉由人，比外面MIKIMOTO店買到的便宜。

INFO

三重縣鳥羽市鳥羽 1-7-1 | 0599-25-2028| 9:00am-5:00pm；開放時間每月不同，出發前請往官網查詢 | ¥1,650 | https://www.mikimoto-pearl-island.jp/

唯一擁有「人魚」水族館

鳥羽水族館 ⑧ Map2-22A/ B2

JR、近鐵鳥羽駅下車步行 10 分鐘

鳥羽水族館在日本人心目中相當有名氣，館內飼養動物共30,000頭，品種多達一千二百種，屬全日本之冠。這裡是日本唯一飼養了人魚原型的海洋動物 －儒艮（ジユゴン），亦是全球唯一一個水族館同時飼養儒艮和非洲海牛。水族館分成十二個區域，包括了海洋動物表演大廳、古代海洋、極地海洋和奇特生物研究所等等。這裡的海洋動物表演值得一看，特別是海象Show，觀眾還可以觸摸海象，十分有趣。

海象表演是最受歡迎的項目，觀眾可以和牠近距離接觸。

全日本唯一一隻儒艮(人魚原型)。

水族館的紀念品十分可愛，很受小朋友歡迎。

企鵝永遠都是水族館的必備動物。

INFO

三重縣鳥羽市鳥羽 3-3-6 | 0599-25-2555 | 9:00am-5:00pm；7 月 20 日 -8 月 31 日 8:30am-5:30pm | ¥2,800 | www.aquarium.co.jp

這幢木造建築曾拿下不少日本國內的建築大獎。

展示出在鳥羽可以捕獲到的海產模型。

50,000件展品

海の博物館 ⑨ Map2-22A/ D2

JR、近鐵鳥羽駅乘巴士石鏡港線，於海の博物館前（星期六、日及假期）下車或海の博物館東（平日）下車步行 10 分鐘

鳥羽是沿海的地方，居民大多以海洋維生，所以在距離鳥羽駅30分鐘車程的地方，興建了一個海の博物館，把鳥羽的海洋文化展示出來。這裡有個很特別的主題，就是「海洋與人類」，並非一味講述關於海洋的資料，而是重點展示海洋和人類的關係，包括了捕魚和外洋探索的資料，藏品達55,000件之多。

海女的日常生活。

博物館收藏了不少由古到今的船隻。

INFO

三重縣鳥羽市浦村町大吉 1731-68 | 0599-32-6006 | ¥800 | 3-11 月 9:00am-5:00pm，1/12-9/2 9:00am-4:30pm，26-30/6 及 26-30/12 休息 | www.umihaku.com

松阪

Matsusaka

交通策略

出發站	路線	目的地
JR名古屋駅	伊勢鐵道・快速みえ・69分	松阪駅
近鐵名古屋駅	近鐵・志摩線・67分鐘	松阪駅
宇治山田駅	近鐵・山田線特急・16分鐘	松阪駅

紀勢本線
近鉄山田線
JR
近鉄
KINTETSU
松阪駅
反城跡
神社
ノ宮
Google Map
下載
松阪市
MAP 2-29A
松阪農業公園
ベルファーム
観音岳
堀坂山
中部台運動公園
伊勢自動車道
白猪山
松阪市廣域
MAP 2-29B

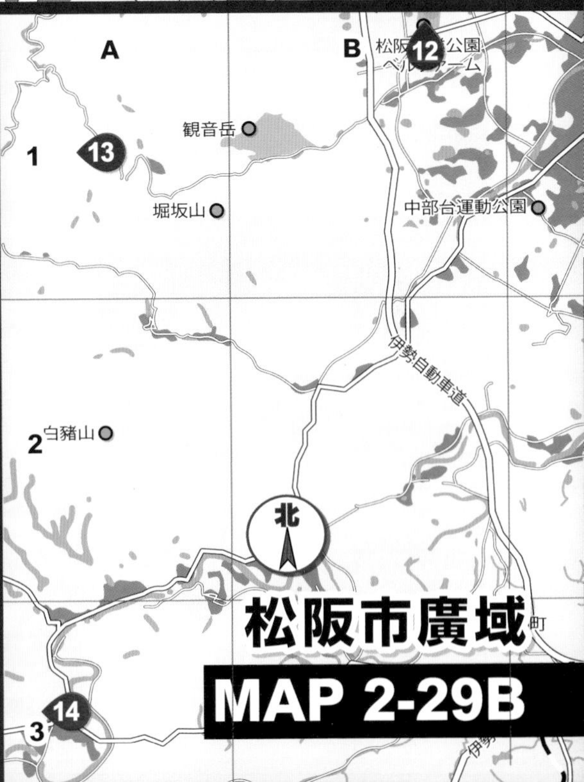

昔日名城 **Map2-29A/ A2**

松阪城跡 01

JR、近鐵松阪駅步行約 15 分鐘 / 乘巴士於市役所前或市民病院前下車，步行 5 分鐘

1588年豐臣秀吉命蒲生氏鄉所修築的松阪城，設計上防守堅固，每塊石頭都經過精密計算，使這裡成為一座名城。到了德川幕府的江戶時代，松阪城成了紀州藩的領土，由於沒有實際的領主，使天守閣日久失修，終抵受不了颱風而損壞。禍不單行，陸續有火災及崩壞發生，最後只剩下現在的城牆。

從松阪城跡看下去，就是御城番屋敷。

現在的天守閣已摧毀，只剩下遺跡。

這裡是賞梅賞櫻和賞紫藤花的好地方。相片中為梅花。

INFO

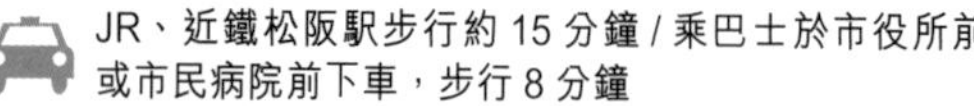

三重縣松阪市殿町 | 0598-53-4406（松阪市觀光交流課 | 24 小時

武士居所 **Map2-29A/ B2**

御城番屋敷 02

JR、近鐵松阪駅步行約 15 分鐘 / 乘巴士於市役所前或市民病院前下車，步行 8 分鐘

日本江戶時代末期，紀州藩士們為了維護松阪城的安全，紛紛搬遷到這裡，現在由武士的後代居住，繼續守護松阪，這種情況在日本絕無僅有，也獲國家列為「國家指定文化財」。據説在此租一棟御城番連花園，一個月大概才10萬日圓！

這裡有一戶開放建築給公眾入內參觀。

INFO

三重縣松阪市殿町 1385 | 0598-26-5174 | 10:00am-4:00pm；星期一休息

厄除觀音 **Map**2-29A/ **C1** (03)

岡寺山 繼松寺 卍

JR、近鐵松阪駅步行約 6 分鐘

繼松寺山號原為「岡寺山」，相傳是聖武天皇為了行基菩薩而建造。當時正值奈良興建東大寺，此處就用來祈求東大寺的順利興建。說來也巧，剛好又適逢聖武天皇42歲厄年之際（類似我們所說的犯太歲），所以寺內供奉厄除觀音。後來許多松阪人都會在自己的厄年和3月的初午大祭（3月8-9日）特意前來，以祈求該年事事順利。

INFO

三重縣松阪市中町 1952 | 0598-21-0965 | 24 小時 | www.okadera.com

這裡之所以名為「繼松寺」，因當年有位漁夫名叫「三津五郎右衛門」，他在海上拾得觀音本尊後得到啟示，最後出家，法號為「繼松法師」。

傳統工藝 **Map**2-29A/ **B1**

松阪木綿手織中心 (04)

JR、近鐵松阪駅步行約 12 分鐘

江戶時代，松阪有「織物の神樣」的信仰，每年到伊勢神宮奉納編織物時，除了京都的西陣織外，另一種就是松阪木綿（松阪もめん）了。古時日本人從中國帶回了漢織和吳織的技術，首先從松阪開始，最終使松阪木綿得以發揚光大。這個手織中心有多種不同的體驗課程，大家可在出發前通過網上報名參加。

松阪木綿的款式達78款，除了傳統的藍色外，還有其他的顏色，但大部分人會選擇藍色。

松阪木綿的布製品可以在這裡買到。

遊客可以在此處體驗編織松阪木綿，於網上報名時註明是外國人，手織中心會盡量安排懂英語的人從旁協助。

INFO

三重縣松阪市本町 2176 松阪市產業振興センター 1F | 0598-26-6355 | 9:00am-5:00pm；星期二休息 | http://matsusakamomen.com

古老建築

舊長谷川邸 05

Map2-29A/ B1

JR、近鐵松阪駅步行約 15 分鐘

非常珍貴的古代錢幣。

這裡的一切都得以保存下來，讓大家看到昔日的富有人家生活。

長谷川家是江戶時期，以經營木棉買賣成功的富商。他的舊宅很有歷史價值，而且建築風格特別：格子柵欄、五個倉庫以及縣內僅存三個樑上短柱有出頭的屋頂之一，都保存了下來。此外，迴遊式的庭院十分漂亮，屋內更展示出長谷川家留下來的工具及近年發現的古代錢幣大判 • 小判。

INFO

三重縣松阪市魚町 1653 | 0598-53-4393 | 9:00am-5:00pm，星期三休息 | https://matsusaka-rekibun.com/ | ¥400

Map2-29A/ B1 06

江戶時代富豪家

舊小津清左衛門家

JR、近鐵松阪駅步行約 10 分鐘

小津家族世代繼承了清左衛門這個名字，是在江戶時代中最富有的商人之一，而這座古老的宅邸便是當時的住宅。主建築建於1700年左右，對當時來說已是大型建築，小津家族後代又在此建設上增加了向座敷、料理場、內藏、前藏等。由於這座宅邸保存了江戶時代富裕階層住宅建築特色，可以讓人了解早期現代商人文化而受到高度評價。經過市政府修繕，於2019年4月正式對外開放參觀。

INFO

三重縣松阪市本町 2195 番地 | 0598-21-4331 | 9:00am-5:00pm，星期三休息 | https://matsusaka-rekibun.com/ozu/ | 大人 ¥200，學生 (6-17 歲) ¥100

武士精神 **Map2-29A/ B2**

原田二郎舊宅 ⑦

JR、近鐵松阪駅步行約 15 分鐘

松坂城跡是江戶時代重要城址，在附近有當時守備員居住的御城番屋敷以及當時武士官員居住的同心町，而原田二郎舊宅便是當時位於同心町的小型武士住宅。舊宅一開始只有一層，而商人原田二郎在其建築增建2樓書房。舊宅內部簡單古樸，如果在賞花季參觀，可以到2樓書室俯瞰庭園美景。舊宅周圍還有一些19世紀中葉的武士住宅，遊客可以沿著宅邸到城守所再到松坂城跡的道路散步，欣賞松阪獨特的武士住宅街道。

INFO

三重縣松阪市殿町 1290 番地 | 0598-23-1656 | 9:00am-5:00pm，星期三休息 | https://matsusaka-rekibun.com/harada/ | 大人 ¥100

一份松阪牛便當，¥1,700。

車站松阪牛便當 **Map2-29A/ C2**

駅弁のあら竹 ⑧

JR 松阪駅內

現在的三重縣中，只有松阪站仍有車站便當賣，因此「駅弁のあら竹」絕對僅此一家。這裡有非常具人氣的松阪牛便當，除了松阪牛肉吸引人之外，飯盒亦用上牛頭設計，十分有特色。便當一天所發售的數量不多，很多時未天黑已賣光。

車站前的觀光中心，也有少量出售。

「駅弁のあら竹」就在JR松阪站內。

INFO

三重縣松阪市日野町 729-3 | 0598-21-4350 | 9:00am-6:00pm，星期六日及假日 7:00am-8:00pm | https://www.ekiben-aratake.com/

奉納伊勢神宮 Map2-29A/ D1
松阪牛 かめや ⑨

JR、近鐵松阪駅南口步行約 10 分鐘

　かめや是一間只賣A5松阪牛的餐廳，同時也是伊勢神宮指定用來奉納的牛肉店。要被伊勢神宮選上，必須達到指定質素才行，所以並非人人可以做到。想吃得划算點，建議在午餐時間前來，或者點松阪牛漢堡扒（チーズハンバーグステーキ），只售￥2,900。

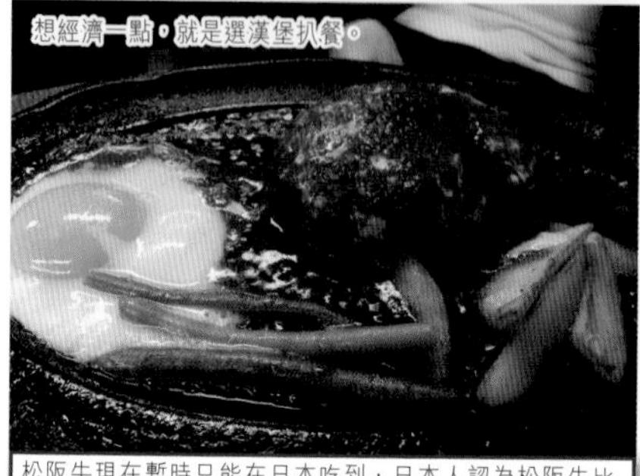

想經濟一點，就是選漢堡扒餐。

松阪牛現在暫時只能在日本吃到，日本人認為松阪牛比神戶牛更好，所以也是三大和牛之一。

推薦沾一些Wasabi來吃牛扒，這樣可以減低油膩的感覺。

松阪牛扒分不同重量和部位，由￥9,700-￥21,800不等，以中價位最多人點。

INFO

三重縣松阪市京町 508-4 | 0598-21-0109 | 11:30am-8:00pm

松阪牛老店 Map2-29A/ C1
相生 ⑩

JR、近鐵松阪駅南口步行約 7 分鐘，繼松寺旁

松阪肉ステーキ重，￥3,000。

　相生是松阪牛名氣老店，午餐時間經常要等位，松阪人遇到重要時刻，都會在相生訂枱吃飯。這裡主打松阪牛料理，午市套餐價錢便宜，牛肉質素也不錯，如果想在車站附近找老店吃松阪牛，相生是個不錯的選擇。

午市壽喜燒御膳。

牛肉的質素相當不錯。

INFO

三重縣松阪市本町 2109-3 | 0598-21-0411 | 11:30am-1:30pm、5:00pm-9:00pm，Last Order 8:00pm；星期一休息 | www.aioitei.com

人氣松阪牛餐廳 Map2-29A/ C1

和田金 ⑪

JR、近鐵松阪駅南口步行約 8 分鐘

大部分人對百年老店和田金都不陌生，餐廳面積大，地下更有販賣松阪牛生肉，很多日本人都會走來這裡買一些牛肉回去。由於香港海關規定不能帶生肉入境，所以大家可以來這裡吃一份松阪牛料理，還是同一番説話，想吃得划算，就要午市前來。

這裡最特別的地方是仍然採用炭火來煮牛。

在店內買到的生肉，價錢相當便宜。

INFO

三重縣松阪市中町 1878 番地 | 0598-21-1188 | 11:30am-7:00pm，星期六、日及公眾假期 11:00am 開始營業；每月第四個星期二、1 月 1-2 日休息 | http://e-wadakin.co.jp

Map2-29B/ B1 體驗手作果醬

松阪農業公園 ⑫

JR、近鐵松阪駅乘巴士於浜口農園前下車步行 10 分鐘 /JR 松阪駅南口乘共乘的士

松阪農業公園在松阪市郊，總面積有30公頃，假日很受松阪人的歡迎。這裡有一個英式花園，春夏兩季來都十分漂亮。此外，大家可以參加不同的體驗課程，例如手作果醬，雖然導師只説日語，但製作過程簡單，不妨一試。這裡每到12月至翌年5月初都可以入園採摘士多啤梨，費用￥1,100起。

這裡有很多松阪手信。

很多土產是外面難以買到的。

手作果醬是最簡單的體驗。

60-80分鐘便可完成大約兩樽果醬。

完成後大家可親自試試自己製作的果醬。

INFO

三重縣松阪市伊勢寺町 551-3 | 0598-63-0050 | 9:00am-5:00pm；星期三休息 | www.bellfarm.jp

松阪秘境 ⑬ 飯福田寺

Map2-29B/ A1

JR、近鐵松阪駅乘巴士於柚原口下車步行 30 分鐘

一些修驗道者為了紀念修驗道始祖「役行者小角」，在他的1,300年忌日設立了「役行者靈蹟札所」，當中有36寺社靈場巡禮，而伊勢山上的飯田寺便是其中之一。很多行山人士都會挑戰上飯田寺，如果沒有行山經驗，可登上伊勢山的山腰位置，遠看飯田寺的岩屋本堂。

這裡有很多不同的上山道路，最好行的是走樓梯，但路徑則會較長，最適合行山經驗較淺的人士。

岩屋本堂。

INFO

三重縣松阪市飯福田町 273 | 0598-35-0004 | 24 小時 | www12.plala.or.jp/ibutaji/index.html

有名伊勢茶 深綠茶房 ⑭

Map2-29B/ A3

由松阪向奈良方向沿國道 166 號開車 40 分鐘

說起日本的綠茶，大家可能只會想到京都宇治茶或靜岡綠茶。其實三重縣的伊勢茶，也是日本三大綠茶之一。深綠茶房有自己的茶園，設有一個茶室，來到此大家馬上可以嘗到新鮮的伊勢茶。茶沒有苦澀味，還帶點甘甜，配合茶園自家製的和菓子，是不錯的下午茶之選。

深綠茶房的茶園。

茶花。

INFO

三重縣松阪市飯南町粥見 4209-2 | 052-551-3366 | 9:00am-5:30pm，Cafe 10:00am-4:00pm | www.shinsabo.com

秋天來到這裡，有紅葉作為陪襯。

喝茶都有步驟的，如何泡茶也是學問，店員會教客人如何享用。

這裡有數款和菓子，用來配綠茶相當不錯。

三重人很喜歡利用茶葉來當香薰。

岐　阜　縣

G I F U

富山縣
石川縣
飛驒
白川鄉
高山
長野縣
福井縣
下呂
岐阜縣
愛知縣
靜岡縣
三重縣

有用網頁：

www.gero-spa.or.jp
下呂溫泉旅館協同組合

www.hidatakayama.or.jp
飛驒高山觀光

http://kankou.city.takayama.lg.jp
高山市公式觀光

www.nouhibus.co.jp/ch_h
濃飛巴士

www.keio-bus.com/highwaybus/index.html
京王高速巴士

www.okuhida.or.jp
奥飛驒溫泉観光協会

www.shirakawa-go.gr.jp
白川鄉觀光情報

www.fuku-e.com
福井縣觀光協會

www.mikuni.org
三国觀光協會

www.echizen-tetudo.co.jp
えちぜん鉄道

http://bus.keifuku.co.jp
京福巴士

前往岐阜縣交通

來往岐阜、下呂及高山之間，可乘搭JR，速度又快又方便。但前往白川鄉、郡上八幡等地，因無法搭乘JR，所以只有從高山搭乘高速巴士。

濃飛巴士

營運日本各地如東京、名古屋到飛驒高山的高速巴士，以及前往飛驒高山周邊地區如高山市、白川鄉等，須預約。

巴士路線	車程	收費
下呂⇔白川鄉	1小時50分	¥3,300
高山⇔白川鄉	1小時10分	¥2,600
高山⇔金澤	2小時15分	¥4,000
白川鄉⇔金澤	1小時15分	¥2,600
高山⇔富山	2小時20分	¥3,700
白川鄉⇔富山	1小時20分	¥2,400
高山⇔名鐵岐阜	2小時	¥2,700
高山⇔平湯溫泉	1小時	¥1,600
平湯溫泉⇔新穗高高空纜車	40小時	¥910

高山濃飛巴士中心

電話：0577-32-1688　**時間**：9:00am-6:00pm

北陸鐵道訂票中心

電話：076-234-0123　**時間**：9:00am-6:00pm

岐阜巴士中心

電話：058-262-0489　**時間**：9:00am-6:00pm

（以上巴士中心僅提供日語服務）

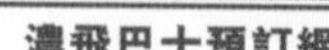

濃飛巴士預訂網站

https://japanbusonline.com　**www.highwaybus.com**

預約巴士 Step by Step

往白川鄉的巴士都採用預約制，以下是其中一個預約巴士網站「日本巴士e路通」的訂位過程。網址：https://japanbusonline.com/zh-tw

在「日本巴士e路通」首頁搜尋「乘車地點」(高山市)、下車地點(白川鄉)及出發日期。

選定日期及地點後，便會展示該天的班次及票價等資料。

確認後，便會展示該天巴士的所有班次，乘客可在此選定心儀班次。

選定後，網站會即時顯示該班巴士尚有多少座位及票價。如果班次已滿坐，Seat Availability會變為「0」。確認還有坐位後，便填寫下面的個人資料。系統會發一封電郵予訂位者，裡面包含一個4個字的驗證碼。

Step4

收到驗證碼後再返回網站，檢查訂單資料有否錯誤，再鍵入驗證碼及信用卡資料。一旦付款成功完成後，網站將寄送一封包含了驗證代碼與電子車票的訊息到客人的電郵信箱。若因不良天氣狀況、不可抗力因素與天災等因素而出現變更時，網站將使用電子郵件與客人聯繫。

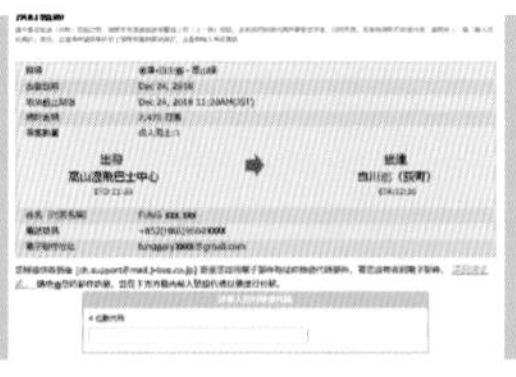

網上訂位不支援「昇龍道高速巴士乘車券」，有關車券持有人需直接到高山濃飛巴士總站訂位。

班次時刻表

高山→白川鄉

高山	白川鄉（荻町）
*7:50am	8:40am
*8:20am	9:10am
8:50am	9:40am
*9:35am	10:25am
10:50am	11:40pm
*11:20am	12:10pm
11:50am	12:57pm
*12:50pm	1:40pm
*1:20pm	2:10pm
13:50pm	14:57pm
*2:30pm	3:20pm
2:50pm	15:57pm
*4:20pm	5:10pm
*4:30pm	5:20pm
5:50pm	6:47pm
#7:00pm	7:57pm

白川鄉→高山

白川鄉（荻町）	高山
6:43am	7:50am
*9:35am	10:25am
*10:35am	11:25am
10:55am	12:02pm
*11:40am	12:30pm
*12:35pm	1:25pm
1:15pm	2:05pm
*1:30pm	2:20pm
*2:00pm	2:50pm
*2:45pm	3:35pm
3:15pm	4:05pm
*4:35pm	5:25pm
*5:20pm	6:10pm
5:30pm	6:35pm
#7:43pm	8:48pm

*需預約

#星期六日、假日停駛

解構合掌屋

到白川鄉荻町參觀合掌屋，是遊覽岐阜縣的指定節目。究竟這外型特別的民宅，箇中魅力何在？

飄雪晚上配上燈光，令白川鄉化身成冬日的童話村。

Q1. 什麼是合掌屋？

合掌屋（合掌造り）是日本傳統的民宅建造方式，據說在13世紀初已出現。合掌屋屋頂以茅草覆蓋而呈人字型，如同雙手合十一般，所以被稱為「合掌」。1995年，合掌屋被聯合國教科文組織登錄為世界文化遺產，被喻為「冬日的童話村」，也是日本三大祕境之一。

Q2. 哪裡可欣賞合掌屋？

岐阜縣的白川鄉及富山縣的五箇山都有大群的合掌屋聚落，部分合掌屋更被活化成博物館、土產店、cafe，甚至民宿，讓遊客近距離欣賞到這種國寶級遺產。

參觀合掌屋四季佳宜。

Q3. 合掌屋的結構有何特色？

合掌屋通常有四五層樓高，比一般的民宅要高。原來古時白川鄉的居民主要從事火藥製作和養蠶的產業，樓房越高通風及日照越好，有利火藥和蠶絲的儲存。合掌造在興建的過程中完全不用釘子，陡峭的屋頂所舖的茅草厚度達七八十厘米，夏天的陽光及冬天的寒風都不容易透進來，而陡峭的屋頂亦防止雨水及冰雪堆積，所以被譽為「最合理、最理性、最天人合一的建築」！

白川鄉荻町合共有114棟合掌屋，其中有59棟是民宿和民家。

下呂溫泉

Gero Onsen

交通策略

出發地	交通	目的地
JR名古屋駅	JR 高山本線（ワイドビューひだ號）• 94分	下呂駅
JR高山駅	JR 高山本線（ワイドビューひだ號）• 40分	下呂駅
名古屋駅前	下呂溫泉直行巴士 • 150分	下呂駅

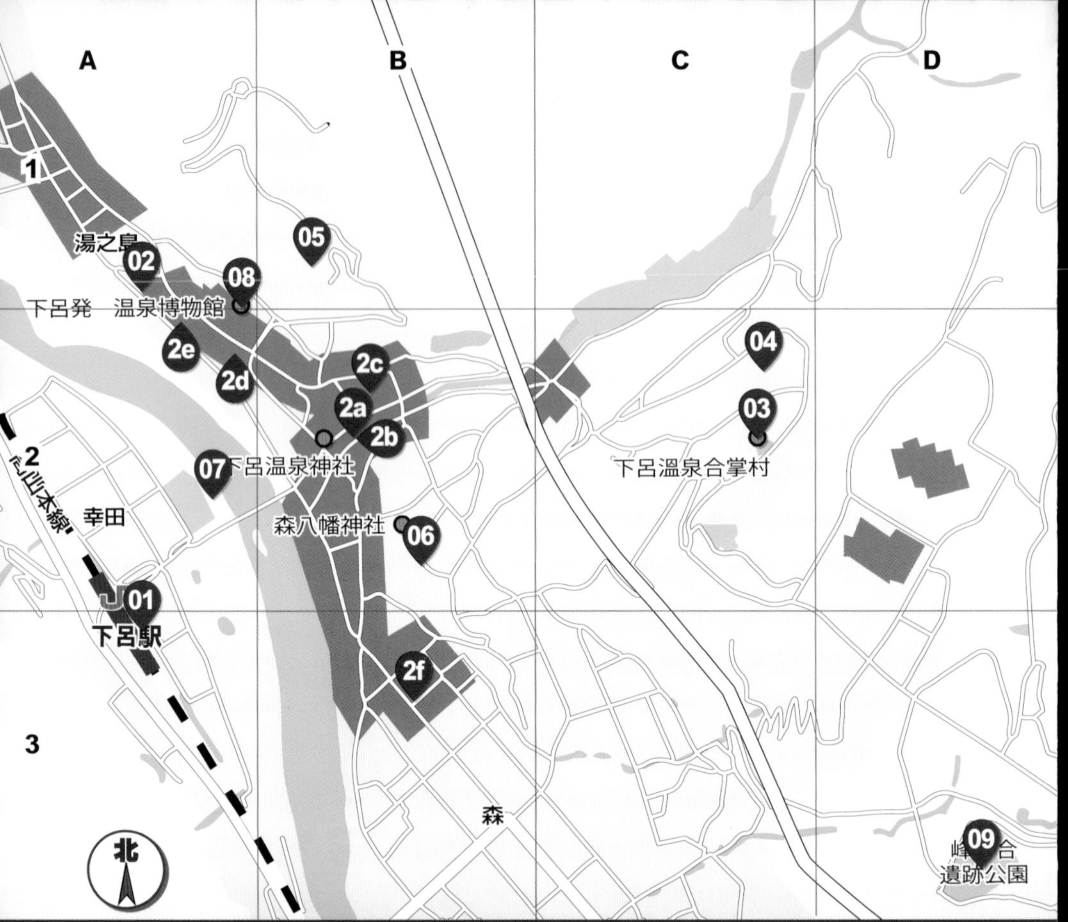

A B C D

1 2 3

湯之島
下呂発　温泉博物館
下呂温泉神社
森八幡神社
下呂温泉合掌村
幸田
下呂駅
高山本線
森
峰合
遺跡公園
北

下呂市

MAP 3-6

日本三大古湯 Map3-6/ A3
下呂溫泉 01

JR 下呂駅直達

日本有三大古湯，分別是有馬、草津和下呂，下呂溫泉已有過千年的歷史，泉水清澈優質又有療癒的功能，深受日本人的歡迎。現在的下呂溫泉已發展成一個大型溫泉區，溫泉旅館豐儉由人，而且有火車直達交通方便，假如不懂開車又想泡溫泉，這裡可供考慮。

這裡從高山過來最近，42分鐘火車就到。

古時有位儒學家林羅山，曾在他的作品中提到日本三個名泉，其中一個就是下呂。

【24小時免費足湯浸個夠】

白露の湯是公眾溫泉，入場費¥430。

如果你的預算有限，打算即日來回下呂，一樣可以泡到這個高質素的溫泉。在溫泉街上，有許多免費的足湯，大家只要帶備一條毛巾便可，分毫不收，喜歡泡多久也沒問題。此外，這裡的公眾風呂白露の湯門前，都有一個免費足湯，滿足了一班Budget Traveller。

網頁：www.gero-spa.or.jp/ashiyu
白露の湯：www.gero.jp/museum/sirasagi.html

INFO

岐阜縣下呂市森

【泡盡下呂】

由下呂旅館協會推出的「湯めぐり手形」，可以讓來到下呂的朋友，只要付¥1,300，就能拿著這個手形，在十數間參與計劃的旅館中，選三間來泡，比各自去三間不同旅館作日歸溫泉更為划算。而且手形設計相當特別，用完後可帶回家留作紀念。

購買地點：下呂溫泉総合觀光案內所（JR下呂駅）
網頁：https://www.gero-spa.or.jp/yu_meguri/

Map3-6/ A1

體驗名泉魅力 免費足湯 02

JR 下呂駅步行 5-20 分鐘

如果逛街逛得有點腳累，可以去溫泉身街上各個免費足湯泡泡腳，休息回血一下。這裡屬鹼性泉，能滋潤皮膚及促進代謝，緩解疲勞。以下介紹6個不用買入場票又可免費使用的足湯。

INFO

https://www.city.gero.lg.jp/site/kanko/
(下呂市公式觀光網頁)

ゆあみ屋の足湯 2a

JR 下呂駅步行 9 分鐘

是一個半圓形的大浴缸，旁邊還有一個角落，可以自己煮溫泉蛋。

Map3-6/ B2

INFO

岐阜縣下呂市湯之島 801-2 | 24 小時 | https://yuamiya.co.jp/index.html

さるぼぼ黄金足湯 2b

JR 下呂駅步行 10 分鐘

位於さるぼぼ七福社內，足湯池內以猿猴七福神和黃金為主題裝飾。

Map3-6/ B2

INFO

岐阜縣下呂市湯之島 758-15| 9:00am-9:00pm | http://miyabi.gero-spa.co.jp/hot_spring

雅の足湯 2c

JR 下呂駅步行 10 分鐘

雅亭旅館前的足浴場，周圍有青蛙雕塑裝飾。

Map3-6/ B2

INFO

岐阜縣下呂市湯之島 758-15| 7:00am-10:00pm | http://miyabi.gero-spa.co.jp/hot_spring

ビーナスの足湯 2d

Map3-6/ A2

JR 下呂駅步行 11 分鐘

圓形足浴池中間有一座維納斯雕像，遊客可以圍成一圈享受足浴。

INFO

岐阜縣下呂市湯之島 856-1 | 24 小時

鷺の足湯 2e

JR 下呂駅步行 11 分鐘

傳說有隻白鷺飛至此，告訴村民泉源口，是下呂溫泉最早的足湯。

Map3-6/ A2

INFO

岐阜縣下呂市湯之島 856-1 | 24 小時 | http://www.gero.jp/museum/sirasagi.html

田の神の足湯 2f

JR 下呂駅步行 11 分鐘

足湯前面有一個噴泉塔，是一個還可以享受手浴的獨特足湯。

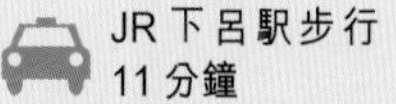

Map3-6/ B2

INFO

岐阜縣下呂市森 961 | 24 小時

迷你白川鄉 Map3-6/ C2

下呂溫泉合掌村 03

JR 下呂駅步行 20 分鐘 /JR 下呂駅前乘濃飛巴士，於合掌村下車

下呂溫泉合掌村把許多被遺棄的傳統合掌屋，整幢移到這裡作展示，好讓它們的生命延續下去，讓下一代了解這傳統建築文化。村內有十棟合掌屋，其中有一幢高13米的古時大戶人家住宅，現在已列入受國家保護的民俗文化財產之一，相當有參觀價值。合掌村裡還有一條長達175米的森林滑梯，非常好玩。

這裡還有一條長達175米的森林滑梯。

滑梯不算很斜，小朋友都可以玩。

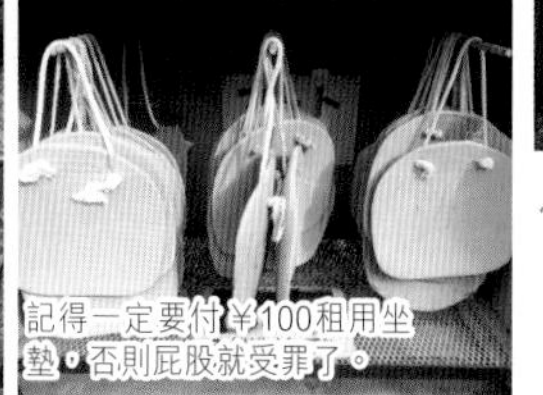
記得一定要付￥100租用坐墊，否則屁股就受罪了。

這裡有個神社，原來是供奉日本料理之神。

神社名叫飛驒高椅神社，想烹飪技巧更進一步，別忘到此祭拜。

INFO

岐阜縣下呂市森 2369 | 0576-25-2239 | 8:30am-5:00pm；12 月 31 日至 1 月 2 日 9:00am-4:00pm | ￥800 | www.gero-gassho.jp

下呂最新鮮土產
いでゆ朝市

Map3-6/ C2

 JR 下呂駅步行 20 分鐘 /JR 下呂駅前乘濃飛巴士，於合掌村下車

每年3-11月的早上，合掌村前都會開設溫泉朝市（いでゆ朝市），它由多間小店組成，雖然佔面積不大，但卻聚集了下呂特產和飛驒名物。當中包括各款漬物、日本酒、拉麵，及下呂出產的新鮮番茄汁，用作手信送人一流。

INFO

岐阜縣下呂市森 2369（下呂溫泉合掌村下）｜3 月上旬至 12 月上旬 8:00am-12:00nn

守護溫泉
溫泉寺

Map3-6/ B1

 JR 下呂駅步行 15 分鐘

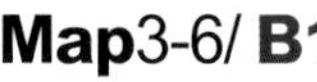

下呂這個溫泉寺已有超過三百年歷史，寺內供奉的是湯藥師如來佛祖，相傳下呂溫泉的泉源是由他帶來的。溫泉寺位於半山，從溫泉街慢慢拾級而上，沿途環境清幽，遇上秋天漫山紅葉時更份外浪漫。樓梯共有173級，可以邊走邊休息，這樣會比較好走。

寺廟可入內參觀。

這裡都是古老的木建築，所以大家參觀時要小心。

INFO

岐阜縣下呂市湯之島 680｜0576-25-2465｜日落前可自由參拜｜www.onsenji.jp

人煙罕至的神社 Map3-6/ B2

水無八幡神社 06

 JR 下呂駅步行 10 分鐘

這座基本上甚少人前往，平時亦沒神職人員在場，整體來説是被大樹圍繞、人煙罕至的神社。正因為沒什麼人來，所以空氣十分清新。每年的2月7-14號是神社重大節日—田神祭（又名：花笠祭）舉行的日子，其中14號本樂祭上舞者會穿上花笠表演獅子舞遊行至神社，之後從會場設置的塔樓上向觀眾扔花笠、糰子、竹筷等物品，據聞接到花笠的人接下來的一年都會很幸福地度過。

INFO

岐阜縣下呂市森 1321

神主與舞者表演傳統的花笠舞。

工作人員正在扔花笠給臺下觀眾。

站在橋上，可以看到飛驒川川流不息的美景。

Map3-6/ A2

免費露天溫泉

噴泉池 07

 JR 下呂駅步行 3 分鐘

在飛驒川畔有一個露天溫泉，遊客可以一邊欣賞川流不息的飛驒川，一邊享受泡溫泉所帶來溫暖舒適。噴泉池是下呂溫泉的象徵，位於溫泉街的中心中部的飛驒川的河床上，很多人會特地來訪。不過至2021年起，由於溫泉的湧泉量下降，當地政府規定暫時只提供足浴。

INFO

岐阜縣下呂市幸田（下呂大橋上流）| 24 小時 (7:00am-8:00am 進行清潔）| https://www.city.gero.lg.jp/site/kanko/

溫泉之科學 08

下呂發 溫泉博物館

JR 下呂駅步行 15 分鐘

下呂發溫泉博物館是日本少有以溫泉為題的博物館，除了介紹溫泉的歷史，更從科學及文化層面探討溫泉。館內分五個區域，展示資料總藏多達400件，讓所有參觀者能以簡單又有趣味的方法，學習溫泉的知識。

Map3-6/ A1

INFO

岐阜縣下呂市湯之島 543-2 | 0576-25-3400 | 9:00am-5:00pm；星期四休息 | 成人 ¥400、小童 ¥200

www.gero.jp/museum/gaiyou.html

繩文橋。

遠古遺產

Map3-6/ D3

繩文公園

09

JR 下呂駅乘濃飛巴士於「ふるさとの杜」下車步行 10 分鐘

如果是秋天時來下呂溫泉，可以到繩文公園，附近有許多漂亮的紅葉。除此之外，亦有很多遠古時代留下的遺跡。這裡有繩文時代及彌生時代的隱蔽壕，發現後馬上在原址復原，對於了解日本古時的文化甚為珍貴。

從這裡可以一覽下呂溫泉的景色。

INFO

岐阜縣下呂市森 1808-37 | 0576-25-4174 |

www.gero-spa.com/spot/detail/16

高山 Takayama

交通策略

出發地	交通方式	目的地
JR名古屋駅	JR 特急（ワイドビューひだ號）• 137分	高山駅
JR富山駅	JR 特急（ワイドビューひだ號）• 101分	高山駅
JR下呂駅	JR 高山本線 • 66分	高山駅
大阪駅前	近鐵高速巴士 • 270分	高山駅前
富山駅前	濃飛巴士白川鄉特急 • 50分	高山駅前

高山市
MAP3-14A
A
B
C
D
1
2
3
吉島家住宅
下三之町
下一之町
総和町
本町
下二之町
大門町
飛騨国分寺
朝日町
馬場町
高山本線
藤井美術民芸館
片原
花里町
高山駅
北
01. 濃飛巴士中心 3-15
02. 味蔵天國 3-15
03. 國分寺 3-16
04. 高山陣屋 3-16
05. ひだっちさるぼぼSHOP 3-17
06. 桔梗屋 3-17
07. 夢工場飛騨 3-18
08. 吉島家住宅 3-18
09. 豆吉本舗 3-19
10. 高山宮川朝市 3-19
11. 上三之町 古い町並 3-20
12. 六拾番 3-20
Google Map
下載
上岡本町
岡本町
緑ケ丘町
白川街道
西之一色町
飛騨民俗村
高山市廣域
MAP3-14B

濃飛巴士中心

Map3-14A/ **A2** 01

 JR 高山駅步行 1 分鐘

高山是岐阜縣裡的一個交通樞紐，從外面來高山的高速巴士有很多，而大家用得最多的就是從高山來往金沢、白川鄉、名古屋和新穗高。所以一進入高山市，大家一定會到這裡來買車票。濃飛巴士為因應遊客的需求，推出了不少優惠巴士票券，總有一款適合你。

INFO

岐阜縣高山市花里町 6-65 | 0577-32-1688 | www.nouhibus.co.jp

飛驒牛料理

味蔵天國

Map3-14A/ **A3** 02

 JR 高山駅步行 2 分鐘

在日本人心目中，飛驒牛媲美神戶和松阪牛，肉質一樣是入口即溶。味蔵天國非常受國內外遊客歡迎，價格不貴但質素卻不俗，地理位置接近火車站，CP值超高。唯一比較麻煩的是這裡沒有提供套餐，全部都是單點，不過一般也是二至三人份量，足夠幾個朋友一起前來享用。

一人份只要￥2,280而已。

飛驒牛上ロース，是比較上等的牛肉，￥1,980。

牛肉不要烤得太熟，一面先烤1分鐘，反轉再烤30-45秒左右便可以吃了。

味蔵天國有自家出品的飛驒牛咖喱。

這裡以個室及卡座為主，一班朋友或家庭前來非常合適。

高山另一名物朴葉味噌，這裡也可買到。

INFO

岐阜縣高山市花里 4-308 | 0577-37-1129 | 11:00am-2:30pm，5:00pm-9:30pm，星期二休息 | www.ajikura.jp

國家級古蹟 Map3-14A/ B2
國分寺 03

JR 高山駅步行 5 分鐘

原本的國分寺於746年建造，後來因大火而焚毀，直到1821年才重建了三重塔。在三重塔旁，有一棵樹齡超過一千二百年的銀杏，外形非常壯觀。這裡除了本堂外，還供奉著藤原時代的藥師如來像、聖觀世迫菩薩和阿彌陀如來，是高山地區第一古剎。

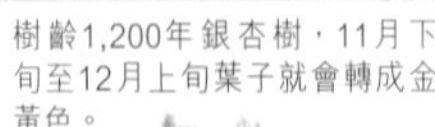

樹齡1,200年銀杏樹，11月下旬至12月上旬葉子就會轉成金黃色。

這裡也是欣賞秋天紅葉的好地方。

古鐘樓。

INFO

岐阜縣高山市總和町 1-83 | 0577-33-1395 | 9:00am-4:00pm | 本堂 ¥250

現存唯一陣屋 Map3-14A/ C3
高山陣屋 04

JR 高山駅步行 20 分鐘 / 濃飛周遊巴士まちなみ線，於高山陣屋前下車

高山陣屋於16世紀建成，原本是飛驒高山藩主金森氏的城下町屋敷別邸，金氏沒落後，陣屋改為德川幕府的地方直屬管治機構，主要用來管治飛驒一帶的經濟及軍事。直到1969年再被改為博物館，也是現時留存下來唯一一間陣屋。高山陣屋每早都有一個小型朝市，很多人在逛完宮川朝市後再來這邊。

朝市在陣屋中的空地上舉行，免費進內。

參觀陣屋內部才需付費入場。

INFO

岐阜縣高山市八軒町 1-5 | 057-732-0643 | 8:45am-5:00pm；8 月延長至 6:00pm，11-2 月營業至 4:30pm | ¥440；朝市免費 | https://jinya.gifu.jp/

DIY 飛驒寶寶 05

ひだっちさるぼぼSHOP

JR 高山駅步行 8 分鐘　**Map3-14A/ C2**

如果你想要個不一樣的飛驒寶寶，最好當然是自己手造一個，在高山市中心就有一間店。店家已經為客人造好了公仔，客人只需要為飛驒寶寶裝飾而已，過程簡單很快便完成。

老師會教大家如何為飛驒寶寶加上衣飾。

先選一個飛驒寶寶，大小和顏色不一價錢各異。

【飛驒寶寶】

飛驒寶寶（さるぼぼ）是高山的吉祥物，走到高山一帶都會見到他的東西，成為了很受歡迎的手信。這紅色猿形的寶寶原是從前的居民，製作給當地小孩的玩具，據說是帶給孩子祝福的意思，也是守護孩子的禮物。

INFO

岐阜縣高山市相生町 19 | 0577-35-1030 | 10:30am-4:30pm | https://takayamap.hida-ch.com/

人氣高山拉麵

桔梗屋 06　Map3-14A/ C2

JR 高山駅步行 10 分鐘

桔梗屋在高山已有50年歷史，是數一數二的老店之一。高山拉麵乃高山名物，特色就是醬油湯底配幼身的中華麵，桔梗屋的麵條非常有彈性，湯頭清甜不會過濃，很適合香港人口味，而且價錢便宜，難怪那麼受歡迎。

這裡有傳統的日式座位。

高山拉麵自成一派，湯頭很適合不慣吃濃味的人。

INFO

岐阜縣高山市本町 3-58 | 0577-32-2130 | 11:00am-2:30pm，5:00pm-8:00pm，星期四休息

烤仙貝體驗 Map3-14A/ D1

夢工場飛驒 07

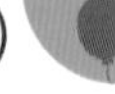

JR 高山駅步行 20 分鐘

夢工場飛驒提供烤仙貝體驗，而且無需預約，即興去也可以。烤仙貝體驗一共會烤8塊，工作人員會細心講解注意事項，教你用專用夾子夾著仙翻覆烤多少次。烤好後工作人員會看一看成品，再依照成品完成種頒發5級證書。這個體驗整體花的時間不長，大約只需15分鐘，而且烤好後還可以帶走自己親手做的烤仙貝，是個很值得去體驗的活動。

這是拿到5級最高評價的仙貝。

INFO

岐阜縣高山市櫻町 52 | 0577-32-2814 | 9:00am-5:00pm | ¥400

日本重要文化財產 Map3-14A/ C1

吉島家住宅 08

JR 高山駅步行 17 分鐘

這裡原本是世代經營釀酒業的吉島氏商人所居住的地方，由建築名匠西田伊三郎於1907年建成。住宅內的中心有根頂樑大黑柱，頂樑柱與多根橫樑與垂柱構成挑高的空間，兼顧室內的通風設計；陽光透過高處窗戶灑入的屋內，令屋內木製品的更能顯現木紋之美。住宅入口前的屋簷下懸掛著三輪神社的杉球，是保佑新酒完成的幸運符。拉門前掛有兩幅紋章的門簾，是當時幕府重金贈予的，可見當時吉島家族地位斐然。

挑高設計兼顧光線與空氣流動問題。

岐阜縣高山市大新町 1-51 | 0577-32-0038 | 3-11 月 9:00am-5:00pm，12-2 月 9:00am-4:30pm(12-2 月 星期二休息) | 大人 (16 歲以上) ¥500，學生 ¥300 | https://www.hidatakayama.or.jp/watch/yoshijimake/

豆之專門店 豆吉本舖 09

Map3-14A/ C2

JR 高山駅步行 15 分鐘

豆吉的豆有數十款口味，全部可以試吃。本舖沿用五百年前，僧人從中國帶回京都的一種豆類加工方法，運用砂糖等材料製造出來的五色豆，這種五色豆以陰陽五行為原理，發展到今日已有各式不同味道。

幾十款豆任大家試嘗口味。

INFO

岐阜縣高山市下三之町 19 | 8:00am-2:30pm，星期六日及假日至 3:00pm | http://mame-kichi.jp

地道早市 高山宮川朝市 10

Map3-14A/ C1

JR 高山駅步行 15 分鐘

高山朝市是日本三大朝市之一，早在江戶時代便已經開始，這裡每天有多達四、五十檔攤販營業，貨品比較多元化，以農產品為主，還有高山的土產，只是進屋的店舖多半比較會做遊客生意，近年減低了一點地道的感覺。

這檔是賣自家醃製的漬物，很受歡迎。

這裡可以買到更多的土產。

高山的蘋果，買些水果帶回香港做手信也不錯。

INFO

岐阜縣高山市下三之町沿宮川一帶 | 7:00am-12:00nn；12-3 月 8:00am 開始 | www.asaichi.net

Map3-14A/ D2

老街散步 ⑪
上三之町 古い町並

JR 高山駅步行 15 分鐘

高山這條上三之町的老街，素有小京都之稱，走進街內，兩旁都是古老建築，是一條極具風味的老街。上三之町位於宮川朝市附近，由兩排整齊的町屋組合而成，是從前江戶時代有錢商人的聚居地，現在變成餐廳、土產店和Café 的集中地，很受遊客歡迎。

INFO

岐阜縣高山市上三之町一帶

味燉牛肉 ⑫
六拾番

Map3-14A/ C2

JR 高山駅步行 15 分鐘

六拾番店面小小，門外經常都擠滿了人。店前放了一盤「飛驒牛とろ煮」，旁邊擺著一個飛驒牛認證的小牌子，證明貨真價實。「飛驒牛とろ煮」是類似燉牛肉的食物，裡面除了牛肉，還有牛筋和蒟蒻，燉得入味又軟脍，有小杯出售，適合不同人士的口味。

這裡用的牛肉有飛驒牛的認證。

INFO

岐阜縣高山市上三之町 60 | 0577-33-2683 | 10:00am-4:00pm

飛驒牛串燒
じゅげむ

Map3-14A/ C2

13

JR 高山駅步行 15 分鐘

這條老街有不少排隊食店，じゆげむ便是其中一間，皆因這裡可以平食飛驒牛串燒。店家採用自助形式，先買票後交店員，再等串燒燒好。裡面有座椅供客人享用串燒，因為日本人不會邊走邊食。

飛驒牛串燒最普通的要￥500，還有霜降牛肉、上等牛肉等等。

飛驒牛可樂餅也是很人氣的食物。

INFO

岐阜縣高山市上三之町 72 | 0577-34-05858 | 9:00am 6:00pm；冬季 至 5:00pm | http://j47.jp/jyugemu

這裡有買飛驒牛朴葉味噌。

土產一網打盡
三川屋本店

Map3-14A/ C2

14

JR 高山駅步行 15 分鐘

三川屋有兩間店，本店以售賣高山土產為主，很多日本遊客都專程到此購買手信。店內商品包括了所有人氣的高山名產，如飛驒牛的副產品和加工品、味噌、煎餅、日本酒和漬物等等，旅客不妨將這裡留作最後一站，一次過買齊高山手信回家。

飛驒牛薯條也是高山限定商品。

INFO

岐阜縣高山市上三之町 43 | 0577-32-0536 | 9:00am-5:30pm | www.sangawa-ya.co.jp

100%生乳軟雪糕

茶乃芽 ⑮ Map3-14A/ C2

JR 高山駅步行 9 分鐘

生乳即是新鮮的牛奶，一般店舖都會用生乳混入奶粉去製作軟雪糕，而茶乃芽卻是用上100%生乳，所以雪糕特別的香滑。另外有一種灑上抹茶粉的口味，茶味出眾，配上軟雪糕相當出色。茶乃芽標榜全店食物均是無添加，不含色素，大家可以安心享用。

INFO

岐阜縣高山市上三之町 83 | 0577-35-7373 | 9:30am-4:30pm
https://takayama-cyanome.jp/

飛驒牛壽司

飛驒こって牛 ⑯ Map3-14A/ C2

JR 高山駅步行 9 分鐘

專門吃飛驒牛壽司的飛驒こって牛，人氣爆燈。店家以三件飛驒牛握壽司作賣點，用上認證了的A5飛驒牛。這裡的牛肉是客人下單後才切片，然後即場用火炙，再掃上自家的醬油，叫人一吃難忘。

INFO

岐阜縣高山市上三之町 34 | 0577-37-7733 | 9:00am-5:00pm | https://takayama-kotteushi.jp/

三種盛り￥1000
竹炭鹽、生薑醬油、飛驒牛軍艦

人氣飛驒牛壽司
坂口屋

Map3-14A/ **D2**

JR 高山駅步行 15 分鐘

坂口屋門外販賣美味的飛驒牛壽司，￥900便有三件，他們的飛驒牛已經獲得認證，所以吸引不少人前來，不用花高昂價錢都可以淺嘗一口飛驒牛。這裡還有飛驒牛料理，在古老建築裡面享用午餐，也是個好選擇。

飛驒牛定食十分豐富，￥2,450。

飛驒牛壽司，￥900。

這裡由明治時代開始營業，建築物也是相當古老。

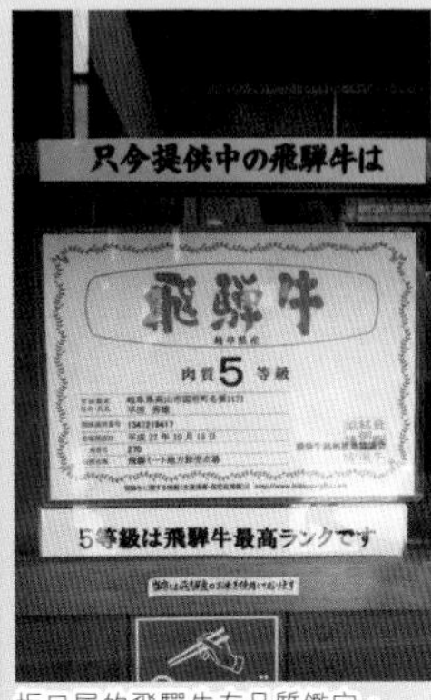

坂口屋的飛驒牛有品質鑑定。

INFO

岐阜縣高山市上三之町 90 | 0577-32-0244
11:00am-3:00pm；星期二休息 |
http://hidatakayama-sakaguchiya.com

町家茶房

大野屋 (18)

Map3-14A/ **C2**

JR 高山駅步行 15 分鐘

大野屋是傳統的町家茶屋，建築物已有四百多年歷史。茶房的日式甜品「白玉善哉」，用上北海道的紅豆熬煮成紅豆沙（紅豆湯），加入白色湯圓，再配一壺綠茶或蕎麥茶，是最人氣的吃法。此外，他們還不時推出限定甜品，所以就算曾經去過，都可以再encore。

INFO

岐阜縣高山市上三之町 29 | 0577-33-9627 | 9:30am-4:00pm，星期三休息

人氣喫茶店 喫茶去かつて

Map3-14A/ D2

⑲

JR 高山駅步行 15 分鐘

喫茶去かつて主打傳統的日本甜品蕨餅，但內部裝潢融入了現代感的設計，所以相對地多年輕女性前來。推薦坐在靠窗的位置，因為可以透過木格子窗看到老街上人來人往的情景，配上這裡的蕨餅和日本茶，絕對是視覺和味覺的享受。

蕨餅配日本茶，抹茶とわらびもち，¥850。

靠窗的位置有另一番美感。

INFO

岐阜縣高山市上三之町 92 | 0577-34-1511 | 10:00am-5:00pm；星期三休息 | www.wdo-kao.jp

倉庫改建 藍花珈琲店

Map3-14A/ D2

JR 高山駅步行 15 分鐘

藍花的店鋪，是由白壁土藏改建而成，白壁土藏即倉庫，古時的人會用這種倉庫存酒、味噌和白米等，具有防火、防潮的功能。白色建築在兩旁都是古老町家的街上非常突出。這裡的咖啡豆是用石臼研磨，再以炭火烘焙，煮出來的咖啡香氣四溢，味道濃郁。

每杯咖啡都是老闆親力親為，由磨豆到煮咖啡都不經機器。

走進店內就像回到昭和時代。

INFO

岐阜縣高山市上三之町 93 | 0577-32-3887 | 8:00am-6:00pm；星期四休息（8 月除外）

近市區合掌屋 Map3-14B

飛驒の里

濃飛周遊巴士さるぼぼ線，於飛驒の里下車

如果抽不出時間去白川鄉或者五箇山，可到飛驒の里簡單地看一下合掌屋。這裡在1959年便開館，共有三十多間合掌屋和民家，很多都已有漫長歷史，跟白川鄉的合掌屋一樣，有些甚至是從白川鄉遷移過來。

積雪下的飛驒の里，跟白川鄉一樣有童話般的景觀。

INFO

岐阜縣高山市上岡本町 1-590 | 0577-34-4711 | ¥700
8:30am-5pm | www.hidanosato-tpo.jp

古町漫步 Map3-25

飛驒古川

從 JR 高山駅乘高山本線於飛驒古川駅下車

距高山市只有20分鐘車程的飛驒古川，比高山老街更寧靜、更古色古香。地方不算大，你可以花半天或住一個晚上。這裡除了有老街之外，還有許多古老的建築，有些甚至改建為餐廳或Café，大家可以進入感受老屋的歷史氛圍。

INFO

岐阜縣飛驒市古川町本町 | www.hida-kankou.jp

認識古川祭

飛驒古川祭會館 ㉓

Map3-25

JR 飛驒古川駅下車步行 5 分鐘

古川祭雖然不及高山祭有名，但兩者甚為相似，如果大家錯過了高山祭的話，可以考慮來古川（古川祭為每年4月19-20日）。會館展示出一直沿用於古川祭的山車，這一帶的山車都設有特殊機關操作人偶的動作，在館內參觀者可以一試控制人偶。

山車上的人偶。

館內會展示出山車，參觀人士可穿起傳統服飾拍照留念。

INFO

岐阜縣飛驒市古川町壹之町 14-5 | 0577-73-3511 | （11-3 月）9:00am-5:00pm、（3-12 月）9:00am-4:30pm | ¥700，飛驒匠人文化館共通券 ¥800 | https://okosidaiko.com/

了解飛驒工匠技術

飛驒匠人文化館 ㉔

Map3-25

JR 飛驒古川駅下車步行 5 分鐘

去到高山和飛驒古川，大家會看到很多古老的木建築，這一帶的木建築都不需要用上釘便可以建造出來。這種工匠技藝傳承了千百年，因此有關方面在1989年成立了這個文化館，把千百年來的東西一一珍藏下來，並向後人展示這些文化。

INFO

岐阜縣飛驒市古川町壹之町 10-4 | 0577-73-3321 | 9:00am-5:00pm，體驗申請至 3:00pm 止，星期四休息 | ¥300 | https://www.hida-kankou.jp/spot/282

古色古香 25 Map3-25

瀨戶川和白壁土藏

JR 飛驒古川駅下車步行 5 分鐘

白壁土藏是日本古時的倉庫，多用來儲存白米、味噌、醬油、酒等東西，具有防火和防潮的功能。現在古川還保留了這條土藏街，雖然很多都改建為民宅或商舖，但外觀仍然保留當時的模樣，加上旁邊的瀨戶川小溪流，甚有歷史氣氛，吸引不少人前來拍照留念。

INFO
岐阜縣飛驒市古川町壹之町 | www.hida-kankou.jp

Map3-25 26 老屋咖啡店

壹之町珈琲店

JR 飛驒古川駅下車步行 6 分鐘

這間利用老屋改建的咖啡店，可一邊歎咖啡，一邊欣賞古老建築。這裡有不少日本的雜誌和旅遊書介紹，店內提供現煮咖啡，沖出來香氣四溢，每一杯都是老闆的濃厚心思。

飛驒牛野菜咖哩飯。

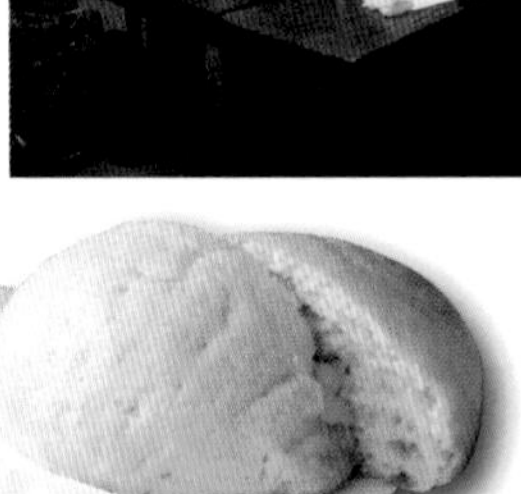
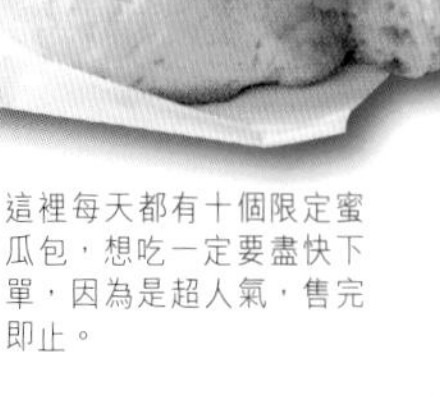
這裡每天都有十個限定蜜瓜包，想吃一定要盡快下單，因為是超人氣，售完即止。

Cafe Latte ￥450。

INFO
岐阜縣飛驒市古川町壹之町 1-12 | 0577-73-7099 | 11:00am-5:00pm；星期二及日休息

奧飛驒溫泉鄉
Okuhida Onsen-Kyo

交通策略

高山駅前 → 新穗高溫泉
濃飛巴士 • 平湯．新穗高線 • 90分

上高地 → 平湯溫泉
濃飛巴士 • 上高地線 • 30分

東京新宿駅前 → 新穗高溫泉
京王高速巴士 ／ 濃飛巴士 • 280分

錫杖岳
新穗高溫泉駅
02
新穗高纜車
大木場ノ辻
西穗高口駅
荒神の湯
白水ノ滝
大正池
焼岳
01
地の化石産地
アカンダナ山
輝山
安房峠道路
04
平湯温泉スキー場
03
北
Google Map
下載
ノ滝

【高山・新穗高兩日自由乘車券】

如果從高山前往新穗高，JR北陸Pass是不適用於這個路段，假如你還會在那邊住一晚，高山・新穗高乘車券可以幫你慳更多，兩日內它可以自由乘搭JR高山站前到奧飛驒溫泉鄉及新穗高的巴士，票價￥4,400。單從高山去平湯溫泉已經要￥1,600了，再從平湯溫泉去新穗高纜車也要￥910，往返已抵回票價，就算不過夜都是划算。

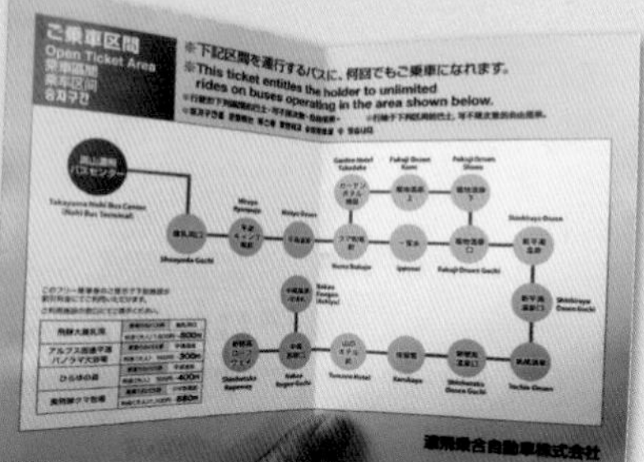

買了Pass務必馬上預約巴士座位，因為都是採用預約制的。

巴士每天7:00am-6:40pm，逢正點40分(如7:40am)於高山巴士中心開出，往新穗高纜車站全程約1小時45分鐘。

購買地點：高山濃飛巴士中心

網頁：www.nouhibus.co.jp/ch_h/ticket

Map3-31

熊牧場

奧飛驒クマ牧場 01

平湯溫泉乘的士約5分鐘/JR高山駅前濃飛巴士中心乘新穗高溫泉方向的高速巴士，於クマ牧場前下車步行5分鐘

要去熊牧場，不用跑到北海道登別那麼遠，奧飛驒的クマ牧場裡面就飼養了150頭棕熊，由初生到成年的都有。參觀人士可以買飼料餵飼牠們，也有棕熊表演，某些特別日子，更可以抱起初生小熊一起合照。

INFO

岐阜縣高山市奧飛驒溫泉鄉一重ケ根 | 0578-89-2761 | 8:00am-5:00pm；8月延至6:00pm關門，冬季則提早至4:30pm關 | ￥1,100 | https://kumabokujyo.com/

日本首輛雙層纜車 ⓪②

新穗高纜車 Map3-31

JR高山駅的濃飛巴士中心乘濃飛高速巴士，於平湯溫泉下車，再轉乘濃飛巴士到新穗高ロープウエイ下車

新穗高纜車（新穗高ロープウエイ）是日本首輛雙層纜車，也是奧飛驒中的第一人氣景點。這裡分成了兩個部分，總長度超過3,000米，高低落差為1,000米，終點站的西穗高口站就在標高2,156米上。這裡海拔頗高，天氣好的時候可以欣賞到優美壯觀的穗高連峰，秋冬天時，一定要多帶禦寒衣物上山，10月底山上氣溫大約只有3度，供大家參考。

也可以買到美味的溫泉蛋。

採訪當天天氣很不好，否則可看到壯觀的穗高連峰。

在高山濃飛巴士中心的5號乘車處，就是前往平湯的巴士站。

在纜車站外有免費的足湯。

雙層纜車甚為罕見。

山上紀念品店不可錯過，有纜車形的明信片。

還有登山手形，只有在山頂上才買到。

INFO

岐阜縣高山市奧飛驒溫泉鄉新穗高 | 057-889-2252
4-11月8:30am-4:45pm，12月-3月9:30am-4:15pm; 8月(夏季)及10月的星期六日(紅葉時期)8:30am-4:45pm
| 來回 ￥3,300 | http://shinhotaka-ropeway.jp

平湯溫泉源頭 03 Map3-31

平湯大滝公園

平湯溫泉巴士中心步行 15 分鐘

傳說平湯溫泉的源頭，就在平湯大滝前發現，也是這一帶的一個重要景點。這個公園面積大，到達公園入口時，可以乘坐巴士在園內穿梭（單程 ¥100），這樣會比較節省時間和體力。除了瀑布外，公園內還有足湯、土產店青空市場和蕎麥麵體驗工房等。

INFO

岐阜縣高山市奧飛驒溫泉鄉平湯 768-47 | 0578-89-1250 | 9:00am-6:00pm；關門時間隨季節變化而不同 | https://www.okuhida.or.jp/archives/1804

最人氣溫泉 Map3-31

平湯の森 04

平湯溫泉巴士中心步行 3 分鐘

平湯の森是平湯溫泉中最受歡迎的旅館，這裡更有日歸溫泉（不用過夜泡溫泉），方便一些只在此玩一天的人。由於這裡交通十分方便，在平湯巴士站下車後，走過來只需數分鐘，露天風呂更是景色一流又開揚，所以十分受歡迎。

冬天來到真的超漂亮。

選擇日歸溫泉的話，只要買票便可以泡了。

INFO

岐阜縣高山市奧飛驒溫泉鄉平湯 763-1 | 0578-89-3338 | 10:00am-9:00pm | 雙人房 ¥15,000 起（包早晚餐）、日歸 ¥700 | www.hirayunomori.co.jp

白川鄉

Shiragawago

交通策略

出發地	交通	目的地
高山駅前	濃飛巴士 • 70分	白川鄉
金沢駅前	濃飛巴士 • 75分	白川鄉
富山駅前	濃飛巴士 • 85分	白川鄉

白川鄉

MAP3-34

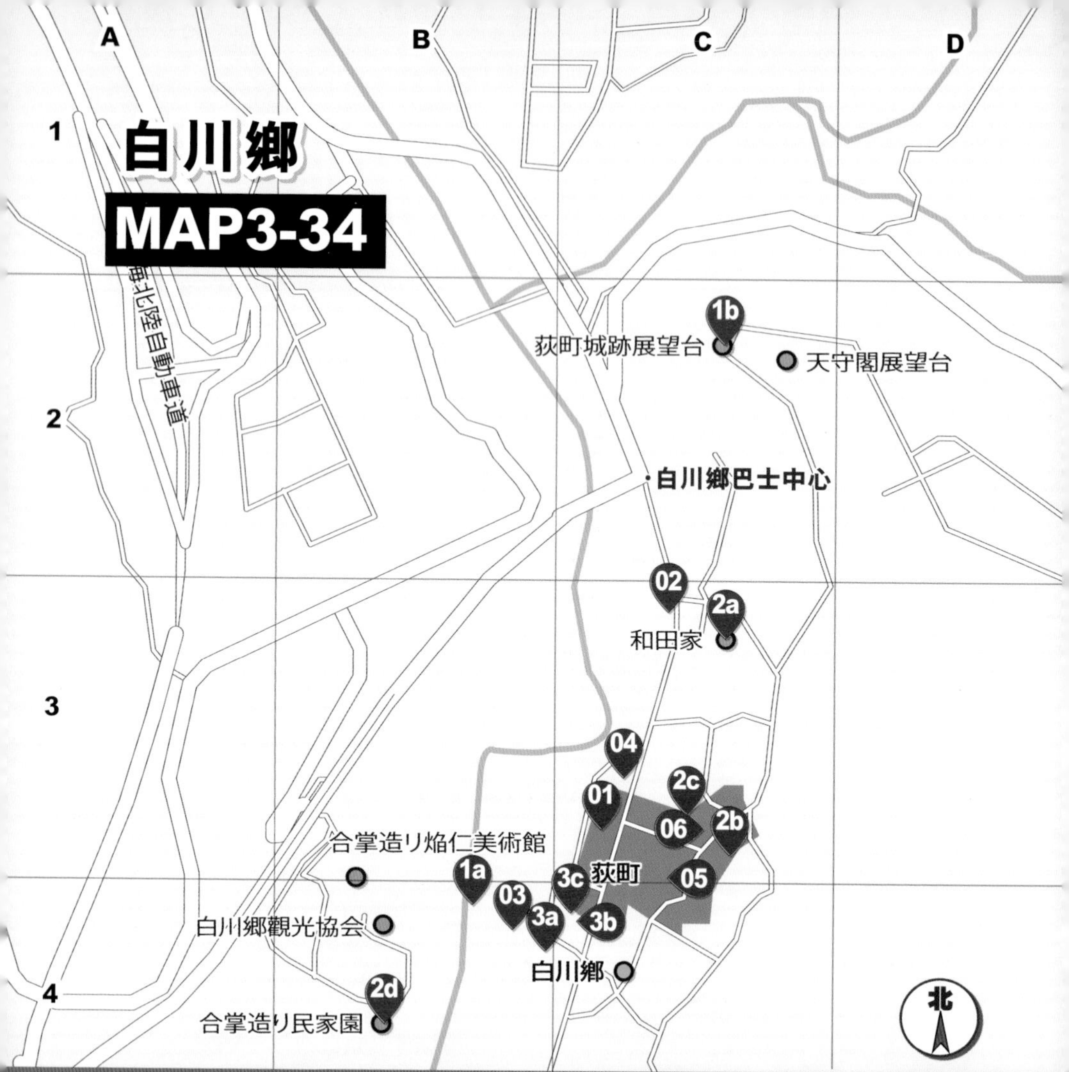

A B C D

1 2 3 4

東北陸自動車道

1b 荻町城跡展望台

天守閣展望台

·白川鄉巴士中心

02

2a 和田家

04

01

2c

06

2b

合掌造り焔仁美術館

1a

03

3c 荻町

05

3a

3b

白川鄉觀光協会

白川鄉

2d 合掌造り民家園

北

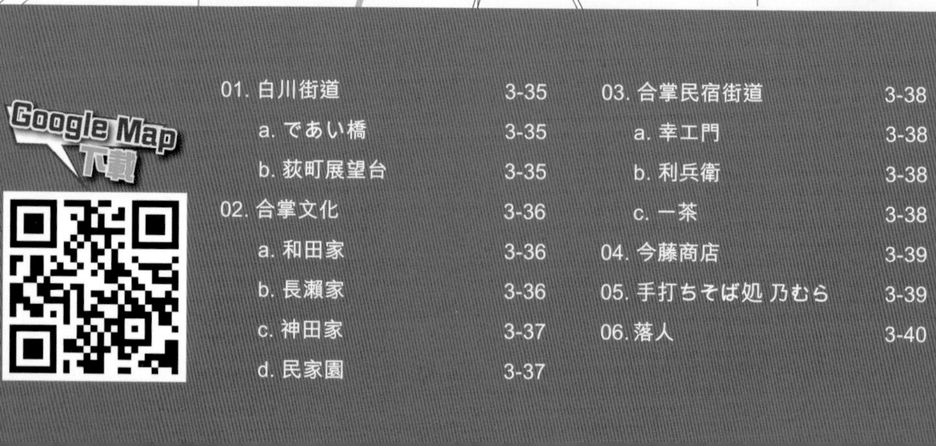

世界文化遺產 01
白川街道

在白川鄉中國道165上的一段街道十分熱鬧，兩旁都是售賣各種土產的店舖。除此以外，白川鄉的街道上，到處可見古老的合掌屋，更有不同的古民家散布四周，讓來到的人可以入內參觀。

1a 進入白川鄉必經
であい橋

Map3-34/ B4

下巴士後進入白川鄉前，都都會經過一道吊橋，往來白川街道和民家園之間，這是一條利用水泥建成的吊橋，可以邊走邊聆聽旁邊的河川，流水潺潺的聲音，令人感覺十分舒服。

1b 賞白川鄉全景
荻町展望台

Map3-34/ C2

欲觀賞白川鄉如夢幻童話般的景色，就一定要登上荻町展望台。可以從白川街道步行15分鐘前往，不過要走一小段山路，當然白川鄉也有提供巴士接送服務，車費為￥200，建議上山坐巴士下山可以走路，這樣會比較輕鬆。

展望台有一間手信店，旁邊是餐廳，平時較多旅行團光顧，建議下山才吃午餐。

這是接送巴士，車費為￥200。

「親身體會 合掌文化」

02

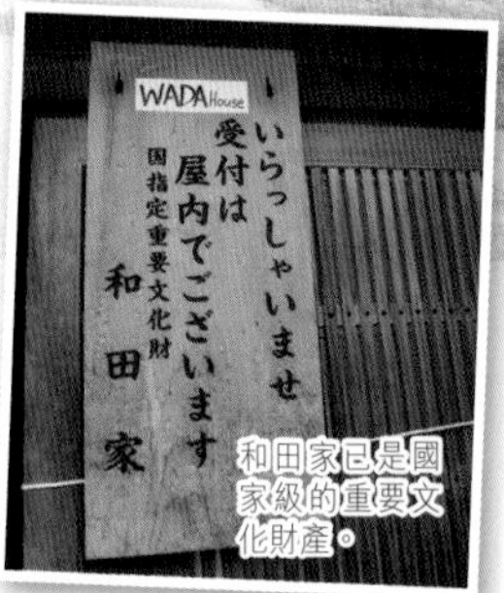

和田家已是國家級的重要文化財產。

合掌家屋

和田家 2a

Map3-34/ C3

從巴士站步行前往約 5 分鐘

在白川鄉內有幾家可以入內參觀的合掌屋，其中最大規模的便是「和田家」，它屬於國家級重要文化財產，現在變成博物館對外開放。屋內保留了傳統合掌屋的結構和裝潢，參觀人士可登上頂層，近距離了解這樣宏偉的屋頂是如何建造。由於建築物保存得很好，整間屋幾乎全都是古董，很值得一到的地方。

INFO

岐阜縣大野郡白川鄉荻町 997 | 057-696-1058 | 9:00am-5:00pm | ¥400 | https://www.vill.shirakawa.lg.jp/1279.htm

醫生之家 2b

長瀨家

Map3-34/ C3

從巴士站步行前往約 10 分鐘

2001年長瀨家請了約五百名村民來翻修，當時情景也被記錄下來，表現出一個村莊同心合力的精神。因為長瀨家從初代到三代都是醫生，所以保存了一些江戶時代的醫療器具、生活用品、農耕器具和倉庫等。

INFO

岐阜縣大野郡白川鄉荻町 623-2 | 057-696-1047 | 9:00am-5:00pm | ¥300

保存最完整

神田家

(2c) **Map**3-34/ **C3**

從巴士站步行前往約 15 分鐘

神田家本來的主人，其實就是和田家的次男 — 和田佐治衛門，分家後改名為神田吉右衛門。這座屬於江戶後期的建築，耗費了10年時間建成，內部同樣展出古時的各種生活和工作用具。

INFO

岐阜縣大野郡白川鄉荻町 796 | 057-696-1072 | 9:00am-4:00pm 星期三休息 | ¥400

Map3-34/ **B4**

野外博物館

民家園

從巴士站步行前往約 15 分鐘

民家園並不在白川街道上，而是在下車處的另一邊，但那裡也是白川鄉中的一個重要景點。園內展示出九座超過百年歷史的合掌造民家，本來這些合掌屋在離白川村較遠的山區中，後來白川村的人為了保留這些珍貴建築，便合力把這幾座民家搬到了荻町。

INFO

岐阜縣大野郡白川村大字荻町 2499 | 057-696-1231 | （3-11 月 ）8:40am-5:00pm、（12-2 月）9:00am-4:00pm、（12-3 月）逢星期四休息 | ¥600 | www.shirakawago-minkaen.jp

合掌民宿街道 03

在冬季點燈的時候，白川鄉的民宿簡直就是一房難求，加上有些主人不諳英語，要訂到房更是難上加難。這裡有幾家非常人氣的民宿，包括：幸 工門、利兵衛和一茶。想訂到房最少要提早三個月便準備，部分的民宿可能只接受傳真和電話預約，如果真的很想訂房，可以E-mail到白川鄉觀光協會代辦，但前提就是一旦訂了房便不可以取消，因為這樣會麻煩到別人。

幸工門 3a

Map3-34/ B4

地址：岐阜縣大野郡白川村荻町 456
電話：057-696-1446
傳真：057-696-1748
網頁：www.shirakawago-kataribe.com
房價：需致電查詢

利兵衛 3b

Map3-34/ C4

同樣也是利用電話及傳真訂房，大家可以運用白川鄉觀光協會網站訂房，這樣比較方便。

地址：岐阜縣大野郡白川村荻町 103
電話：057-696-1552
傳真：057-696-1758
網頁：https://shirakawa-go.gr.jp/zh/stay/3106/
房價：成人 ¥9,500 起 (1 泊兩食)

一茶 3c

Map3-34/ C4

與前兩者一樣利用電話及傳真訂房，也可透過白川鄉觀光協會網站，同樣方便。

地址：岐阜縣大野郡白川村荻町 425
電話：057-696-1422
傳真：057-696-1233
網頁：https://shirakawa-go.gr.jp/zh/stay/3043/
房價：成人 ¥12,000(1 泊兩食)

人氣可樂餅 Map3-34/ C3

今藤商店 04

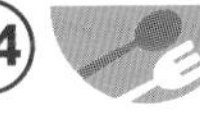

從巴士站步行前往約 10 分鐘

本來今藤商店是一家立飲酒店（賣酒的店），但後來同時也賣飛驒牛串燒和飛驒牛可樂餅，因為所用的飛驒牛獲得認證，所以現在小食比酒更受歡迎。這裡用飛驒牛做成不同的小吃，除了可樂餅，還有牛肉饅頭（飛驒牛肉まん），而飛驒牛串燒只是￥600，比起在高山吃到的便宜，難怪每天都大排長龍。

飛驒牛可樂餅，￥300。

INFO

岐阜縣大野郡白川鄉荻町 226 | 057-696-1041 | (9:00am-6:00pm | www.kondou-s.com

蕎麥麵排隊店 Map3-34/ C3

手打ちそば処 乃むら 05

從巴士站步行前往約 15 分鐘

在白川鄉有幾家吃蕎麥麵的店，因為這裡的冬天太寒冷，不適合種小麥，所以轉而種植比較粗生的蕎麥。乃むら可說是這裡的人氣蕎麥麵店，中午時分已有人排隊，而且不少都是回頭客。雖然蕎麥麵是十分簡單的食物，但要搓出口感彈牙，味道香甜的麵糰還是很考功力的。

想吃到蕎麥麵的最原始味道，可以選「もりそば」￥850，因為沒有熱湯浸著，反而吃到蕎麥麵的口感，吃時沾一點醬油，比湯汁更易吃到蕎麥麵的清香。

INFO

岐阜縣大野郡白川鄉荻町 779 | 057-696-1508 | 11:00am-3:00pm | https://www.soba-nomura.jp/

Map3-34/ C3 06

合掌屋內歎咖啡 落人

從巴士站步行前往約 15 分鐘

在這間具人氣的合掌造民家咖啡店，除了老闆的熱情招待，他還讓客人自己挑選咖啡杯，各式各樣的杯子排在店內。如果不喝咖啡，建議點紅豆湯，因為是放題，客人可以在火爐上的鍋子內，自行取用。

火爐上的鍋子裡就是紅豆湯。

在合掌屋內歎咖啡，別有一番風味。

這裡賣的是現煮咖啡。

客人可按照自己喜好挑選咖啡杯。

INFO

岐阜縣大野郡白川鄉荻町 792 | 057-696-1603 | 11:00am-4:00pm

福井縣

FUKUI

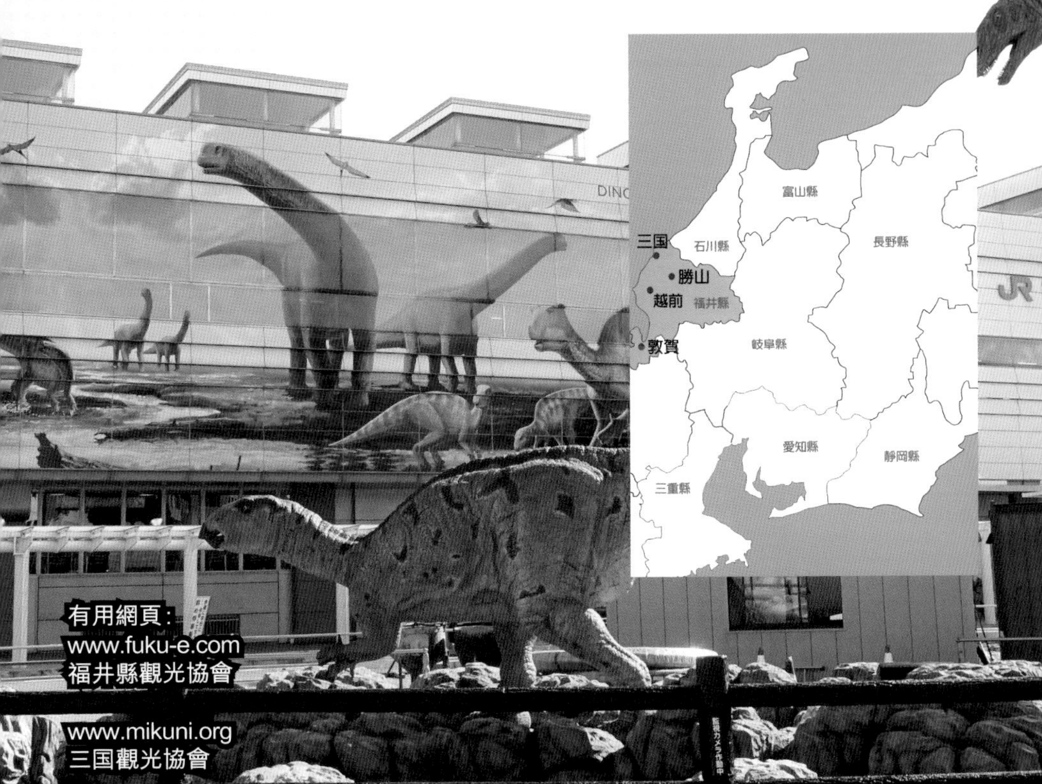

有用網頁：

www.fuku-e.com
福井縣觀光協會

www.mikuni.org
三国觀光協會

www.echizen-tetudo.co.jp
えちぜん鉄道

http://bus.keifuku.co.jp
京福巴士

Credit：部分相片由公益社團法人福井縣觀光聯盟提供

前往福井縣交通

出發地	路線	目的地
JR金澤駅	JR北陸本線 • 90分	JR福井駅
JR敦賀駅	JR北陸本線 • 60分	JR福井駅
JR京都駅	JR東海道本線特急サンダーバード • 80分	JR福井駅
JR名古屋駅	JR東海道本線特急しらさぎ • 130分	JR福井駅
小松空港	福井鐵道 · 機場聯絡巴士 • 60分	JR福井駅前

福井縣交通

越前鐵道（えちぜん鉄道）

越前鐵道屬第三部門鐵道，有兩條路線，分別是三國蘆原線及勝山永平寺線，經過坂井市、勝山市、福井市、永平寺町與蘆原市等，兩線均以福井駅為總站，可連接JR北陸線的福井駅。

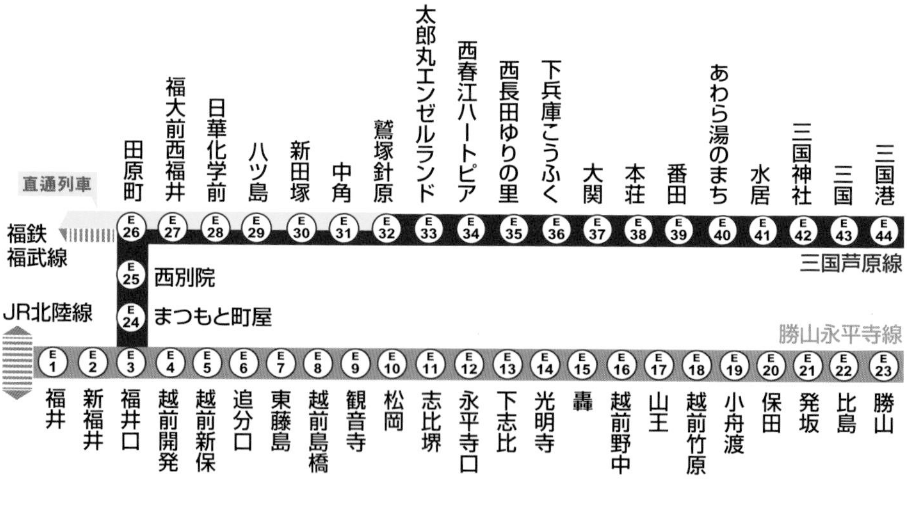

直通列車
福鉄福武線
JR北陸線

三国芦原線：E26 田原町、E27 福大前西福井、E28 日華化学前、E29 八ツ島、E30 新田塚、E31 中角、E32 鷲塚針原、E33 太郎丸エンゼルランド、E34 西春江ハートピア、E35 西長田ゆりの里、E36 下兵庫こうふく、E37 大関、E38 本荘、E39 番田、E40 あわら湯のまち、E41 水居、E42 三国神社、E43 三国、E44 三国港

E25 西別院
E24 まつもと町屋

勝山永平寺線：E1 福井、E2 新福井、E3 福井口、E4 越前開発、E5 越前新保、E6 追分口、E7 東藤島、E8 越前島橋、E9 観音寺、E10 松岡、E11 志比堺、E12 永平寺口、E13 下志比、E14 光明寺、E15 轟、E16 越前野中、E17 山王、E18 越前竹原、E19 小舟渡、E20 保田、E21 発坂、E22 比島、E23 勝山

越前 & 勝山市
Echizen & Katsuyama
交通策略
福井駅
勝山駅
越前鐵道．勝山永平寺線 • 53分
三國駅
越前鐵道．三國蘆原線 • 47分
JR福井駅
JR武生駅
下呂駅
JR 北陸本線 • 20分
16分

MAP4-4A
勝山市
01. 福井縣立恐龍博物館 4-5
02. 越前大佛 4-5
03. 平泉寺白山神社 4-6
A
B
C
D
1
2
白山神社
長尾山総合公園
勝山市
雁が原スキー場
御立山
保田駅
発坂駅
越前鉄道
勝山永平寺線
比島駅
佛寺
浄願寺
縣市政府
勝山市役所
勝山駅
大師山
三頭山
平泉寺白山神社
Google Map
下載
北
MAP4-4B
福井縣廣域
04. 越前がにミュージアム 4-6
05. 今庄そば道場 4-7
06. 蘆原溫泉 4-7
07. 東尋坊 4-8
08. 越前蟹の坊 4-8
3
4
5
三国港駅
あわら市
蘆原溫泉駅
坂井市
大日山
白山
福井鉄道福武線
北陸本線
永平寺町
越前鉄道
勝山永平寺線
MAP4-4A
勝山市
勝山駅
福井市
九頭竜線
大野市
越前町
鯖江市
福井県
武生駅
越前市
池田町
南越前町
今庄駅
冠山
能郷白山

恐龍化石展館 01

福井縣立恐龍博物館

Map4-4A/ B1

越前鐵道勝山永平寺線勝山駅下車，轉乘ぐるりん中部方向的巴士，於博物館恐竜博物館前下車

福井以擁有最多恐龍化石聞名全國，位於勝山市的福井縣立恐龍博物館，乃全球三大恐龍博物館之一，也是現時日本的重點古生物研究地區之一。館內展示三十多具恐龍骨骸，還有各種化石與標本、透視畫以及復原模型等，全館樓高3層，難怪可以躋身成世界級展館。

館內展出的恐龍展品相當多，是全球三大恐龍博物館之一。

在福井縣四處都有關於恐龍的東西，可見恐龍對於福井是多麼重要。

INFO
福井縣勝山市村岡町寺尾 51-11 | 0779-88-0001 |
9:00am-5:00pm；每月第 2 和第 4 個星期三休息 | $ ¥1,000
www.dinosaur.pref.fukui.jp

Map4-4A/ C2

日本美男子 越前大佛 02

越前鐵道勝山永平寺線勝山駅下車，轉乘ぐるりん南部方向的巴士，於越前大仏前下車

越前大佛是日本最大的佛像，亦有「大佛界美男子」之稱，高28米，由200噸銅鑄成，佛像仿照中國龍門石窟的大佛坐像而建。它位於勝山市的清大寺中，佔地34,000平方米，由當地人集資於1987年建成。寺內除了大佛殿，還有日本庭園、九龍壁及五重塔，塔高75米，登上塔頂可眺望勝山市全景及壯觀的樹海。

福井縣勝山市片瀨町 50-1-1 | 0779-88-0001| 9:00am-4:00pm | $ ¥500 |
www.geocities.jp/etizen_daibutu

白山信仰代表
平泉寺白山神社 03

Map4-4A/ D2

越前鐵道勝山永平寺線勝山駅下車，轉乘平泉寺方向的巴士，於平泉寺白山神社前下車

北陸一帶流行山神信仰，而白山信仰就是其中之一。平泉寺白山神社建於1859年，係昔日最具規模的山岳寺院，直到明治時期頒布了「神佛分離令」後，方改為現在的白山神社。這裡有百年杉木和中世僧坊跡與石疊道，氣氛壯嚴，可來這裡感受白山信仰靈氣。

INFO

福井縣勝山市平泉寺町平泉寺 56-63 | 0779-88-1591 | 9:00am-5:00pm | http://www.city.katsuyama.fukui.jp/heisenji/

JR 武生駅下車，再轉乘鯖浦線巴士於アクティブランド前下車

越前蟹博物館
越前がにミュージアム 04

Map4-4B/ A5

越前蟹聞名全日本，在福井縣這個博物館就展示出越前蟹及越前海岸的海洋生態，館內分成多個部分，包括了海洋遊步道、捕魚業史及學習中心，展品相當豐富。在博物館對面，更設有一個海景溫泉館「漁火」，很受當地居民歡迎。

INFO

福井縣丹生郡越前町厨 71-324-1 | 0778-37-2626 | 4 月 -10 月星期二休息，11 月至 3 月第 2 及第 4 個星期二休息，暑假期間無休 | ¥500 | https://www.echizenkk.jp/kanimuseum

自己手製蕎麥麵
今庄そば道場 05

Map4-4B/ B5

JR 今庄駅轉乘的士約 5 分鐘

越前市一帶有很多蕎麥麵店，而且不少都可以讓客人親身體驗手打蕎麥麵。當中比較具人氣的就是今庄そば道場，客人要花90分鐘去製作，由搓粉開始，製成後可親嘗自己的手勢。不過要體驗需要提早5天致電預約，遊客可請酒店幫忙致電。

INFO

福井縣南条郡今庄町大門 10-3-1 | 0778-45-1385 | 每日兩場 10:00am 及 2:00pm；12 月 30 日至 1 月 3 日及星期二休息，如遇公眾假期則翌日補休 | ¥2,000 | https://www.fuku-e.com/experience/detail_2039.html

人氣溫泉鄉
蘆原溫泉 06

Map4-4B/ B3

JR 蘆原溫泉駅 / 越前鐵道三國蘆原線あわら湯のまち駅直達

蘆原溫泉是關西地區的「隱藏版溫泉」，國內人氣非常高，氣氛浪漫。溫泉鄉分兩大範圍，旅館集中在JR蘆原溫泉駅，而免費公眾溫泉蘆湯及屋台村則在越前鐵道あわら湯のまち駅。

走累了來泡足湯也不錯，這是位於溫泉街內的「あわら温泉 芦湯」。

在蘆湯旁邊就是「あわら温泉屋台村」，晚上十分熱鬧。

INFO

あわら温泉 芦湯

福井縣あわら溫泉 1-1 | 0776-77-1877 | 7:00am-11:00pm | 免費 | https://www.awara-onsen.org/

【蘆原市三國町】

北陸絕景 東尋坊

Map4-4B/ B3

越前鐵道三國蘆原線三國駅轉乘京福巴士 84 號於東尋坊下車

傳説東尋坊是平泉寺僧人的名字，因為他被人灌醉並丟入海中淹死，從此化作怨靈。這是一處受到海浪長期侵蝕形成的岩石群，遊客可從崖壁斷面清楚看到安山岩柱狀節理，十分罕見。如果有時間的話，可以在附近乘遊覽船出海，近距離欣賞這些岩石。

從巴士下車後，前往東尋坊的一段路必定會經過這條商店街。

INFO

福井縣坂井市三國町安島 64-1 | 0776-50-3152（坂井市觀光課）| 24 小時

越前蟹料理 越前蟹の坊

Map4-4B/ B3

越前鐵道三國蘆原線三國駅下車步行 1 分鐘

越前蟹在明治時代就已是獻給天皇的貢品，所以來到福井三國町一定要吃。這裡最有名的料理店是越前蟹の坊，就在三國港駅附近。蟹の坊的越前蟹一隻￥17,000 起，想吃得經濟一點可以點蟹丼，價錢￥2,930。

一隻最小的蟹￥17,000起，建議點套餐（蟹三昧コース），￥18,000已包一隻小蟹。

INFO

福井縣坂井市三國町宿 1-11-16 | 0776-82-3925 | 星期一至五 11:00am-3:00pm；星期六、日及公眾假期 11:00am-3:30pm，星期一、二休息 | http://www.echizengani.jp/

敦賀市

Tsuruga

交通策略

JR福井駅 • **JR敦賀駅**

JR 北陸本線しらさぎ • 33分

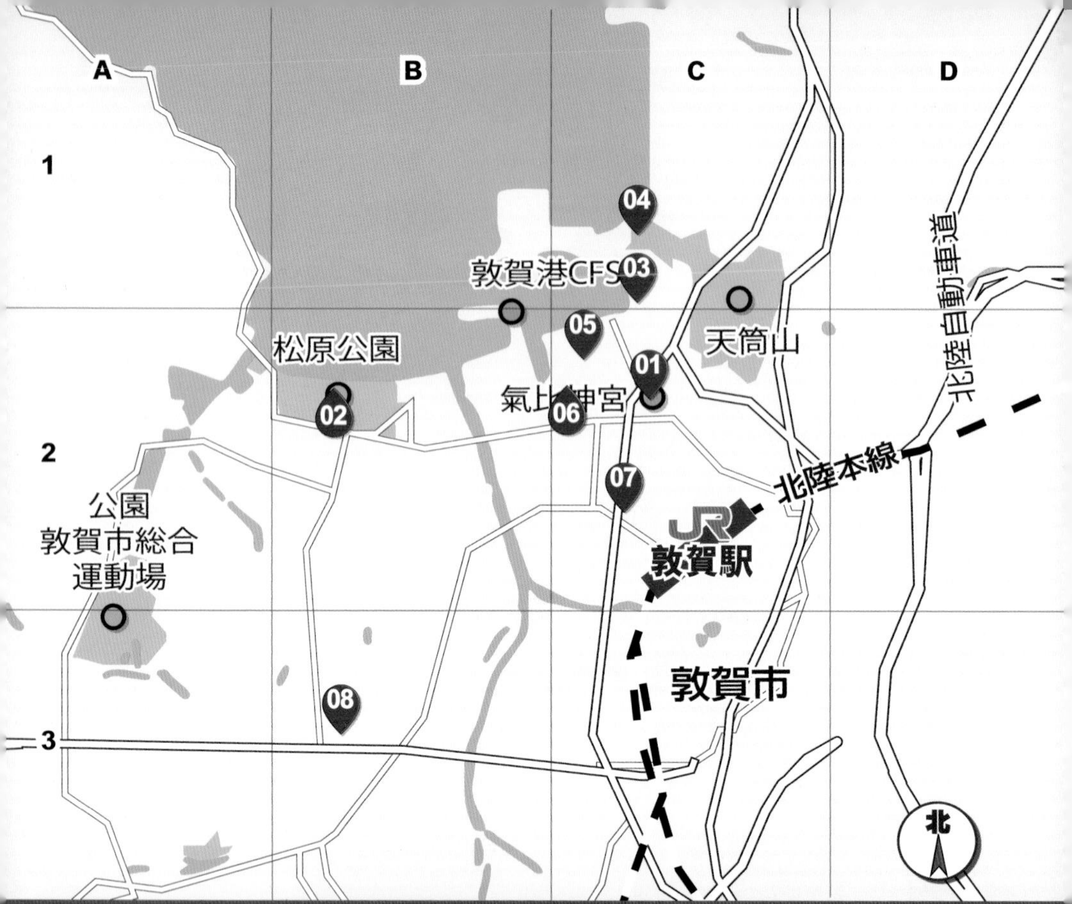

A B C D

1

2

3

04

敦賀港CFS 03

天筒山

05

松原公園

01

氣比神宮

02

06

07

公園
敦賀市総合
運動場

北陸本線

JR
敦賀駅

敦賀市

08

北陸自動車道

北

敦賀市

MAP4-10

01. 氣比神宮	4-11
02. 氣比松原	4-11
03. 敦賀鐵道資料館	4-12
04. 金崎宮	4-12
05. みなとつるが山車会館	4-13
06. 晴明神社	4-13
07. 銀河鐵道999	4-14
08. 日本海さかな街	4-14

北陸道總鎮守 Map4-10/ C2

氣比神宮 01

JR 北陸本線敦賀駅步行 15 分鐘 / 轉乘市區巴士或敦賀周遊巴士，於氣比神宮前下車

氣比神宮建於702年，是當年北陸道的總鎮守，有著非常重要的地位。歷代許多日本天皇都有來這裡參拜，這裡供奉了「七柱」，即是七位日本大神，掌管農作物豐收、海上安全和漁獲豐收等。在氣比神宮的表參道上，有一座高11米的鳥居，是日本三大鳥居之一。

長命水，據説喝了會延年益壽，信不信由你。

本宮拜殿，仍然維持了昔日的莊嚴氣氛。

INFO

福井縣敦賀市曙町 11-68 | 0770-22-0794 | 4-9 月 5:00am-5:00pm，10 月 -3 月 6:00am 開始 | kehijingu.jp

過萬株松樹 Map4-10/ B2

氣比松原 02

JR 北陸本線敦賀駅下車，轉乘松原線巴士在氣比松原下車

走到敦賀港一帶，就會看到氣比松原。全長1.5公里，總面積達40萬平方米，生長著茂密的赤松與黑松，共17,000株，相當有氣勢，是日本三大松原之一。夏天時是福井人享受戶外活動的勝地，很多人會前來游泳和觀賞花火。

現時只有海灘一帶開放，松原裡面是禁止進入的。

INFO

福井縣敦賀市松島町 | 24 小時；海灘開放時間為 7 月中旬至 8 月下旬

再現舊敦賀港駅 03

敦賀鐵道資料館

JR 北陸本線敦賀駅下車，轉乘海岸線巴士或敦賀周遊巴士，於金ケ崎綠地下車

一百年前，敦賀是往來日本及俄羅斯的海上航道主要港口，當時由東京出發的「歐亞國際聯絡列車」就以敦賀的「金ケ崎」作為終點站。這車站本已拆毀，後來敦賀市政府在原址附近重建駅舍，在舍內展示敦賀港的歷史資料。

INFO

福井縣敦賀市港町 1-25 | 0770-21-0056 | 9:00am-5:00pm | www.turuga.org/zhtw/minatoeki/minatoeki.html

求戀愛靈驗 04

金崎宮

JR 北陸本線敦賀駅下車，轉乘海岸線巴士或敦賀周遊巴士，於金崎宮下車

金崎宮前身是金之崎城，當時兩位後醍醐天皇的後裔為逃避足利氏的追殺，曾暫居於此，但最終失守，而金崎宮就是供奉這兩位親王，據說祈求姻緣相當靈驗。相傳在明治時代，很多男女都到來賞櫻，並交換櫻花的樹枝以作傳情，久而久之人們相信「換花」可以帶來幸福美滿，這裡也自然成了戀愛之宮。

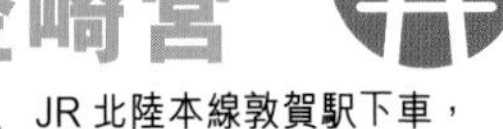

現在當然不用破壞櫻花樹，神社有櫻花樹枝出售了。

INFO

福井縣敦賀金崎町 1-4 | 0770-22-0938 | 24 小時 | kanegasakigu.jp

山車展館 05
みなとつるが山車会館

Map4-10/ C2

JR 北陸本線敦賀駅下車，轉乘海岸線巴士或敦賀周遊巴士，於山車會館下車

每年9月初都是敦賀的大型盛事「敦賀祭」，其中高潮活動就是山車巡遊。在祭典過後，這六部華麗的山車都會放在山車會館內。除了有展示武士人偶、鎧甲與頭盔真品等的展示區外，館內還常設有「敦賀城主 大谷吉繼展示區」，以投影機與投影片展示影像，欣賞山車巡迴時氣勢磅礴的畫面。

錯過了敦賀祭，也可以來到山車會館欣賞山車。

INFO

福井縣敦賀相生町 7-6 | 0770-21-5570 | 門票：¥300 | 10:00am-5:00pm | https://tsuruga-yama-museum.jp/

陰陽師神社 Map4-10/ C2
晴明神社 06

JR 北陸本線敦賀駅下車，轉乘海岸線巴士或敦賀周遊巴士，於山車會館下車

一千年前的有名陰陽師安倍晴明，精通天文學，又懂得占卜事物的吉凶，前後侍奉過三位天皇。敦賀的晴明神社守護城鎮度過南北朝時代的金崎之戰、織田信長和朝倉氏的戰火以及多次火災，此後神社以防火之神受到民眾信仰。拜殿供奉著用於陰陽道研究的「祈念石」，據説就是晴明當年占卜所用的石頭。

INFO

福井縣敦賀相生町 8-20 | 9:00am-5:00pm

千年女王 銀河鐵道999 (07)

Map4-10/ C2

JR 北陸本線敦賀駅步行 1 分鐘

從敦賀車站到氣比神宮的一段路上，可見到兩旁都是銀河鐵道999和宇宙戰艦大和號的銅像。當年敦賀紀念開港100周年，因為這兩套出自松本零士的動漫故事概念跟敦賀城市主題很相似，同時為了振興觀光，遂決定在市內放置這些銅像，果然，最後比氣比神宮還要受歡迎。

連巴士車身和巴士站，都可以找到銀河鐵道999的蹤跡。

INFO

JR 敦賀駅至氣比神宮一段的參道上

海鮮市場 日本海さかな街 (08)

Map4-10/ B3

JR 北陸本線敦賀駅下車，轉乘中鄉・木崎線巴士或敦賀周遊巴士，於若葉町一丁目下車

日本海さかな街位於敦賀市郊，是北陸最大的魚市場，有七十多間商店，也有不少海鮮餐廳，大家可以吃到河豚、越前蟹等等，還有不少土產品。這裡每天早上10時才營業，但有時會有8時半朝市。

INFO

福井縣敦賀若葉町 1-1531 | 077-024-3800 |
10:00am-6:00pm；休息日請參考網頁 |
www.sakanamachi.info

石川縣

ISHIKAWA

能登半島
金沢
富山縣
石川縣
長野縣
福井縣
岐阜縣
愛知縣
静岡縣
三重縣

有用網頁：

www.hot-ishikawa.jp/chinese-t
石川縣觀光連盟

www.kanazawa-tourism.com.tw
金澤觀光協會

www.komatsuairport.jp
小松空港

www.hokutetsu.co.jp
北陸鉄道株式会社（包括巴士資料）

www.notocho.jp
能登町観光ガイド

www.wajimaonsen.com/koutu.html
輪島觀光協會

金澤 Kanazawa

交通策略

出發	路線・時間	目的地
JR 名古屋駅	JR しらさき号特急・180分	JR 金澤駅
JR 富山駅	JR 北陸新幹線・23分	JR 金澤駅
JR 東京駅	JR 北陸新幹線・150分	JR 金澤駅

金澤市內交通

周遊巴士/金澤駅

金澤駅的設計相當引人注目，曾經入選日本車站100選之一，前方的傳統風「鼓門」跟車站主樓的現代設計形成強烈對比，標誌著金澤這個古今交融的地方特色。

7號車站就是乘金澤各種周遊巴士的地方，但不時會更改，大家要看清楚指示才上車。

金澤周遊巴士。

電話：076-237-5115

營業時間：8:30am-6:00pm

收費：單程 ¥200、
周遊巴士一日券 ¥800；
小童半價

網頁：

http://www.hokutetsu.co.jp/tourism-bus (城下町金澤周遊巴士)

https://www.kanazawa-kankoukyoukai.or.jp/access/list.html (金澤市內各種交通資料)

http://www.hokutetsu.co.jp/tourism-bus/oneday (金澤市內1日周遊券)

在車站東口前面就是巴士總站，這裡有專為遊客而設的周遊巴士，也有各種前往金澤和石川縣的巴士路線，相當集中易找，所以金澤成為了很受外國遊客歡迎的一個地方。在巴士總站附近就有一個北陸鐵道的濃飛巴士中心，那裡可以購買周遊巴士的一日券。

逆時針路線：

金澤駅東口 → 武蔵 ケ辻・近江町市場 → 南町・尾山神社 → 香林坊 → 片町 → 広小路 → 櫻橋 → 本多町 → 広坂・21世紀美術館 → 兼六園下・金澤城 → 橋場町 → 小橋町 → 金澤駅東口

順時針路線：

金澤駅東口 → 明成小学校前 → 小橋町 → 森山一丁目 → 橋場町 → 橋場町(金城樓前) → 兼六園下・金澤城 → 広坂・21世紀美術館 → 本多町 → 櫻橋 → 廣小路 → 片町 → 香林坊 → 南町・尾山神社 → 武蔵 ケ辻・近江町市場 → 金澤駅東口

在金澤駅內有大型的手信街，齊集金澤市內各種人氣土產，是買手信必去的地方。

MAP5-4A
金澤市
A
B
C
D
1
2
3
4
5
堀川新町
堀川町
IR石川鉄道線
北陸新幹線
北鉄浅野川線
01
木ノ新保町
西口
金澤駅
巴士站
東口
02
JR
北鐵金澤駅
此花町
柳町
本町
安江町
金澤城&兼六園
MAP5-4B
尾崎神社
上堤町
21
高岡町
尾山町
尾山神社
08
香林坊
玉泉院丸庭園
03
石川門
23
金澤城公園
22
兼六町
小将
25
06
04
公園
広坂緑地
兼六園
木倉町
07
05
下柿木畠
24
竪町
本多公園
池田町三番丁
十三間町中丁
北

E
F
G
H
浅野神社
MAP5-5
東山
01. Forus 5-6
02. 金澤百番街 5-7
03. 金澤城公園 5-8
04. 兼六園 5-9
05. 金澤21世紀美術館 5-10
06. Jardin Paul Bocuse 5-10
07. 石浦神社 5-11
08. 尾山神社 5-11
09. 卯辰山山麓寺院群 5-11
10. 東茶屋街 5-12
橋町
1
2
3
4
北
Google Map
下載
彦三町
町
金澤城&兼六園
尾張町
下新町
公園東山
河岸緑地
11. 志摩 5-12
12. 懷華樓 5-12
13. 箔座ひかり蔵 5-13
14. 箔一 東山店 5-13
15. 茶屋美人 5-13
16. 森八 5-14
17. 不室屋 5-14
18. 茶房一笑 5-15
19. 自由軒 5-15
20. 主計町茶屋街 5-15
21. 近江町市場 5-16
22. 長町武家屋敷跡 5-18
23. 香林坊 5-18
24. 曌町商店街 5-19
25. 香林坊東急Square 5-19

車站上蓋商場 Map5-4A/ B1

Forus 01

JR 金澤駅東口步行 1 分鐘

Forus交通方便，很多周邊縣分的人都會特別來到這裡購物。商場以年輕人為主，共7層，有不少來自東京大阪的潮流品牌進駐，喜歡購物的朋友，不妨把這裡編進中部北陸的行程中。場內包括了AEON、無印良品、Tower Record、ABC Mart、Afternoon Tea Living、Dr. Martens等。

INFO

石川縣金澤市堀川新町 3-1 | 076-265-8111 | 商店 10:00am-8:00pm，餐廳 11:00am-10:00pm | https://bay-sidesquarekaikehotel.book.direct/zh-tw

手握迴轉壽司 Map5-4A/ B1

もりもり寿し 1a

もりもり寿し的刺身是從近江町市場、七尾、能登和輪島等地入貨。別以為迴轉壽司店就等於快餐質素，這裡有師傅手握壽司，客人即點即握，加上高質刺身，絕對是超值的享受。

不懂日文也能吃到，因為你可以利用顯示屏按圖索驥落單點壽司。

迴轉帶前有各種顏色碟的價錢，吃得放心。

テーブル席＝Table

カワンター＝Counter

指定なし＝沒有指定

INFO

Forus 6F | 076-265-3537 | 11:00am-10:00pm

這款滿是蟹膏蟹肉的軍艦，只售￥357。

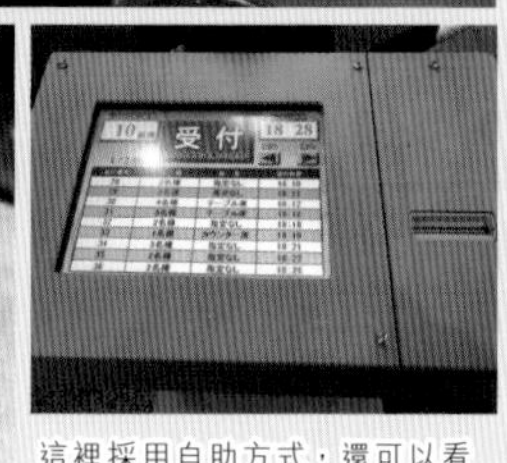

這裡採用自助方式，還可以看到前面有多少人等位，人多時先走開逛一會才回來。一般一至二人要求Counter會比較快有位，不指定則代表由侍應隨意安排哪張枱。

美味多汁豬排 1b

富金豚 Map5-4A/ B1

富金豚是傳統日式炸豬排餐廳，它的炸豬排多汁得來又不會很膩，配咖哩汁或是豬排醬都非常滋味，而且店內的白飯、湯、還有生菜是可以無限量添食，保證你一定可吃飽。

它的炸雞及炸蝦同樣出色。

INFO

Forus 6F | 076-265-3519 | 11:00am-10:00pm

一應俱全 Map5-4A/ A2

金澤百番街 02

JR 金澤駅西口直達

金澤駅內的商店街叫「金澤百番街」，由あんと（Anto）、Rinto及あんと西三部分組成。あんと售賣金澤手信特產，而美食街則可品嘗金澤的料理。Rinto主要以服飾、雜貨為主。あんと西館內更有餐飲、超市、藥局等實用性商店。

INFO

金澤市木ノ新保町 1-1 | 076-260-3700 | あんと（商店）8:30am-8:00pm、（餐廳）11:00am-10:00pm、（Rinto）10:00am-8:00pm、（あんと西）店舖各異 | www.100bangai.co.jp

【旅遊達人】金澤馬拉松

金澤每年的秋季（約10月下旬至11月中旬），都會舉行馬拉松大賽，賽事備受世界各地人士歡迎。報名的時間大約會提早四至六個月，有興趣的朋友一定要預早留意網頁更新。而且要提早一點訂酒店，因為在馬拉松比賽舉行的那幾天，金澤的酒店是十分緊張的（記者試過了！）。

網頁：www.kanazawa-marathon.jp/outline/taiwan.html

金澤地標 **Map**5-4B/ **B4**

金澤城公園 03

JR 金澤駅東口前巴士站，轉乘城下町金澤周遊巴士於兼六園下・金澤城下車

金澤城是豐臣秀吉的第一家臣前田利家的居城，原建於1583年。到了近代，金澤城曾為日本陸軍的據點以及金澤大學的校園，1996年重新改建為公園，許多部分也經過復原。金澤城有城牆保護，能抵擋槍炮等外部力量侵略，具有戰備上的機能；而石牆也因時代或地點不同，有迥異的石堆法，其中擁有400年歷史的石牆更完整地保留至今。

五十間長屋是遊金澤城的重點景點。

春天時，這裡是賞櫻名所。

河北門是依遺留下來的傳統工法復原，現時除了天守閣之外，大部分的建築都復原了。

在金澤城公園和兼六園的入口附近，那裡叫紺屋坂，兩旁都是特色手信店和小吃店。

INFO

石川縣金澤市丸の內 1-1 | 076-234-3800 | （3 月 -9 月下旬）7:00am-6:00pm；（9 月下旬 -2 月）8:00am-5:00pm | ¥320（五十間長屋、菱櫓和橋爪門續櫓）| www.pref.ishikawa.jp/siro-niwa/kanazawajou/t/index.html

Map5-4B/ C4 04

日本三大名園 兼六園

JR 金澤駅東口前巴士站，轉乘城下町金澤周遊巴士於兼六園下・金澤城下車

冬天的兼六園也同樣受歡迎，很多人千里迢迢來到金澤就是為了一看白雪皚皚的兼六園。

兼六園贏得日本三大名園的美稱，很受日本人歡迎。這裡由金澤城第五代藩主前田綱紀興建，經歷往後各大藩主的整建，成為今日知名的兼六園。這裡兼具宏大、幽邃、人力、蒼古、水泉、遠景「六勝」意境，兼六園之名也因此而來。

兼六園「六勝」速覽

兼六園面積很大，大家可未必有時間細看每個位置，所以小編特別挑選幾個「六勝」的重點景點給大家。

宏大：徽軫燈籠在霞之池上，兩腳燈籠在日本甚為罕見，全日本只有5個，也是兼六園最特別的地方，不平衡的美感是攝影的最佳點。

人力：「噴水」是人力的意境，利用人工方法打造出水柱來，這裡也是日本現存最古老的噴泉，於江戶時代而言，這人工技術算得是相當一流。

水泉：「曲水」體現了「水泉」的意境，從辰巳水渠設施引流過來，變成水流緩慢的小溪，四季花卉綻放時景色相當不錯，最熱鬧就是春櫻盛開的時候。

幽邃：據説瓢池是兼六園第建造的起點，翠綠色的湖水，加上涓涓流水的聲音，讓人感到一陣涼意。

蒼古：根上松是一棵15米高的日本黑松，在松樹長大後才挖走泥土，讓根部突出地面2米高的景象，走近看時氣勢十足。

遠景：「眺望台」是體現了「遠景」的地方，這裡可以遠觀醫王山，正前方是卯辰山，下面則是金澤市街。

INFO

石川縣金澤市兼六町 1 | 076-234-3800 | 7:00am-6:00pm（1/3-15/10）、8:00am-5:00pm（16/10-28/2）|
¥320 | http://www.pref.ishikawa.jp/siro-niwa/kenrokuen/

石川縣

藝術就在附近 05 Map5-4B/ B5

金澤21世紀美術館

JR 金澤駅東口前巴士站，轉乘城下町金澤周遊巴士於広坂‧21 世紀美術館下車 / 從兼六園步行 10 分鐘

金澤21世紀美術館在2004年開幕時締造了空前的話題，它的外形極像是UFO，設有五個開放出口，讓大家可以像遊覽公園般親切。館方希望每個人入場都能觸摸到藝術品，徹底地打破了大家對藝術的距離感。這裡最有名的是Leandro Erlich的游泳池，在外觀賞是免費的，要到「水底」則要入場觀看。

Colour Activity House (2010 Olafur Eliasson)，由丹麥藝術家設計，利用紅、藍、黃三塊半圓玻璃牆，再設計成漩渦交錯的模樣，讓人置身於玻璃牆中，從不同角度會看到不同的顏色變化。

泳池這作品是美術館的人氣項目，從外觀賞是免費的。

「水底」是收費區，這個作品帶出了「人與人之間的微妙相逢」。

INFO

石川縣金澤市広坂 1-2-1 | 076-220-2800 | 10:00am-6:00pm，星期五及六營業至 8:00pm；星期一休息 | 門票視乎不同展覽而定，一般為 ¥360 起，欲進入泳池便需要至少付款進入其中一個展覽 | www.kanazawa21.jp

米芝蓮三星主理 Map5-4B/ B4

Jardin Paul Bocuse 06

JR 金澤駅東口前巴士站，轉乘城下町金澤周遊巴士於広坂‧21 世紀美術館下車，步行 2 分鐘

Jardin Paul Bocuse位於石川縣縣廳舊址Shinoki迎賓館內，坐落於舊知事辦公室的位置，從餐廳內的落地大玻璃，可以看到金澤城公園的石牆。Jardin Paul Bocuse先生是全世界保持米芝蓮三星殊榮最長的廚師，他來到石川縣，和畢生花了四分一時間在日本推廣法式料理的平松宏之先生，一同把法式料理帶來日本，利用石川縣當地的新鮮食材，創造出正宗法國佳餚。

餐廳有落地大玻璃，明亮感十分。

這裡的焦糖燉蛋非常受女士歡迎。

餐廳位於迎賓館內，從金澤城走過去約10分鐘。

INFO

石川縣金澤市広坂 2-1-1（しいのき迎賓館內 2F） | 076-261-1161 | 11:30am-3:00pm（Lunch）、5:30pm-10:00pm（Dinner）；星期一休息 | www.hiramatsurestaurant.jp

金澤最古老神社 Map5-4B/ C5
石浦神社 07

JR 金澤駅東口前巴士站，轉乘城下町金澤周遊巴士於広坂・21世紀美術館下車 / 從兼六園步行 10 分鐘

石浦神社並不起眼，但只要你從兼六園走到21世紀美術館，途中一定會見到。這裡被很多人所遺忘，但其實它是金澤最古老的神社，據説有1,500年歷史，以祈求姻緣、家宅平安和安產等都非常有名。神社對金澤人而言有著重要地位，每逢新年時這裡相當熱鬧。

繪馬掛滿兩旁。

INFO

石川縣金澤市本多町 3-1-30 | 076-231-3314 | 24 小時 | www.ishiura.jp/keidai/index.html

前田家神社 Map5-4B/ B4
尾山神社 08

JR 金澤駅東口前巴士站，轉乘城下町金澤周遊巴士於南町・尾山神社下車

尾山神社是用來祭祀加賀藩祖前田利家的，於1873年遷移到這裡，正門是罕有的充滿西洋風設計的3層樓門，現在獲指定為國家的重要文化財，屬日本的重要古蹟。這裡還收藏了許多佩刀、盔甲等物品，而樓門上的避雷針，據説是日本最古老的避雷針。

INFO

石川縣金澤市尾山町 11-1 | 076-231-7210 | 9:00am-5:00pm | www.oyama-jinja.or.jp

佛教聖地 Map5-4B/ H3
卯辰山山麓寺院群 09

JR 金澤駅東口前巴士站，轉乘城下町金澤周遊巴士於橋場町下車，步行 10 分鐘

在東茶屋街附近，沿著卯辰山登山路往上走，附近便是寺院群，這裡是很受日本人歡迎的宗教聖地，聚集了超過五十座的寺院與神社，不過很多人只會前往精選的12座神社和寺廟，大約花90分鐘，其中部分寺廟不會對外開放。

INFO

石川縣金澤市東山區一丁目一帶 | 076-231-7210 | 9:00am-5:00pm | https://www.kanazawa-kankoukyoukai.or.jp/spot/detail_10021.html ; 心の道散步路線：https://www.kanazawa-kankoukyoukai.or.jp/spot/detail_10021.html

穿越江戶花街 **Map**5-5/ **H2**

東茶屋街 ⑩

JR 金澤駅東口前巴士站，轉乘城下町金澤周遊巴士於橋場町下車

這是江戶時代的花街，即是讓人看藝妓歌舞表演的場所。兩旁的建築都是由兩層木造的樓房組成，樓房外則有紅褐色的細格子窗，令整條街道顯得古色古香，街上有不少店舖進駐這裡，再次燃起昔日的熱鬧氣氛，是大家到金澤不可不到的地方。

INFO

石川縣金澤市東山 1 | 視乎不同商店而定，一般 6:00pm 便關門 | www.oyama-jinja.or.jp

「前座敷」乃客人坐的地方，面對客人的便是藝妓表演的地方。

Map5-5/ **H2**

完整古典茶房 志摩 ⑪

JR 金澤駅東口前巴士站，轉乘城下町金澤周遊巴士於橋場町下車

志摩是建於1820年的茶屋，現在已是國家重要傳統建築群保存地區，超過一百年的建築得以完整地保存下來，是十分罕見。建築內設有舞台及客席，現在一樓仍然提供日式菓子，如果來這裡參觀，不妨順道光顧。想再深入了解，可以付費參觀2樓，會有導賞員為參加人士講解。

INFO

石川縣金澤市東山 1-13-21 | 076-252-5675 | 9:00am-6:00pm | ¥500 | www.ochaya-shima.com/english/index.html

180年建築 **Map**5-5/ **H2**

懷華樓 ⑫

JR 金澤駅東口前巴士站，轉乘城下町金澤周遊巴士於橋場町下車步行 5 分鐘

來到懷華樓，可在有180年歷史的茶屋建築內欣賞藝妓表現。這裡不定期舉辦「豔遊會」，由十多位藝妓演出日本傳統舞蹈和樂曲，將江戶時代的繁華重現出來，但一定要事先預約。2樓是會員制的高級招待所，每天只限一組客人。遊客則可以在一樓茶室享用地道的甜點和抹茶。

INFO

石川縣金澤市東山 1-14-18 | 076-253-0591 | 9:30am-5:30pm，12 月至 2 月 9:30am-5:00pm | ¥500 | www.kaikaro.jp；豔遊會：www.kaikaro.jp/ocyaya/index.html

金箔倉庫 Map5-5/ H2

箔座ひかり蔵 ⑬

JR 金澤駅東口前巴士站，轉乘城下町金澤周遊巴士於橋場町下車步行 5 分鐘

箔座很吸引遊客進去，因為那裡有一座貼滿金箔的倉庫，可以近距離看到精細的手工，還有各種商品，如蛋糕、化妝品和首飾等。此外，店內2樓有金箔體驗教室，有簡單也有繁複的，如欲參觀必須預約。

INFO

石川縣金澤市東山 1-13-18 | 076-251-8930 | 9:30am-6:00pm；冬季 5:30pm 關門 | www.hakuza.co.jp

不只是內部，連外表都鋪上金箔。

店內有很多金箔做的手工藝品，就算不買，當成是藝術品欣賞也不錯。

金箔製成的護膚品是人氣商品，價錢不太貴。

¥891一杯，呢Like一流。

人氣金箔雪糕 Map5-5/ G2

箔一 東山店 ⑭

JR 金澤駅東口前巴士站，轉乘城下町金澤周遊巴士於橋場町下車步行 5 分鐘

箔一雖然不是甚麼百年老店，但沿用傳統的方法去製作各種金箔產品，十分受日本人歡迎。近年他們推出了金箔雪糕，每天都有人龍在店外排隊購買。金箔本身並沒有味道，至於是否好吃則見仁見智。

INFO

石川縣金澤市東山 1-15-14 | 076-253-0891 | 商店 9:00am-6:00pm，Cafe 9:00am-5:00pm | https://kanazawa.hakuichi.co.jp/shop/higashiyama.php

金箔美容 Map5-5/ H2

茶屋美人 ⑮

JR 金澤駅東口前巴士站，轉乘城下町金澤周遊巴士於橋場町下車步行 5 分鐘

茶屋美人是箔座旗下的副線，他們針對女士研發出許多美容產品和化妝品。店內堆滿女士用品，有些人更大量入貨，可見產品的受歡迎程度。此外，這裡有許多對於女性很有益的茶包發售，大家可以先試後買。

茶包和茶糖都是很受歡迎的商品。

INFO

石川縣金澤市東山 1-26-17 | 076-253-8883 | 9:30am-6:00pm；冬季 5:30pm 關門 | https://www.hakuza.co.jp/shop/chayabijin/

1625年創業
森八

Map5-5/ H2

JR 金澤駅東口前巴士站，轉乘城下町金澤周遊巴士於橋場町下車步行 5 分鐘

森八在金澤可謂無人不識，店子有接近四百年的歷史，從前是加賀藩御用的菓子司。他們最有名的「長生殿」是日本三大銘菓之一，這種甜品名字叫「落雁」，採用乾燥的米澱粉，混合了砂糖之後再上色，然後壓製成可愛的造型。此外，店內的其他菓子包括季節限定菓子、羊羹和餡蜜等，都是十分受歡迎的手信。

秋天限定栗子和菓子。

店內的和菓子款式很多，而且價錢不貴，所以很多人會買來做手信。

INFO

石川縣金澤市東山 1-24-6 | 076-251-8130 | 10:00am-5:00pm | www.morihachi.co.jp

特色土產
不室屋

Map5-5/ H2

JR 金澤駅東口前巴士站，轉乘城下町金澤周遊巴士於橋場町下車步行 6 分鐘

不室屋這個名字已夠特別，而他們賣的「麩」，其實是把麵糰不溶於水的一部分保留下來，再將之製作成麵筋，然後製造出寶之麩、加賀生麩、花麩等不同的麵筋佐料，日本人會放在味噌汁和粥等一起食用，因為有不同顏色的造型，所以很受女士歡迎。

店內有試吃，大家覺得味道ok才購買。

各款不同口味的「麩」。

INFO

石川縣金澤市東山 1-25-3 | 076-251-8130 | 10:00am-5:30pm | www.fumuroya.co.jp

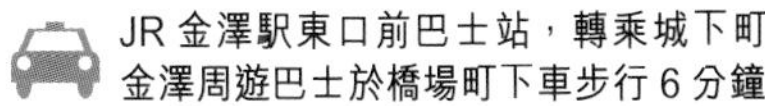

加賀棒茶 茶房一笑 ⑱ Map5-5/ H2

各款不同味道的加賀棒茶。

精緻的和菓子會按季節而不同。

JR 金澤駅東口前巴士站，轉乘城下町金澤周遊巴士於橋場町下車步行 6 分鐘

金澤出名的茶叫「加賀棒茶」，跟綠茶很不一樣，因為經過烘焙，味道比較香濃。一笑就是加賀棒茶的名店丸八製茶場的茶室。在優雅的環境下，除了可以嘗到高級的加賀棒茶，還能享用精緻的和菓子。2樓是展覽空間，不時都會舉行藝術展覽，此外也可觀賞到傳統茶屋建築。

INFO

石川縣金澤市東山 1-26-13 | 076-251-0108 | 12:00am-5:00pm，星期一、二休息 | http://issho.kagaboucha.com

老店洋食 自由軒 ⑲ Map5-5/ G2

JR 金澤駅東口前巴士站，轉乘城下町金澤周遊巴士於橋場町下車步行 4 分鐘

先別跟大阪的自由軒混淆，這是兩間不同的洋食店。這間自由軒在1909年創業，歷經上百年，仍然保留最初的味道，嚴選金澤出產的食材，就是其不倒的秘訣。這裡的人氣食物是蛋包飯和牛肉燴飯，價錢不貴，¥1,000內便有交易。

INFO

石川縣金澤市東山 1-6-6 | 076-252-1996 | 午市 11:30am-3:30pm；晚市 5:00pm-9:30pm，星期六日及假期4:30pm開始；星期二及每月第三個星期一休息 | www.jiyuken.com

文豪加持 ⑳ 主計町茶屋街 Map5-4A/ G4

JR 金澤駅東口前巴士站，轉乘城下町金澤周遊巴士於橋場町下車步行 3 分鐘

主計町茶屋街在東茶屋街附近，雖然沒有東茶屋街那麼熱鬧，但因為有文豪泉鏡花和五木寬之的加持，使得這裡有著另一番人文氣息，跟東茶屋街是截然不同的味道。這裡也有很多料亭和茶屋，因為相對比較寧靜，傍晚時分常會聽到店內傳出三味線琴聲，別有一番滋味。

這裡仍保留一些古色古香的旅館。

INFO

石川縣金澤市主計町

人氣第一魚市場
近江町市場 ㉑ Map5-4A/ B4

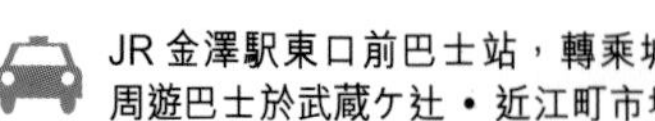

JR金澤駅東口前巴士站，轉乘城下町金澤周遊巴士於武蔵ケ辻・近江町市場下車

金澤的近江町市場已有280年歷史，一直都是北陸中人氣第一的魚市場。這裡有超過一百四十間店鋪，以海鮮為主，近年有很多海鮮店都有即買即吃的海鮮，所以幾乎是遊客來到金澤不可不到的地方。這裡佔地不大，如果加上吃海鮮的時間，兩小時便可逛完。

這裡面積不大，但也有多達一百四十間店舖。

除了刺身，還有熟食，適合任何人士前來。

INFO

石川縣金澤市近江町 50 | 076-231-1462 | 9:00am-5:00pm；星期日及公眾假期休息，各店營業時間有異 | http://ohmicho-ichiba.com

卧虎藏龍
いきいき亭 Map5-4A/ B4 21a

最人氣的「いきいき亭丼」，共有14款材料，食物面灑上點點金箔，價錢只是￥2,000！還有女士比較喜歡的迷你金澤丼，充當早餐很不錯的。

店家採用二段丼的設計，飯和刺身分開，吃起來比較方便。

店內只有10個座位，狹小的空間反而拉近人與人的距離。

在近江町市場，有多間吃海鮮丼或壽司的料理店，不過要數當地人推介的，就有這間いきいき亭。這裡是金澤高級壽司店「金澤玉壽司」的分店，專門走平民路線，全部海鮮都來自北陸是其取勝之處。全店只有10個座位，連安倍晉三都曾經來過。

INFO

近江町いちば館 1F | 076-222-2621 | 7:00am-5:00pm；星期四休息

近江町海鮮 21b Map5-4A/ B4

海鮮丼家ひら井

這裡的座位比較多又寬敞。

海鮮丼家ひら井是另一間人氣店，這間的食物較受遊客歡迎，可能地方稍寬敞，加上會做晚市，很多人在香林坊Shopping後便走過來這裡晚飯。店裡供應的海鮮全部來自近江町市場，主打的當然是海鮮丼，海鮮丼有不同大小和種類，豐儉由人。

海鮮丼￥1,900。

INFO

近江町いちば館 2F | 076-234-0448 | 11:00am-9:30pm，星期三至 15:30，星期六日及假日 10:30am 開始 | https://www.kaisen-hirai.com/

即買即吃 Map5-4A/ A4

忠村水產 21c

厚厚帶子，一份￥600。

忠村水產有即買即吃的海鮮，金澤市內很多有名餐廳都是跟他入貨，乃品質的保證。這裡的即吃即開海鮮都是放在有蓋的盤子上面，在近江町吃海膽有點秘訣，如果橙黃色的海膽下有一張紙墊著的，盡量不要光顧了，因為可能是冷藏海膽放回海膽殼內。

新鮮海膽，一個￥500，抵！

這裡的即吃海鮮，都用蓋子蓋住，比較衛生。

INFO

近江町市場內 | 076-263-5301 | 9:00am-5:00pm，星期日及假日至 3:00pm，星期三休息 | www.tadamura-suisan.co.jp

江戶時代住宅 Map5-4B/ A4

長町武家屋敷跡 ㉒

JR 金澤駅東口前巴士站，轉乘城下町金澤周遊巴士於香林坊下車步行 6 分鐘

長町武家屋敷跡是江戶時代加賀藩的武士所居住的地方，在當時這群武士屬於中上階層，地位比一般人要高，所以居住的地方也稍為講究，很注重庭園的設計。有部分的屋敷會開放參觀，人流不算十分多，是很好的散步地點。

野村家。

相片提供：© JNTO

INFO

石川縣金澤市長町 1-3-12-2

Prego是一個歐陸底的半露天商場，集合了多國品牌。

Map5-4B/ B5

金澤 Shopping 熱點

香林坊 ㉓

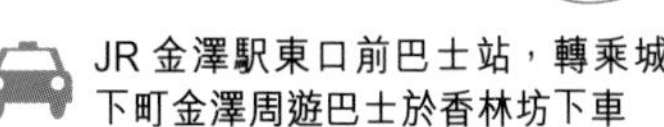

JR 金澤駅東口前巴士站，轉乘城下町金澤周遊巴士於香林坊下車

香林坊一帶是金澤最熱鬧的Shopping點，所有大小品牌都集中在這裡。許多北陸其他縣分的人，都會藉假期來金澤度假購物。在近江町市場吃完新鮮海鮮後，不妨就走過來這邊Shopping吧！

INFO

石川縣金澤市香林坊 2 | 一般為 10:00am-8:00pm

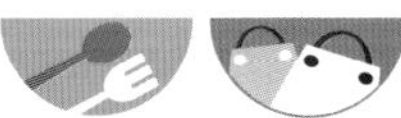

Map5-4B/ A4

潮牌集中地
豎町商店街 24

JR 金澤駅東口前巴士站，轉乘城下町金澤周遊巴士於香林坊下車

豎町商店街分成兩部分，「新豎町商店街」在豎町商店街的盡頭，那裡比較多小店和二手古著店。而「豎町商店街」則是潮牌的天下，許多東京的潮流品牌都有在此開店。

INFO

石川縣金澤市豎町 | 11:00am-8:00pm |
https://www.tatemachi.com/

潮人天堂 25 Map5-4B/ A4
香林坊東急Square

JR 金澤駅東口前巴士站，轉乘城下町金澤周遊巴士於香林坊下車

香林坊東急Square原本是針對年輕女性的Kohrinbo 109，在2016年4月改建為香林坊東急Square，適合不同年齡層，當中有耳熟能詳的ABC-Marts、Uniqlo。

INFO

石川縣金澤市香林坊 2-1-1 | 076-220-5111 |
10:00am-8:00pm | www.korinbo-tokyu-square.com

能登半島

Noto Hanto

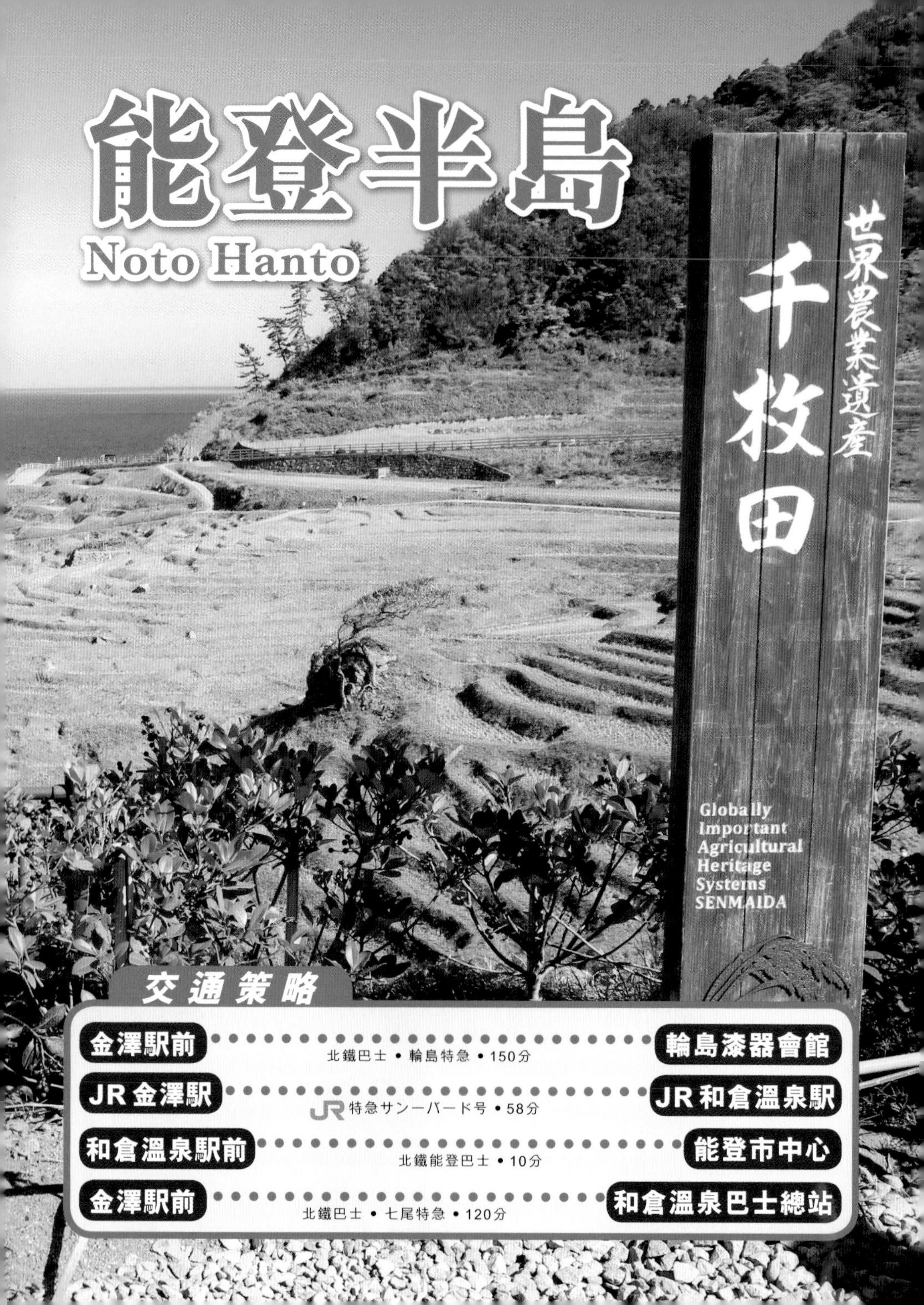

世界農業遺産

千枚田

Globally Important Agricultural Heritage Systems SENMAIDA

交通策略

出發	交通	到達
金澤駅前	北鐵巴士 • 輪島特急 • 150分	輪島漆器會館
JR金澤駅	JR 特急サンーバード号 • 58分	JR和倉溫泉駅
和倉溫泉駅前	北鐵能登巴士 • 10分	能登市中心
金澤駅前	北鐵巴士 • 七尾特急 • 120分	和倉溫泉巴士總站

能登半島交通

わじま号—天巴士旅行

要去能登半島玩，自駕會較為方便的，如果利用公共交通工具，至少要住上一晚才行。對於不懂開車的朋友，又或者是隻身旅行的人士，其實可以參加巴士團。日本相當流行巴士團，因為團裡有導遊，又不用給小費，費用已包括交通、餐點及導遊費等。不懂日語的朋友可能覺得有點不方便，但其實每當下車時，導遊也會用紙筆寫上集合時間，所以並無什麼不方便。

北鐵站前中心，先到這裡報名，於出發前一日再到這裡交團費就可以了。

わじま号行程

7:50am 出發：金澤站東口1號巴士站上車→
9:44am：輪島駅ふらっと訪夢→
輪島朝市、輪島塗会館（約1小時）→
白米千枚田（約20分鐘）→
輪島キリコ会館（約30分鐘）→
午餐：ビュー・サンセット（約50分鐘）→
機具岩（車窗）→
千里浜なぎさドライブウエイ（約20分鐘）→
到達4:30pm：金澤站西口

巴士團所乘的旅遊巴士。

電話：076-234-01235
費用：￥7,700（金澤出發）、￥5,700（輪島駅ふらっと訪夢出發）
定期觀光巴士：www.hokutetsu.co.jp/tourism-bus/oneday_bus

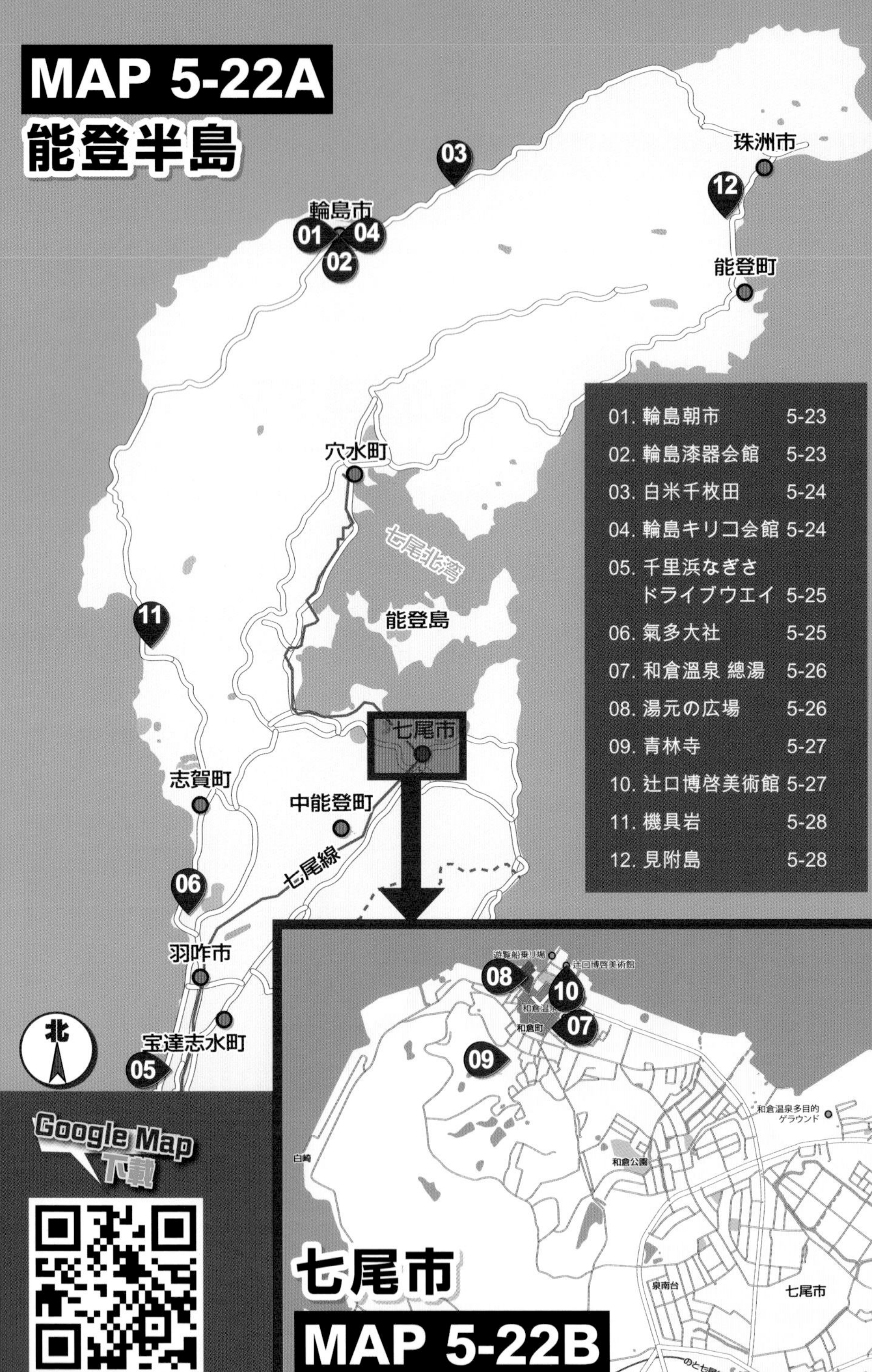
MAP 5-22A
能登半島
03
輪島市
01
04
02
珠洲市
12
能登町
穴水町
七尾北湾
能登島
11
七尾市
志賀町
中能登町
七尾線
06
羽咋市
宝達志水町
05
北
01. 輪島朝市 5-23
02. 輪島漆器会館 5-23
03. 白米千枚田 5-24
04. 輪島キリコ会館 5-24
05. 千里浜なぎさドライブウエイ 5-25
06. 氣多大社 5-25
07. 和倉温泉 總湯 5-26
08. 湯元の広場 5-26
09. 青林寺 5-27
10. 辻口博啓美術館 5-27
11. 機具岩 5-28
12. 見附島 5-28
Google Map 下載
遊覧船乗り場
辻口博啓美術館
08
10
和倉町
07
09
和倉温泉多目的グラウンド
白崎
和倉公園
泉南台
七尾市
のと七尾線
七尾市
MAP 5-22B

最地道的朝市
輪島朝市

Map5-22A  

JR 金澤駅轉乘北鐵巴士輪島特急，於輪島塗会館下車步行 10 分鐘 /JR 和倉溫泉駅轉乘巴士，於輪島塗会館下車步行 10 分鐘

輪島朝市是日本三大朝市之一，這裡一條街上的小檔，大多都是由婆婆在擺賣新鮮自家種的蔬菜，也有一些賣海味乾貨。此外，當地出名的輪島漆器這裡也有，小檔後面的店家很多都有賣，而且許多都是在店內生產，價格比外面賣得要便宜。

INFO

輪島市河井町朝市通一帶 | 8:00am-12:00nn；每月第二、四的星期二及 1 月 1-3 日休息 | http://wajimacity.jp

這是輪島的小手信，大多時店家賣得比婆婆便宜，不過大家可以支持一下婆婆的生活。

很多都是婆婆擺賣的小檔，蔬菜是自家種植的。

輪島漆器非常有名，來到輪島買的話，款式又多又便宜。

Map5-22A 

朝市必經之地 02
輪島漆器會館

JR 金澤駅轉乘北鐵巴士輪島特急，於輪島塗会館下車 /JR 和倉溫泉駅轉乘巴士，於輪島塗会館下車

輪島漆器會館展示了輪島塗的歷史和各種現代生活漆器的名品，一樓是販賣各種款式的輪島塗，價錢較朝市貴，但品質十分高。而2樓則展示從安土桃山時期到明治初期為止輪島塗的作品，約有四千件之多，進入這層要收入場費。

石川縣輪島市河井町 24-55 | 0768-22-2155 | 8:30am-5:00pm | ¥300（2 樓）| www.wajimanuri.or.jp/fkaikan.htm

一樓供免費參觀，售賣的漆器都是高級品。

世界農業遺產 Map5-22A
白米千枚田 03

JR 輪島駅搭乘北鐵奧能登巴士町野線，在白米下車，步行 1 分鐘

白米千枚田現在已獲列入「世界農業遺產」的名錄，許多人抵達能登半島，都會來到這個梯田一看大自然奇觀。千枚田依山而建，大小不一的稻田，跟旁邊一望無際的大海，形成了一幅優美的圖畫。

秋天時的千枚田。

INFO

石川縣輪島市白米町 | 24 小時 | https://wajima-senmaida.jp/

輪島祭典 Map5-22A
輪島キリコ会館 04

從輪島朝市步行 10 分鐘

每年的8月便是輪島大祭，自古以來在能登半島祭典之時，為了感謝神明賜予人們豐收，會抬著「キリコ」(御神燈）的巨大燈轎，在祭典中大事慶祝，以答謝神明一年來的眷顧。這些御神燈平時會放在輪島キリコ会館中，所以就算錯過了祭典，也可以到這裡欣賞，並了解整個能登祭典的歷史和文化。

這裡模擬了晚上祭典的環境，入場人士仿如置身其中。

參觀人士可以從多角度欣賞這些「キリコ」。

INFO

石川縣輪島市マリンタウン 6-1 | 0768-22-7100 | 9:00am-5:00pm | 成人 ¥630、小童 ¥370 | http://wajima-kiriko.com

海灘上飛馳 千里浜なぎさドライブウェイ

Map5-22A

05

JR 羽咋駅乘的士前往約 10 分鐘

在千里浜的入口處，便有幾個沙灘。

千里浜是日本現時唯一可以讓汽車及巴士行走的海灘，全長約八公里，如果你是自駕遊便可以從這裡的千里浜IC或今浜IC這兩個出口前往，而如果參加巴士團（詳閱能登半島交通），也有安排下車參觀的時間。你亦可租單車享受海岸線，3小時￥500，1天(約6小時)￥1000。

陽光明媚下開著車在海灘上奔馳是難得的體驗。

INFO

石川縣羽咋市千里浜町タ 4-1 | 0767-22-2141 | 24 小時 | https://www.chirihama.co.jp/activity/

求戀愛靈驗 氣多大社

Map5-22A

06

JR 羽咋駅轉乘能登西部巴士前往「能登高浜」方向約十分鐘，在「一之宮」站下車步行 5 分鐘

氣多大社供奉了日本的月下老人「大國主命」的神社，從奈良平安時代起，是能登國的「一之宮國幣大社」，所以對於能登的人來說相當重要。學者估計這裡有一千年以上的歷史，每年3月的平國祭及12月的鵜祭都是年度的大祭典，過年時更舉行「幸娘」的活動，安排旅遊時可以計劃這三段時間前來。

估計這裡已有超過一千年歷史。
相片提供：JNTO

INFO

石川縣羽咋市寺家町ク 1-1 | 0767-22-0602 | 8:30am-4:30pm；7 月 20 日 -8 月 31 日 6pm 關門 | www.keta.jp

Map5-22B  

大眾溫泉
和倉溫泉 總湯

JR 和倉溫泉駅轉乘七尾巴士往和倉溫泉方向，於終點站下車後步行 1 分鐘

和倉溫泉的泉質為氯化物泉，主要成分為鹽分，有很好的保溫、保濕以殺菌、療傷效果。而這個大眾溫泉已有1200年歷史，一直提供純天然的溫泉水。雖說是大眾溫泉，但設施也不馬虎。總湯內挑高的天花板和大片的玻璃窗，增加了自然採光，而且有多個大浴池，提供遊客最舒適的泡湯環境。如果不想長時間泡溫泉，門外也有免費足湯，足湯內還有個可以飲用的溫泉水小池子，不過是氯化物泉，所以不建議喝太多。

INFO

岐阜縣七尾市和倉溫泉 6-2 | 0767-62-2221 | 7:00am-9:00pm(每月 25 號休息，如果 25 號為星期六日，則改為星期一休息) | 大人 (12 歲以上) ¥490，小學生 ¥130 | https://www.wakura.co.jp/

Map5-22B 

溫泉區廣場
湯元の広場 08

和倉溫泉 總湯步行 2 分鐘

廣場內有一座白鷺鷥銅像，與和倉溫泉傳說有關，據說是附近的漁夫打魚時，看到受傷的白鷺浸泡在海上湧出的溫泉。根據傳說，泉水上方放置了銅像。遊客可以在此喝泉水，也可以到附近商店買生雞蛋，將蛋放至籃子中再放入溫泉中，根據官方建議，等待大約12-15分鐘就可以做出微鹹好吃的溫泉蛋了。

自製溫泉蛋，便宜又好吃！

INFO

石川縣七尾市和倉溫泉 | 0767-62-1555(和倉溫泉觀光協會) | https://www.wakura.or.jp/brochure/brochure-635-2//

能登的琉璃光院
青林寺 09 Map5-22A

JR 和倉溫泉駅轉乘七尾巴士往和倉溫泉方向，於終點站下車後步行 5 分鐘

1909年，為了迎接皇室的初次拜訪，當時政府特別打造的青林寺。寺廟在1976年搬遷至此，其中御便殿還原了當時天皇休憩場，無論是天花板，內部擺設皆複刻了當時的風貌，十分淡雅幽靜。寺廟後方有竹林散步道，沿著階梯前行就可以到達頂端的展望台公園。現時寺方提供兩個預約體驗，遊客在本堂體驗抄經和坐禪。體驗完畢後可以聽寺方講解，參觀本堂及御便殿，殿中全部用檜木製作成的折上格天井，與日式庭園再搭配高反射度的桌子，宛如京都瑠璃光院，成為遊客近年打卡熱點。

INFO

石川縣七尾市和倉町レ部 61 番地 | 0767-62-2836 | 9:00am-12:00nn，1:00pm-4:00pm | ￥500 | https://koukou2.wixsite.com/seirinji

日本最人氣甜品大師
辻口博啓美術館 10 Map5-22A

JR 和倉溫泉駅轉乘的士約 5 分鐘

辻口博啓是日本頂尖的甜品師，在世界各地贏得多個獎項，更連續四年在巴黎巧克力展Salon du Chocolat獲最高評價。他出生於石川縣的七尾市，所以特意在這裡設立了咖啡廳式美術館，館內除了展示辻口博啓利用砂糖製作的藝術作品，更提供可享用甜品蛋糕的咖啡廳，他的甜點以能登、金澤等地的天然食材為主，十分講究。

INFO

石川縣七尾市和倉町ワ部 65-1 | 0767-62-4000 | 9:30am-6:00pm | 免費 | http://le-musee-de-h.jp

Map5-22A

海水侵蝕 機具岩 ⑪

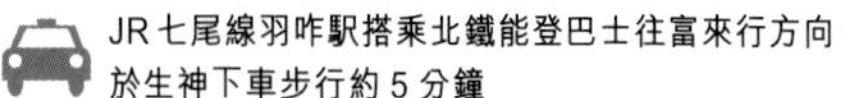
JR 七尾線羽咋駅搭乘北鐵能登巴士往富來行方向，於生神下車步行約 5 分鐘

這座機具岩沒有被稱呼為夫婦岩，其實在日本國內有許多類似的岩石，很多都稱為夫婦岩。而這裡之所以稱為「機具」，據說是因為掌管織物的天神遭山賊襲擊，將織布的工具掉進海裡，而化身成為的兩座岩石。

INFO

石川縣羽咋郡志賀町富來七海

軍艦小島 Map5-22A
見附島  

JR 金澤駅東口轉乘北陸鐵路巴士珠洲特急線，於珠洲鵜飼下車步行 17 分鐘

見附島是能登半島其中一個有名的景點，日文中「見附」是第一眼的意思，當年弘法大師乘船來到這裡時，第一眼望見的便是見附，因此而得名。見附島還有別稱為「軍艦島」，因為從正面看過去，外形就像軍艦一樣。

INFO

石川縣珠洲市宝立町鵜飼

富

TOYAMA

有用網頁:

www.pref.toyama.jp
富山縣官方網站

http://foreign.info-toyama.com
富山縣觀光情報

www.chitetsu.co.jp
富山地方鐵道

http://visit-toyama.com
富山市觀光指南

www.kitokitohimi.com
冰見市觀光協會網站

市內主要交通

富山地方鐵道

富山縣內的主要交通工具有愛之風富山鐵道、JR和富山地方鐵道三種。 富山地方鐵道將富山市和立山黑部阿爾卑斯路線及宇奈月溫泉、黑部峽谷鐵道相連。

網頁：www.chitetsu.co.jp
車費：￥210（劃一收費）；
一天市電巴士乘車券 ￥650

富山地方鐵道路線圖

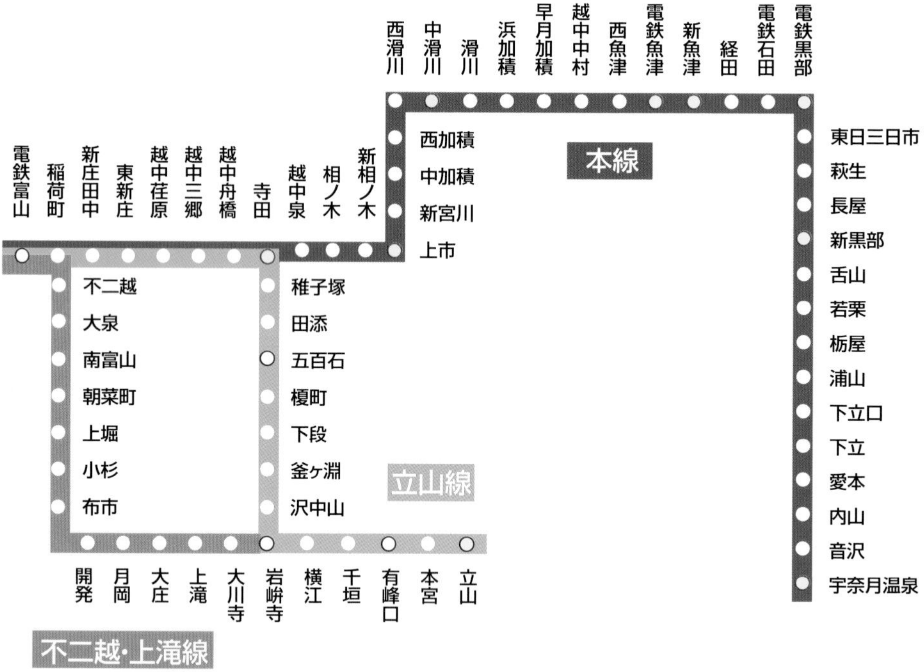

本線
電鉄富山、稲荷町、新庄田中、東新庄、越中荏原、越中三郷、越中舟橋、寺田、越中泉、相ノ木、新相ノ木、上市、新宮川、中加積、西加積、西滑川、中滑川、滑川、浜加積、早月加積、越中中村、西魚津、電鉄魚津、新魚津、経田、電鉄石田、電鉄黒部、東日三日市、荻生、長屋、新黒部、舌山、若栗、栃屋、浦山、下立口、下立、愛本、内山、音沢、宇奈月温泉

立山線
寺田、稚子塚、田添、五百石、榎町、下段、釜ヶ淵、沢中山、岩峅寺、横江、千垣、有峰口、本宮、立山

不二越·上滝線
稲荷町、不二越、大泉、南富山、朝菜町、上堀、小杉、布市、開発、月岡、大庄、上滝、大川寺、岩峅寺

○…特急停車站　○…阿爾卑斯(アルペン)特急停車站

富山市
Toyama-shi

交通策略

JR名古屋駅 ●●●● JR特急ワイドビューひだ • 230分 ●●●● JR富山駅

JR東京駅 ●●●● JR北陸新幹線 • 148分 ●●●● JR富山駅

JR大阪駅 ●●●● JR特急サンダーバード • 164分 ●●●● JR金澤駅（轉車）●●●● JR北陸新幹線 • 23分 ●●●● JR富山駅

JR金澤駅（轉車）●●●● あいの風とやま（愛之風富山）鐵道 • 39分 ●●●● JR富山駅

JR金澤駅前（東口）●●●● 富山地方鐵道/北陸鐵道 • 高速巴士 • 75分 ●●●● JR富山駅前

名古屋名鐵巴士中心 ●●●● 名鐵巴士 • 220分 ●●●● JR富山駅前

立山駅 ●●●● 富山地方鐵道 • 立山線 • 60分 ●●●● 電鐵富山駅

宇奈月溫泉駅 ●●●● 富山地方鐵道 • 本線 • 96分 ●●●● 電鐵富山駅

白川鄉 ●●●● 加越能巴士 • 世界遺產巴士 55分 ●●●● 五箇山 ●●●● 加越能巴士 • 世界遺產巴士 75分 ●●●● 高岡駅前

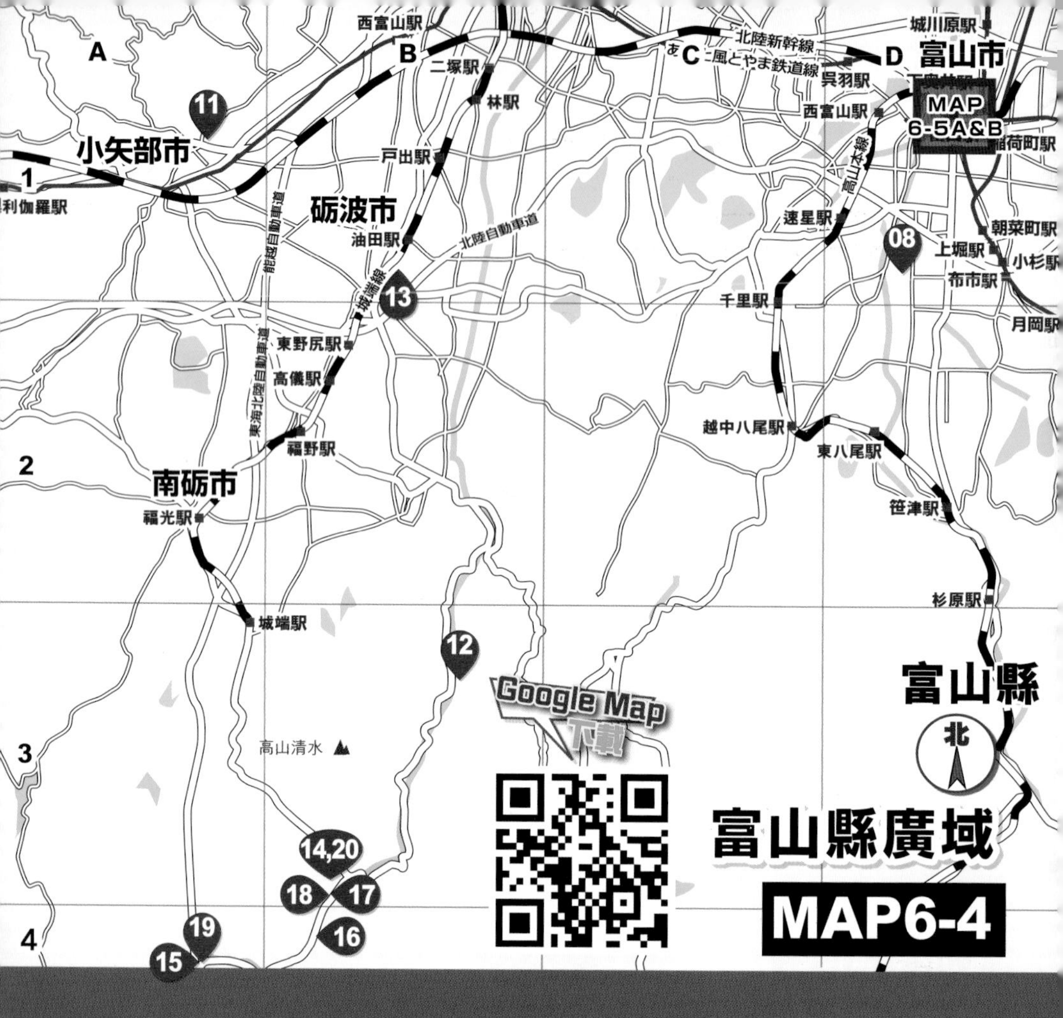
富山縣廣域
MAP6-4
富山縣
富山市
小矢部市
砺波市
南砺市
MAP 6-5A&B
Google Map 下載
北
北陸新幹線
あいの風とやま鉄道線
城端線
高山本線
北陸自動車道
能越自動車道
東海北陸自動車道
西富山駅
二塚駅
林駅
戸出駅
油田駅
東野尻駅
高儀駅
福野駅
福光駅
城端駅
城川原駅
呉羽駅
西富山駅
稲荷町駅
速星駅
朝菜町駅
上堀駅
小杉駅
布市駅
千里駅
月岡駅
越中八尾駅
東八尾駅
笹津駅
杉原駅
利伽羅駅
高山清水

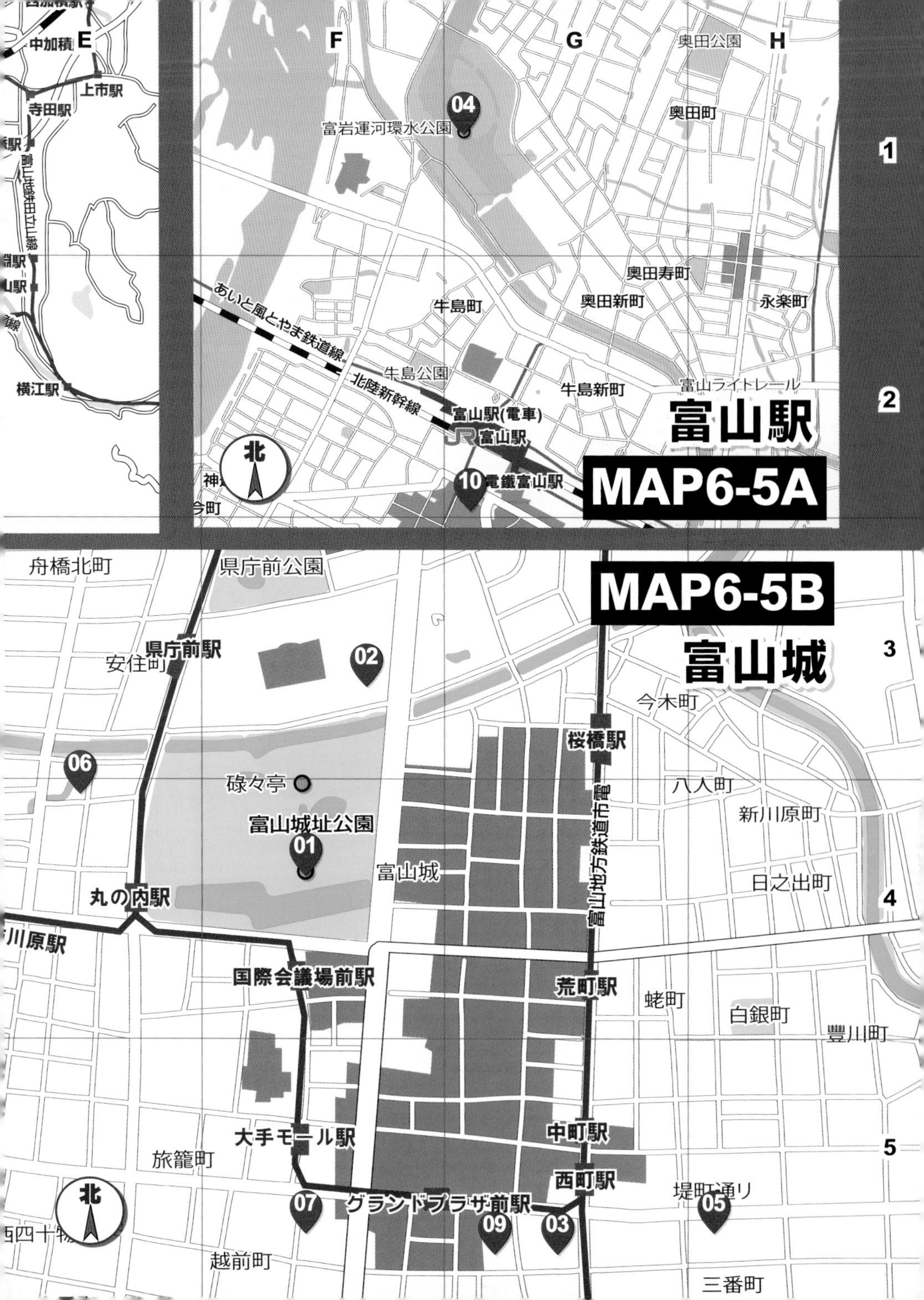

富山駅
MAP6-5A
奥田公園
奥田町
富岩運河環水公園
奥田寿町
奥田新町
永楽町
牛島町
あいと風とやま鉄道線
牛島公園
北陸新幹線
牛島新町
富山ライトレール
富山駅(電車)
富山駅
電鐵富山駅
MAP6-5B
富山城
舟橋北町
県庁前公園
県庁前駅
安住町
今木町
桜橋駅
碌々亭
富山城址公園
八人町
新川原町
富山地方鉄道市電
富山城
日之出町
丸の内駅
国際会議場前駅
荒町駅
蛇町
白銀町
豊川町
大手モール駅
中町駅
旅籠町
西町駅
堤町通り
グランドプラザ前駅
越前町
三番町
中加積
上市駅
寺田駅
横江駅

【旅遊達人】富山絕景

富山縣三面環山，南面大多是山林地帶，北面有富山灣環抱，海鮮甚豐，最有名就是富山壽司和鱒魚壽司。富山縣的中央地帶是沖積平原，境內有多個自然和國立公園，天然景觀優勝。各處景觀之中，最特別是立山黑部的大雪牆為人所熟悉，世界知名，每年吸引很多人在4-6月到此遊覽，成為富山縣的重要景點。

賞櫻名所 01 **Map**6-5B/ **F4**

富山城跡公園

富山駅步行 12 分鐘 / 富山市電国際会議場前下車步行 3 分鐘

因建築資料已散失，天守閣參照愛知縣的犬山城重建。

很多日本的城堡都會有一塊大石作根基，石塊越大代表城主越有地位。

於1543年由當年越中國藩主下令家臣水越勝重建成的富山城，本在最後在1609年的富山之戰中被摧毀，因建築資料已遺失，在1954年時參考愛知縣的犬山城來重建。關於富山城的歷史在這公園內的富山市鄉土博物館裡展出，並能從館內前往天守展望台。這公園更是富山縣內的賞櫻名所，一到春天，護城河一帶便開滿櫻花。

現在只剩下當年殘餘的建築部分。

這裡還有一個佐藤紀念美術館，美術館前有個漂亮庭園。

INFO

富山縣富山市本丸 1 | 076-443-2111 | 公園 24 小時開放；富山市鄉土博物館 9:00am-5:00pm | 公園免費，富山市鄉土博物館 ¥210 | https://joshipark.com/

設計雜貨店 **Map6-5B/ F3**

D&Department Toyama ②

富山駅步行 10 分鐘

設計師長岡賢明創立的全國性項目，主張「Long Life Design」，令舊物重生，盡量減少生產。在全日本47個縣當中發掘創作產品，包括食材、生活雜貨、藝術品等。富山店的面積很大，一邊售賣很多北陸出產的家品及雜貨，另一邊的Café 則可享用從各縣運來的新鮮食材。

富山店一邊是Café，另一邊是家品店。

這裡賣的文具都是簡約設計，後面一盒盒的筆芯才是重點，因為「不浪費」是他們的原則。

INFO

富山縣富山市新総曲輪 4-18 富山縣民会館 1F | 076-471-7791| 商店 10:00am-7:00pm 餐廳 10:00am-5:00pm，星期六日及假日 7:00pm | www.d-department.com/jp/shop/toyama

文青必去景點 ③ **Map6-5B/ G5**

富山市立圖書館 / 富山市ガラス美術館

富山市電環狀線グランドプラザ前駅，步行 2 分鐘 / 富山市電往南富山駅前方向，於西町駅下車步行 1 分鐘

日本近年為鼓勵閱讀風氣，開始進行圖書館大革新，在2015年把富山市的圖書館和美術館合二為一。大樓由日本建築大師隈研吾設計，全幢都是以木條拼合起來，利用玻璃建造出高挑的大廳，空間感十足。圖書館佔了3層，4樓和6樓是收費美術館，包括了知名玻璃藝術家Dale Cihuly的長期作品展。

利用木條和玻璃製造出高挑的空間感。

圖書館簡單而沒有多餘枝節，製造舒適的閱讀環境。

INFO

富山縣富山市西町 5-1| 076-461-3100 | 美術館 9:30am-6:00pm，星期五、六至 8:00pm，每月第 1 及第 3 個的星期三休息；圖書館 9:30am-7:00pm，星期五、六至 8:00pm，每月第 1 個星期三休息 | ¥200（美術館）| http://toyama-glass-art-museum.jp（美術館）www.library.toyama.toyama.jp/info/city（圖書館）

最美麗星巴克 04

富岩運河環水公園

Map6-5A/ G1

JR 富山駅北口步行 11 分鐘

富岩運河環水公園背後有壯麗的立山連峰，又連著富山灣和日本海域。園內有一間被譽為全球最美麗的星巴克，晚上7時公園便會亮燈，燈光從地面打到樹上，和橋上的燈飾相輝映，為公園增添另一番浪漫氣氛，遊客最好在黃昏時前來，可以一次過欣賞兩種景緻。

亮燈後又有另一番風味。

晚上的星巴克。

INFO

富山縣富山市港入船町 | 076-4444-6041 | 24 小時；星巴克 8:00am-10:30pm | www.kansui-park.jp

懷舊老藥店 05

Map6-5B/ H5

池田屋安兵衛商店

富山市電往南富山駅方向，於西町駅下車步行 2 分鐘

店內有數十款藥物，而且包裝很懷舊。

這裡的六神丸跟我們的不一樣，是強心的藥物。

池田屋安兵衛商店是富山最地道的藥店，已有過百年歷史，店內經常擠滿來自日本各地的人，因為包裝充滿懷舊的昭和味道，很多人都會買來當手信。招牌藥「越中反魂丹」，對於各種腸胃不適都有效，早已成為日本人居家良藥。店內還可以體驗傳統的製藥方法，相當有趣。

INFO

富山縣富山市堤町通り 1-3-5 | 076-425-1871 | 9:00am-6:00pm | www.hangontan.co.jp

鱒魚壽司老店 06

Map6-5B E4

川上鱒寿し店

富山市電往大學前方向，於縣廳前或丸の內下車步行 2 分鐘

川上鱒寿し店已有九十多年歷史，而鱒魚壽司是富山的名物，將神通川捕獲的鱒魚用鹽醃漬，是春日祭典必有的供奉品。它的製作方法，是在圓盒狀的器皿中，由底向上鋪以竹葉，再把鱒魚片放在葉子上，然後壓上壽司飯把竹葉包起來。吃的時候，利用附上的小刀子切開即可享用。

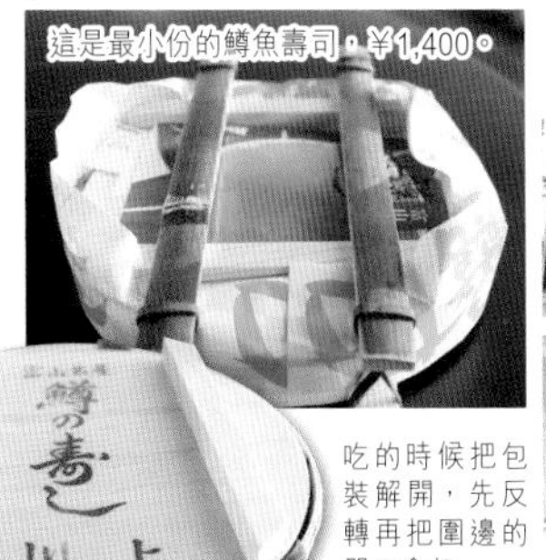

這是最小份的鱒魚壽司，¥1,400。

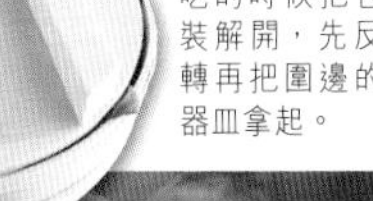

吃的時候把包裝解開，先反轉再把圍邊的器皿拿起。

用刀子切開分成小份便可以食用。

現在已由第三代目經營，每份鱒魚壽司都由老闆親手製作。

INFO

富山縣富山市丸の內 1-2-6 | 076-432-51291 | 6:30am-6:30pm，星期二休息 | https://masuzushiten.com/

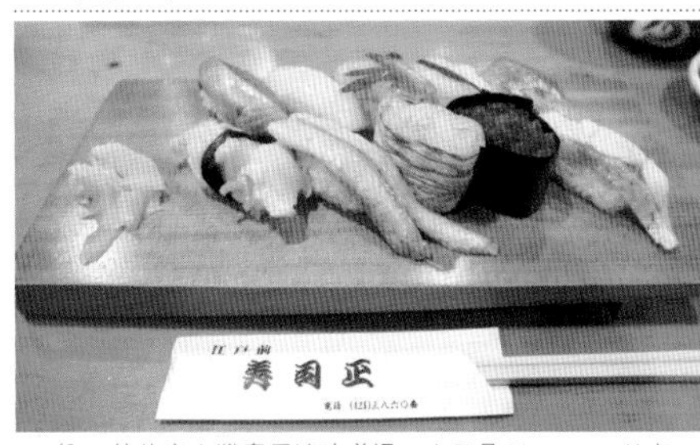

一份10件的富山灣壽司連味噌湯，也只是￥3,850，比起築地的有過之而無不及。

老闆父子兵上陣，單是坐在吧枱上看他們合拍地準備壽司，也是一種享受。

富山灣鮨 07

Map6-5B/ F5

江戶前 壽司正

富山市電於グランドプラザ下車步行 2 分鐘

壽司正開業超過三十年，老闆每朝都親自從富山灣挑選新鮮海產，因此四季都可吃到不同的壽司，例如秋冬天會吃到冰見寒鰤魚，春夏兩季有白蝦和螢光烏賊等。餐廳更用上新潟越光米，米粒彈口且帶甜味。

這裡的味噌湯很有誠意，不浪費把剩下來的魚頭魚尾煮湯，湯汁非常鮮甜。

INFO

富山縣富山市一番町 4-29 | 076-421-3860 | 星期一至五 午市 11:30am-1:30pm，晚市 5:00pm-11:00pm；星期六日及假日 沒有午市，晚市 6:00pm-11:00pm；星期二休息 | www.sushimasa.asia

【吃壽司的正確方法】

一般在這種傳統壽司店，Wasabi會直接加到壽司中，所以如果不吃Wasabi便要在下單時說明。此外，若店家有提供Wasabi的話，請不要把它混和在醬油中，正確方法是把小撮的Wasabi塗在刺身上，再沾醬油。

沾醬油並不是把飯的一面放到醬油上，而是先把壽司轉側，再利用筷子把刺身一面向底。

沾醬的是刺身不是飯，而且沾一點提味即可。

品嘗當地海鮮 08 Map6-4/ D1

とやま鮨 空港店 たねや

JR 富山駅前 6 號乘車處，乘往富山空港巴士，車程約 25 分鐘

とやま鮨是以富山灣捕獲的水產為材料的壽司店。醋飯也是壽司師傅原創配方，使用100% 日本產玄米的黑醋製作。塗在壽司上的醬油亦使用富山的畑醬油所煮成。無論任何食物材料，甚至裝修、食器都是來自富山縣，對於本地產品非常執著。想品嘗正宗富山海產味道，務必來這裡一試。

INFO

富山縣富山市秋ケ島 30 富山空港 1F| 076-428-0070 | 午市 11:00am-3:00pm、晚市 5:00pm-9:00pm | https://www.toyama-airport.co.jp/restaurant/50

Map6-5B/ G5

超鹹富山拉麵
大喜西町本店 09

富山市電グランドプラザ下車步行 1 分鐘

富山拉麵用上黑醬油，麵條比較硬，特別之處是味道十分鹹，不是每個人都能接受得到。當年富山拉麵是給勞動比較多的工人享用，因為他們大量排汗，流失的鹽分也較多，需要額外補充鹽分。大喜有接近八十年的歷史，據聞是富山拉麵的元祖，一般當地人都會配飯來吃。另外店家無限量提供冰水，可以一啖麵一啖水的來吃。

這裡是本店，所以還是用上昭和年代到現在的裝潢，在富山站前也有分店，裝潢就比較新簇。

店家只賣拉麵和白飯，這碗是小份拉麵，用上一個麵餅，￥850。

老闆仍保存不少關於大喜的歷史資料。

INFO

富山縣富山市太田口通り 1-1-7 | 076-423-3001 | 11:00am-8:00pm | www.nisicho-taiki.com

Map6-5A/ G2 10

五連冠
Ramen Iroha

JR 富山駅 / 電鐵富山駅步行 3 分鐘

在東京，大多有名的拉麵店都是以博多系的豬骨湯為主，而富山麵家是少有能在東京拉麵show可以連奪五年冠軍，以賣富山獨有的黑醬油拉麵為主，將博多系以外的拉麵口味帶入東京內，更方便在外地開設分店。

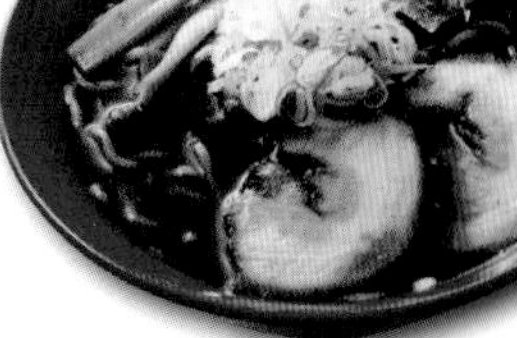

富山縣富山市新富町 1-2-3 CiC ビル B1F | 076-444-7211 | 11:00am-10:00pm | http://www.menya-iroha.com/

大買特買⑪

三井北陸小矢部Outlet

JR 富山駅、高岡駅及金澤駅（星期六及假日有 8 班車前往 Outlet、6 班從 Outlet 回金澤，平日只有兩班來往）乘巴士直達，車程 50 分鐘 / 乘あいの風とやま鐵道前往石動駅下車，再轉乘巴士前往，班次比較頻密

Map6-4/ A1

2015年7月開幕的三井北陸小矢部Outlet，讓大家在富山縣除了觀光和吃海鮮之外，還可以在此大買特買。無論從富山駅還是從金澤前來，都十分方便。Outlet有二百四十多間店舖，餐飲方面也有不少選擇，規模相當大，足足可以在這裡消磨半天以上。

從高岡、富山和新高岡駅都可乘巴士前來，還有金澤也可以。

INFO

富山縣小矢部市西中野 972-1 | 81-766-78-3100 | 10:00am-8:00pm | https://mitsui-shopping-park.com/mop/oyabe/tw/

【精選人氣商店】

以下商店售賣的都是人氣品牌，價格比香港還要便宜，值得進去看看！部分更有退税服務，消費滿 ¥5,000便可退税，買得更安心。

位置：1F/1204

位置：1F/1211

位置：1F/1110

位置：1F/1402

位置：1F/1411

位置：1F/1109

位置：1F/1414

日本列島最後秘境 Map6-4/ B3

大牧溫泉  

JR 高岡駅下車，於北口（古城公園口）的 2 號巴士站上車，前往小牧堰堤（小牧ダム），車程約 75 分鐘，下車後直接乘庄川遊覽船前來，來回船費為 ¥2,800

大牧溫泉位於庄川流域的斷崖，據說在800年前，平氏的落敗武者逃避源氏追擊時發現這溫泉，並治癒了刀傷。在1930年因為小牧水庫的建造，全村都被水淹沒，只保存了一家旅館，就算是平日也一樣不易訂房。目前只有庄川遊覽船才可以前來，更令人為之著迷。當然，你也可以只到秘境一遊，來個「日歸溫泉之旅」(不入住只泡溫泉)。

房間全部都可以看到這麼漂亮的景色。

只有乘搭庄川遊船才能抵達這裡。

INFO

富山縣南砺市利賀村大牧 44 | 0763-82-0363 | 雙人房 ¥30,000 起（一泊兩食）| www.oomaki.jp/index.html 庄川遊覽船：https://shogawa-yuran.co.jp/wp/

溫室內種滿了鬱金香，所以一年四季都能看到。

Map6-4/ B1 

鬱金香園 四季彩館 ⑬

JR 城端線礪波駅步行 15 分鐘

鬱金香公園的東西鄰接著四季彩館，鑲著大玻璃的天井式高層建築物裡，一年四季都可以看到鬱金香。這裡有個鬱金香博物館，介紹鬱金香的歷史和文化。每年的4月下旬至5月上旬，就是一年一度的礪波鬱金香博覽會，屆時花朵全部盛開，要走遍所有展場，足足要花3小時。

博物館利用模型把鬱金香的種植過程呈現出來，栩栩如生。

INFO

富山縣礪波市中村 100-1 | 0763-33-7716 | ¥310 | 9:00am-6:00pm；休息日請參閱官網 | www.tulipfair.or.jp

世界遺產 ⑭ 五箇山合掌集落

Map6-4/ B3

高岡駅乘加越能巴士的世界遺產巴士前往相倉口或菅沼下車

要看合掌屋，大家一定會想起白川鄉。其實，入選世遺的合掌集落並不只有白川鄉，還有五箇山。五箇山在富山縣內，已經有數百年的歷史，這裡的降雪量相當高，冬天時也一樣有童話般的景色，是白川鄉以外的好選擇。

世界文化遺產巴士由高岡駅開出，沿途經過五箇山，最後以白川鄉作終點，如果想一次遊覽兩個合掌集落，這巴士是十分不錯的。

INFO

富山縣礪波市中村 100-1 | https://www.gokayama.jp/ | 世界文化遺產巴士：http://www.kaetsunou.co.jp/company/sekaiisan/

展示合掌文化 五箇山民俗館 ⑮

Map6-4/ A4

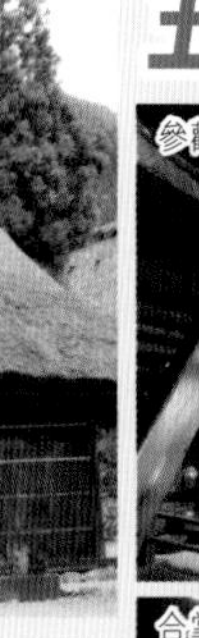

參觀人士可以爬上2樓。

合掌屋的2樓。

高岡駅乘加越能巴士的世界遺產巴士於菅沼下車

想了解合掌屋的文化，可以先到五箇山民俗館參觀。它由真正的合掌屋改造而成，保存了古老的內部，這裡展示了從前村民所使用的工具，包括餐具、衣履等，大家除了參觀，還可以親身爬上屋頂，看看合掌屋的構造。在參觀合掌集落後，對合掌屋及村民生活文化，有個初步的了解。

INFO

富山縣礪波菅沼 436 | 0763-67-3652 | 9:00am-4:00pm | ¥210 | https://gokayama-info.jp/archives/1664

國家重要財產 村上家 ⑯

Map6-4/ B4

高岡駅乘加越能巴士的世界遺產巴士於上梨下車

位於五箇山中心位置的村上家民宅，歷經400年的建築物內外都展示了由庭院到傳統演劇珍藏品的場所。這裡保留了昔日的建築，因此被指定為國家的重要文化財產。參觀人士有機會獲主人邀請圍著爐邊喝茶，聽主人説這裡的故事。如果提前預約的話，更可能欣賞到小切子和麥屋曲調傘舞！

INFO

富山縣南砺市上梨 742 | 0763-66-2711 | 8:30am-5:00pm，12月至3月 9:00am-4:00pm；星期二三及 12 月中旬至 2 月下旬休息 | ¥300 | www.murakamike.jp/index.html

合掌村

Map6-4/ B3

相倉合掌造集落 ⑰

高岡駅乘加越能巴士的世界遺產巴士於相倉口下車

相倉合掌造集落是保存得最完整，又最具規模的合掌集落，已經有數百年的歷史。現時的集落中，仍保存著24座傳統合掌造建築物，包括了民家、神社和道場等等。相倉合掌集落如今仍有幾十名居民居住在此，很多合掌屋都改裝成民宿、展覽館、土產店等。

INFO

8:30am-5:00pm (切勿過早或過晚參觀，避免騷擾當地居民) | www.g-ainokura.com

體驗合掌屋

Map6-4/ B3

庄七民宿 ⑱

高岡駅乘加越能巴士的世界遺產巴士於相倉口下車

庄七由具200年歷史的合掌屋改裝而成，主人盡他最大能力把合掌屋的原貌保留下來，令來到合掌屋住的人，都能夠體驗到當地人的生活。這裡可招待的人不多，一天最多只能接待10名客人，最特別就是晚上大家可以圍在火爐邊一起聊天和吃晚餐。

晚上大家就圍在這火爐旁晚餐了。

INFO

富山縣南礪市相倉 421 | 0763-66-2206 | 雙人房¥16,500 起（包早晚餐）| www.syo-7.jp

這裡全部都是和室，只有4間房。

【庄八土產店】

庄八就在庄七旁，是同一位老闆開設的。但這裡並非由合掌屋改造，而是由古老的白壁藏（即古時的倉庫）改建成。土產店主要販售五箇山的和紙，和各種由和紙製造出來的手工藝品，價錢不貴但造工十分精緻，是不錯的手信。

用和紙做的精緻小擺設。

和紙製品很豐富，價錢也不貴。

關於五箇山的圖畫書。

世界文化遺產 Map6-4/ A4

菅沼集落 ⑲

JR 城端駅、高岡或新高岡駅前乘往五箇山巴士，於菅沼下車

「白川鄉· 五箇山の合掌造り集落」（白川鄉· 五箇山的合掌造聚落）已列入為世界文化遺產，白川鄉名氣很大，但五箇山的合掌造集落也是世界遺產的一部分。而五箇山的菅沼，是三個聚落中比較小的一個，遊客不多。如果你不想碰到太多遊客，又想看看冬天的雪景，來這裡是一個不錯的選擇。

INFO

富山縣南砺市菅沼南砺市世界遺產菅沼合掌造り集落展望広場 | 0763-67-3008 | 24 小時 | www.city.nanto.toyama.jp/cms-sypher/www/section/detail.jsp?id=284

冬天時這裡同樣有點燈活動。

一日住一組 **Map**6-4/ **B3**

民宿勇助

JR 城端駅、高岡或新高岡駅前乘往五箇山巴士，於菅沼下車

勇助是五箇山相倉集落村口的第一屋，也是全個集落最大的一間，每晚只招待一組客人。這裡已有150年歷史，像圍爐上的鐵壺也用了150年。由於這裡列入了世界遺產，若建築物要拿到政府的大部分補助，就必須遵守不能改動的條例，所以這裡的一切仍是原汁原味。

全屋只有3間房，最多住七人，房內有暖氣，不過因為是木屋，所以晚上會比較冷。

如有興趣，可以請民宿主人安排觀賞筑子舞(Kokiriko)，那是日本其中一種很古老的舞蹈，費用 ¥5,000。

晚餐圍在爐邊一起吃，食物全是這裡用來招呼客人的菜式。

這裡以山菜為主，漬物都是自家醃製，魚則是岩魚和鯉魚刺身。

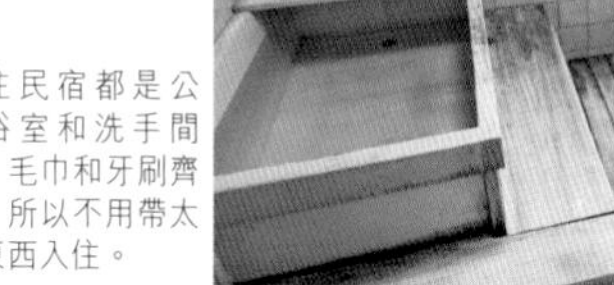

入住民宿都是公用浴室和洗手間的，毛巾和牙刷齊全，所以不用帶太多東西入住。

INFO

富山縣南砺市相倉 591 | 0763-66-2555 | ¥13,000/ 人（1-2 人入住）、¥12,000/ 人（3-7 人入住）；冬天另加 ¥500 暖爐費，包早晚兩餐 | 訂房：請電郵到五箇山觀光案內所代為訂房：info@gokayama-info.jp（如行程有變請務必馬上通知取消或更改）

網頁：http://yusuke-gokayama.com

立山黑部
Tateyama Kurobe

© JNTO

立山黑部交通攻略

阿爾卑斯、高山、松本地區周遊券

遊覽立山黑部，就算由富山駅出發，都要轉乘多種交通工具。這張「阿爾卑斯、高山、松本地區周遊券」是專為上立山黑部的朋友而設，只在立山黑部的雪牆開通時才可購買。如果逐程購買的話，以最熱門的路線富山往返黑部水庫計，來回車費都已經要 ¥15,640，尚未計由名古屋到富山的交通費，所以這張售價 ¥21,200的5天 Pass 深受立山黑部的遊客歡迎。

發售日期	4月中旬至11月中旬
價格	¥21,200
使用期	連續五天
購買方法	不能在日本購買，出發前可在指定旅行社或網站預先購買，然後憑兑換證於抵達日本時兑換
兑換地點	JR東海的綠色窗口（東京駅、品川駅、新橫濱駅、名古屋駅、京都駅及新大阪駅）
可使用範圍	JR：特別急行列車、普通急行列車或快速、普通列車的普通車廂自由席座位，包括名古屋站←→富山站之間（經由東海道、高山線）、信濃大町站←→名古屋站（經由大糸・篠之井・中央本線）※ 除了 Home Liner列車
	阿爾卑斯路線區間：電鐵富山←→信濃大町之間
	富山地方鐵路線包含「電鐵富山站←→立山站」之間的特急列車自由席座位
網頁	http://touristpass.jp/zh-tw/alpine

立山黑部

MAP6-20

Google Map 下載

富山市
電鐵富山駅
丹橋村
上市町
立山町
立山駅
山麓駅
山頂駅
美女平
山地鐵立山線
富山県
北

黑部登山纜車

立山 → 美女平

到達立山車站後，第一種要乘搭的交通工具就是黑部登山纜車。纜車的高低落差達500米，平均斜度超過24度，從立山車站至美女平所花的時間約7分鐘。

立山車站 富山 → 立山

從富山乘富山電鐵特急列車往立山，車程約75分鐘，單程票價￥1,200。如果將會入住立山上的酒店，或者不走回頭路而前往長野縣的話，可在立山車站辦理寄送行李服務。自駕的朋友，這裡也有提供汽車代駕服務，方便把汽車駛到長野的一端。

行李寄送服務：www.alpen-route.com/tw/transport_new/baggage.html
代駕服務：http://tateyama-traffic.jp

立山高原巴士

美女平 → 室堂

大家最期待的雪之大谷，就位於室堂，要從美女平轉乘立山高原巴士前往，約五十分鐘。這段路中途可於彌陀原下車遊覽健行。此外，當巴士駛近稱名瀑布時，會有廣播通知，車速會隨之減慢讓乘客欣賞。

立山隧道無軌電車

室堂 → 大觀峰

離開室堂，如果繼續前進，下一站便是大觀峰，這時便要靠在海拔2,450米上行走的無軌電車。它運用電力行走，不會排放廢氣，直接通過立山的隧道，全程約10分鐘。

【立山黑部要如何玩？】

玩立山黑部，如果不計大家在彌陀原或美女平下車健行的話，有四條基本路線，按季節而有所不同。雪之大谷開放的時候，一般水壩那邊都不會排水，時間不多可選擇由室堂走回頭路往富山，只需大半天便能完成行程。如果是夏秋天的時候，可以前往水壩看排水，這個時候的室堂已沒有雪牆，遊客可根據個人意願決定要不要留在室堂。

路線	所需時間
立山 －扇澤	6-8小時（單程）
立山 －黑部水庫	8-9小時（來回）
扇澤 －室堂	5-7小時（來回）
立山 －室堂	5-6小時（來回）

立山架空索道

大觀峰 → 黑部平

立山架空索道最特別之處，是中途並無支柱，遠看就好像是一個移動中的展望台。索道行走於大觀峰至黑部平的部分，全程約7分鐘，那是風景最好的路段，尤其是在秋天。

黑部登山纜車

黑部平 → 黑部湖纜車站→ 黑部湖→步行15分鐘→黑部水庫

全日本唯一從地下通過的纜車，這是為了保護自然景觀和防止雪崩。纜車從黑部平到黑部湖路段，全程只需5分鐘。

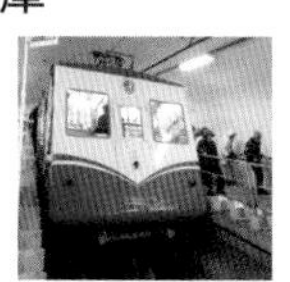

關電隧道無軌電車

黑部水庫 → 扇澤

如果一直遊玩到長野，便需要乘坐關電隧道無軌電車，從黑部水庫直達扇澤站。

立山黑部又稱為日本的阿爾卑斯山，是整個中部北陸的焦點，人氣分分鐘在白川鄉之上。每年4月天氣開始回暖之時就是旺季，立山黑部的雪之大谷會開通，吸引不少遊客前來。要上立山黑部一定要靠當局開發的六種交通工具，才能登上海拔2,450米的室堂。

白色高牆 01 Map6-20
雪之大谷

乘立山高原巴士至室堂駅，下車後步行 3 分鐘

每年的四月中，雪之大谷的雪牆就會開放給大家參觀，一直至五月尾，這也是立山黑部最旺的時候。因為春天回暖，雪開始變軟，工作人員利用衛星定位儀，駕駛剷雪車除雪，形成壯觀的雪壁，屆時遊客可選擇在這十多米高的雪壁中觀賞行走。

雪牆的最高點有14米高，當然每年高度都會不一樣。

在雪之大谷的位置，是海拔2,390米。

Map6-20 (02) 天空加油站 室堂車站

乘立山高原巴士至室堂駅即達

雪之大谷雖然只有500米長，不過要在海拔2,450米高山及嚴寒中步行，對小朋友或長者體能都是挑戰。所以設在雪之大谷的室堂車站，除了是轉車樞紐，也提供不同設施為旅客加油打氣。車站樓高三層，除了餐廳及土產店外，還設有郵局、觀景台甚至神社，簡直就是設在2,450米半空的加油站。

室堂 売店 1/F

「立山星の雫」是立山的人氣菓子，也是立山黑部最佳的伴手禮。

郵便局 1/F

買張名信片，再蓋上立山郵局獨有的風景章寄給自己或親友，物輕情義重。

雄山神社峰本社旧社殿 展示室 3/F

神社有135年歷史，1995年整座搬往車站3樓，歡迎善信參拜。

レストラン立山 2/F

白皚皚的雪山啖著熱騰騰的烏冬，絕對是天堂級享受。

富山県中新川郡立山町芦峅寺 | 076-463-3345 | https://h-tateyama.alpen-route.co.jp/terminal/

神之廚房 みくりが池 (03) Map6-20

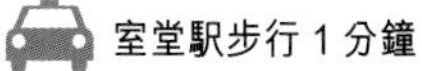

室堂駅步行 1 分鐘

「みくり」中文意思是御廚，相傳祀奉給立山權現的料理是取用這裡的池水，所以稱之為みくりが池。這裡是室堂區最大最深的湖泊，夏季時可以看漫山遍野的北萓草、稚兒草等高山植物盛開美景。另外立山的代表性動物岩雷鳥，以及日本髭羚等動物有時也會出現湖泊周圍，看湖景時也可以找找看有沒有小動物出現哦！

INFO

富山縣中新川郡立山町芦峅寺ブナ坂外 11 國有林 | 076-462-1001（立山町觀光協會）

Map6-20 04

立山信仰 地獄谷

室堂駅步行 1 分鐘

地獄谷與みくりが池相鄰，是由立山火山爆發所形成眾多排氣孔和溫泉的源頭，是日本地理位置最高的溫泉。在立山信仰者的眼中，因為排氣孔一直噴出煙霧，又有怪聲和硫礦異味，很像地獄景像，所以認為地獄谷是全國亡者靈魂的聚集地。而日本有一掛畫作品—《立山曼荼羅》，便是以立山地獄為主容，描繪立山信仰內容的宗教繪畫，以此弘揚立山信仰。

地獄谷的硫黄の塔。

INFO

富山縣中新川郡立山町芦峅寺ブナ坂外11國有林内室堂平 | 076-462-1001（立山町觀光協會）

日本第一高 黑部水庫 05 Map6-20

乘黑部登山纜車至黑部湖駅，下車後步行 15 分鐘

黑部水庫是日本最高的水庫，建於海拔1,500米之上，每到6-10月，雨水比較多，水庫會排洪，場面非常雄偉壯觀。其排水量為每秒10立方米，蓄水量達2億立方米，每年可產生10億kWh的發電量。如果想看到更漂亮的景色，可以登上220級樓梯上的水壩展望台，從高處觀賞。

在可免費參觀水庫的旁有個展覽館，展出建造水庫的過程、模型及影片。而2樓有間餐廳，可一邊用餐一邊欣賞立山連峰及水庫的景色。餐廳的招牌料理是黑部水庫咖哩豬排飯，以咖哩代表湖水；白飯代表水壩；而豬排就代表瀑布，極具創意之餘，而且非常美味！

作人員紀念碑。

遊客也可乘坐觀光船欣賞水庫景色。

INFO

富山縣中新川郡立山町芦峅寺ブナ国有林 | 0261-22-0804 | 排洪日子 26/6-15/10，排洪時間各有不同，請查閱網頁 | https://www.kurobe-dam.com/

黑部峽谷

Kurobe kyokoku

交通策略

電鐵富山駅 → 宇奈月溫泉駅：富山地方鐵道 • 本線 • 110分鐘

立山駅 → 寺田駅（轉車）：富山地方鐵道 • 立山線 • 45分鐘

寺田駅（轉車）→ 宇奈月溫泉駅：本線 • 90分鐘

JR 富山駅 → JR 黑部宇奈月溫泉駅：JR 北陸新幹線 · 13分鐘*

JR 金沢駅 → JR 黑部宇奈月溫泉駅：JR 北陸新幹線 · 35分鐘*

JR 東京駅 → JR 黑部宇奈月溫泉駅：JR 北陸新幹線 · 150分鐘 #

* 適合持有JR 高山北陸 Pass使用
# 適合持有JR Rail Pass使用

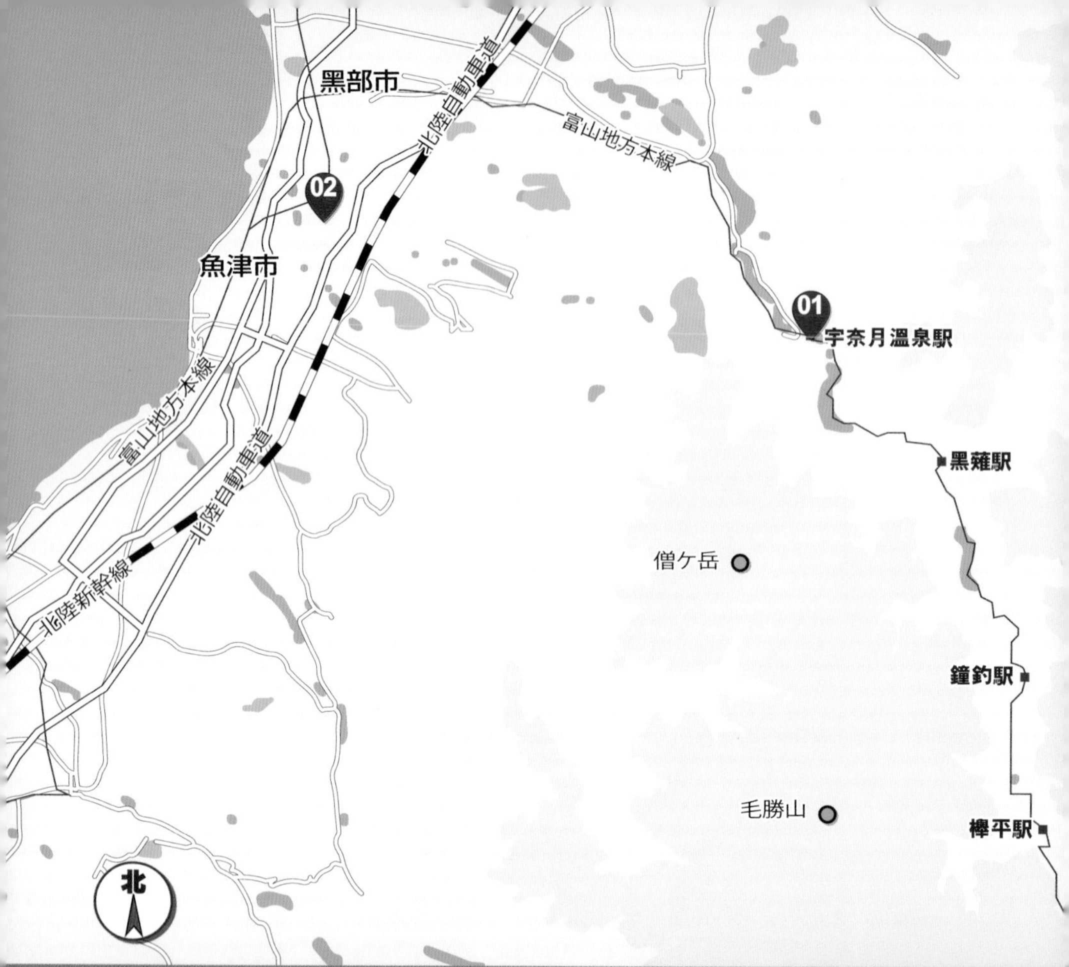

黑部市
富山地方本線
北陸自動車道
02
魚津市
01
宇奈月溫泉駅
富山地方本線
北陸自動車道
北陸新幹線
黒薙駅
僧ケ岳
鐘釣駅
毛勝山
欅平駅
北

黑部峽谷

MAP6-26

Map6-26 ⓪①

北陸唯一觀光小火車
黑部峽谷鐵道

乘富山地鐵至宇奈月溫泉駅，再步行5分鐘至宇奈月駅轉乘黑部峽谷鐵道

要穿越日本最深的黑部峽谷，只能靠黑部峽谷鐵路。鐵路建於1923年，當時為興建水力發電廠作運輸之用，後因遊客太多，有關部門便索性向政府申請成為觀光鐵路，並在1953年開放。鐵路總長20公里，車程需80分鐘，途經41條隧道和21座橋樑，沿途風光相當漂亮，稱得上是秘境。

購買車票方面，如果你是買的單程火車票，中途並不可以下車，想中途下車便要逐程購買，所以大家可以只選擇一至兩個站下車。此外，這裡的氣溫在夏天也偏清涼，務必要帶備外套，如果秋天及初春到此最好準備羽絨。

富山地鐵本線

這是普通車廂，不用另外加錢，但因為無窗，特別經過隧道時會比較涼快，建議坐一程即可。

如果打算中途下車，便要逐程購買。

這是リラックス客車，有窗戶，建議回程乘坐，這卡車廂每程要另加￥530。

途中會見到「仏石」，要很細心才可發現。

就算不下車，沿途風景都很值得欣賞。

運行日期：4月20-28日
途經站：宇奈月 - 黑薙 - 笹平　**車費**：往返 ￥1,320
班次：宇奈月站初發 8:17am，笹平終發 3:46pm

運行日期：4月29日至5月5日
途經站：宇奈月 - 黑薙 - 鐘釣　**車費**：￥2,820
班次：宇奈月站初發 8:17am，鐘釣終發 4:42pm

運行日期：5月6日至11月23日
途經站：宇奈月 - 黑薙 - 鐘釣 - 欅平　**車費**：￥3,960
班次：宇奈月站初發 8:17am，欅平終發 4:43pm

運行日期：11月24日至11月30日
途經站：宇奈月 - 黑薙 - 鐘釣 - 欅平　**車費**：￥3,960
班次：宇奈月站初發 8:17am，欅平終發 4:01pm

※ 所有往返車票自乘車日起兩天間有效
※ 往返車票不能中途下車，如欲中途車站下車，請購買該站的單程車票

リラックス客車附加費： ￥530(每次乘搭計算)
網頁： www.kurotetu.co.jp

沿線車站一覽

宇奈月溫泉駅　黑薙駅　鐘釣駅　欅平駅

宇奈月溫泉駅是小火車的起點，很多人會在參觀完黑部峽谷後留在宇奈月溫泉住上一晚。車站外有一條小小的溫泉街，為吸引更多人流，有關方面推出「宇奈月 • くろべ食べ歩きクーポン」，只要付￥600購買這份Coupon，便可任選三間名單上的店舖，到店憑Coupon獲小吃或手信一份。

やまとや經常都在名單內。

Coupon只需￥600，可到宇奈月溫泉觀光案內所購買。

やまとや提供的是豆乳。

名單內的店家會經常更換，但他們所提供的小吃及土產都令人驚喜。

やまとや最人氣的是雞蛋布丁，很多人專程來買回去做手信。

從車站步行5分鐘到停車場位置，那裡有個展望台，可看到小火車跨越紅色新山彥橋的美景。

INFO

宇奈月溫泉觀光案內所

富山地方鐵道宇奈月溫泉駅 1F | 0765-62-1515 | 9:00am-5:00pm | www.kurobe-unazuki.jp（黑部 • 宇奈月溫泉觀光局）www.unazuki-onsen.com（黑部峽谷宇奈月溫泉）

宇奈月溫泉駅　黑薙駅　鐘釣駅　欅平駅

這裡有條後曳橋，火車經過的時候，如果坐普通車廂，可以拍到火車進入隧道的情景。

黑薙站的下個站是笹平站，但只在4月份才停靠。

黑薙駅是黑部峽谷鐵道的第二個站，這個站並不大，不是每班列車都會停靠。從車站旁的樓梯往上走，可看到黑薙溫泉，它是個露天混浴溫泉，入浴料金是￥900，這裡也有旅館，喜歡的話不妨在此住上一晚。

INFO

黑薙溫泉旅館

富山縣黑部市宇奈月町黑薙 | 0765-62-1802 | www.kuronagi.jp

鐘釣駅是第三個有觀光景點的停靠站，最特別的是河原露天風呂，因為這個風呂就在河川旁邊，而且是免費享用。從鐘釣站走到露天風呂大概要廿分鐘，還要登上一百多級樓梯，不過路是很好走的。

在比較隱蔽的地方，可以讓人脱衣下去泡溫泉。

秋天的時候這裡的景色相當不錯，一邊泡足湯一邊欣賞美景。

祖母谷溫泉

展望台附近的足湯。

猿飛峽

欅平駅是黑部峽谷鐵道的終點站，這個站也比較多遊客會下車去玩。在車站除了有土產店之外，還有足湯和資料中心。此外，這裡也有多個景點，如猿飛峽、祖母谷溫泉、名劍溫泉、奧鐘橋和人喰岩等。

奧鐘橋

人喰岩

欅平駅的限定點心，餡料是黑芝麻。

富山市
立山黑部
黑部峽谷
高岡市
冰見市

以立山連峰做設計概念的露天溫泉。

超大型名湯 02

Map6-26

金太郎溫泉

於訂房時預約免費迎送車，從宇奈月溫泉駅上車 / 從宇奈月溫泉駅開車 10 分鐘 /JR 魚津駅乘巴士於「金太郎溫泉前」下車，步行 2 分鐘

金太郎溫泉位於魚津市，介乎立山黑部與黑部峽谷之間，適合在兩地遊覽的人到此留宿。這裡的溫泉除了是名湯之外，更少有地佔了800坪的空間，有室外溫泉、室內溫泉及各種不同功能的按摩池，泉水亦是日本罕有混合了食鹽泉和硫磺泉的硫化氫，日本人稱為「美肌之湯」。

雙人客房。

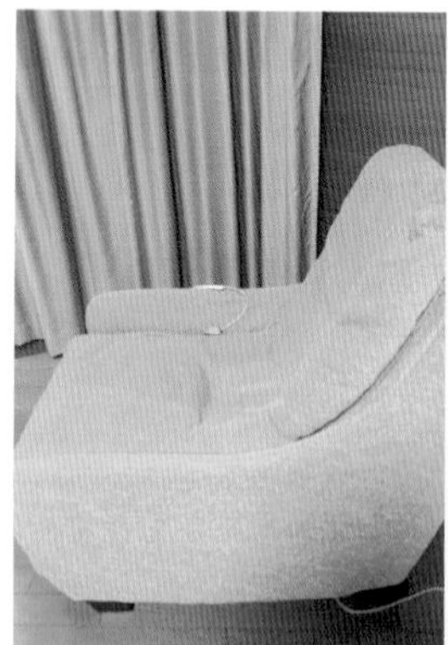
部分客房中更附有按摩椅。

進房後有茶點招待。

溫泉旅館不時會舉行活動，和客人同樂。

標準客房內也有私人風呂。

INFO

富山縣魚津市天神野新 6000 | 0765-24-1220 | ¥25,920 起（雙人房 / 包早晚餐） | www.kintarouonsen.co.jp

高岡市
Takaoka
交通策略
JR金澤駅
北陸新幹線 • 14分
JR新高岡駅
城端線 · 3分
JR高岡駅
JR富山駅
あいの風とやま（愛之風富山）鐵道 • 18分

高岡市交通

在高岡市內，除了乘市電，還可以在乘搭市內巴士。旅客有兩款1日車票可供選擇。

高岡市電

高岡まちなか乗り放題1日フリーきっぷ(高岡市內任坐1日車票)

適合遊覽高岡市內觀光點，如瑞龍寺、高岡大佛、金屋町、藤子 •F• 不二雄故鄉Gallery等。

範圍：加越能巴士：「新高岡駅」至「金屋町」、市電萬葉線：「高岡駅」至「志貴野中學校前」
價格：大人 ¥500 小童 ¥250

高岡ワイド1日フリーきっぷ(高岡廣域1日車票)

從高岡市內到海岸的伏木地區的特惠車票，方便高岡的廣域觀光。

範圍：加越能巴士：「新高岡駅」至「雨晴」、市電萬葉線：「高岡駅」至「吉久」
價格：大人 ¥800 小童 ¥400

MAP6-32
高岡市

A B C D
1 2 3
三方峰
二上山
伏木駅
JR氷見線
庄川口駅
城光寺公園
能町口駅
能町駅
旭ケ丘駅
江尻駅
03
01
片原町駅
JR氷見線
高岡駅
あいの風とやま鉄道線
02
高岡市
04
北陸新幹線

叮噹嚟喇！

多啦A夢市電

車站內的商店，都會售賣多啦A夢市電的紀念品，只有在高岡市內才能買到。

高岡站有多啦A夢的郵箱，在這裡投寄明信片或信件，會有多啦A夢的郵戳。

多啦A夢的身高是129.3cm。

高岡市是多啦A夢作者藤子·F·不二雄的故鄉，在2012年，即「多啦A夢誕生前100年」，万葉線推出了這列期間限定的路面電車，整輛列車以藍色為主，車門則用上粉紅色的隨意門。列車行走於高岡市與射水市之間，連接高岡市區和新湊的路線，如果沿途沒有行程，可以只坐兩三個站遊覽。列車只得一輛，所以如果你是多啦A夢的粉絲，一定要坐一次。

班次：由高岡駅出發，第一班列車為7:39am，最後一班為6:15pm。每1小時45分一班車，星期三休息

車費：由￥200-￥400不等，高岡駅至広小路￥200

網頁：www.manyosen.co.jp

Google Map 下載

Map6-32/ C2 01

大佛界美男子 高岡大佛

JR 高岡駅步行 10 分鐘

高岡大佛有日本三大佛之稱，日本人總愛說高岡大佛最俊俏，更有人說這是日本美男子的原型。大佛原先為木造的，火災後只剩下頭部，現存於大佛台座下的拜殿中。如今大家看到的是1907年花了26年時間鑄造的銅製佛像，乃集合了高岡幾位技藝高超的鑄銅工匠合作而成。

原本的木造大佛頭。

這些鐘每個都有不同的音調，也代表了十二生肖。

INFO

富山縣高岡市大手町 11-29 | 0766-23-9156 | 6:00am-5:00pm（大佛台座下迴廊 | 免費 | http://www.takaokadaibutsu.xyz/

Map6-32/ C3

富山國寶 瑞龍寺 02

JR 高岡駅步行 13 分鐘

瑞龍寺在1997年獲指定為日本國寶，前身是金澤的法円寺，在慶長18年(1613年)遷移到現址，名字在前田利長(加賀藩的初代藩主)死去後以他的法名命名「瑞龍院」。寺內的山門曾經多次遭燒毀，現存的是文政3年(1820年)完成的二重門建築。寺內更有高岡市最古老的佛像，正殿的前門、佛殿、法堂和明王堂、長廊等等，是江戶時代的禪宗寺院建築中得到很高的評價。

這裡安放了織田信長及其家族的部分骸骨。

INFO

富山縣高岡市關本町 35 | 0766-22-0179 | 9:00am-4:30pm，12 月至 1 月 4:00pm 關門 | ￥500 | https://www.zuiryuji.jp/

鑄造工藝的發祥地

金屋町 (03) Map6-32/ B2

 JR 高岡駅步行 20 分鐘

高岡的銅器、錫器獲指定為日本傳統工藝品之一，產量佔全日本的95%。1609年，在加賀藩主前田利長繁榮的政策下，把金屋町變得發達起來。金屋町兩排格子門式的房子並排而立，一些古老的鑄造店家仍然營業至今。為了推廣和保護鑄造的工藝技術，他們會開放這些古老建築，又或者將部份地方變成Café，有些更會舉行體驗工坊。

江戶時代高岡的鑄造工藝十分發達。

INFO

富山縣高岡市金屋本町 | 0766-20-1301（高岡市觀光交流課）

大寺幸八郎商店

富山縣高岡市金屋本町 6-9 | 0766-25-1911 | 10:00am-5:00pm；星期二休息 | 錫器製作體驗 ¥2,200 | www.ootera.com

土產集中地  Map6-32/ A3

道の駅万葉の里高岡 (04)

從高岡駅開車或乘的士 12 分鐘。從高岡駅乘あいの風とやま鐵道，於西高岡駅下車步行 20 分鐘

万葉の里高岡佔地很廣，幾乎匯集富山縣所有土產，還會邀請附近的農夫進駐，所以在這裡不僅可買到新鮮的水果，解決了手信的煩惱，還有餐廳，當中更有人氣得獎可樂餅。

【道の駅】

日本人稱在公路上的休息站為「道の駅」，很多道の駅都有土產中心，可以在那裡買到該地區的土特產，包括當地出產的新鮮水果、蔬菜、奶製品等。

商店有齊各式各樣的土產。

INFO

富山縣高岡市蜂ケ島 131-1 | 0766-82-5181 | 9:00am-9:00pm | www.manyonosato.com

射水魚市場 (05)  

Map6-32/ F1

新湊きっときっと市場

市電万葉線新湊駅步行 10 分鐘

市場每天提供新湊漁港中所捕獲的海鮮，除了魚貝類等，最特別的是有「富山灣寶石」之稱的白蝦，乃富山縣獨有。這裡每天天未亮是魚販的早市，而下午1時會有第二場拍賣，歡迎遊客預約參觀。切記過程中遊客是不能觸摸魚類，也不能拍攝。市場空間寬敞，有多間餐廳提供新鮮的海鮮料理，不妨在這裡享用一頓美味午餐。

這裡地方寬敞有很多休息的空間。

INFO

富山縣射水市海王町 1 | 0766-84-1233 | 9:00am-5:00pm（營業時間各店有異）| http://kittokito-ichiba.co.jp/

富山水鄉 內川 06 Map6-32/ F1

市電万葉線至射水市新湊庁舎前或東新湊下車步行前往 / 新湊遊覧船在川の駅下船（詳情參閱「新湊遊覧船」部分）

新湊內川有日本威尼斯之稱，江戶時代因作為中轉站而繁盛，附近有新湊漁港。河川兩旁仍保留古時的蔵(即倉庫)，有些改建為cafe。這裡最為人熟悉的就是在河川有11座不同設計的橋，這些橋歷史悠久，由不同的設計師設計。

神樂橋由工藝家大伴二三弥設計，用上玻璃彩繪，陽光直射時最漂亮。

INFO

富山縣射水市立町 16-16 || https://www.imizu-kanko.jp/special/uchikawa/index.html

欣賞富山灣美景 07 Map6-32/ F1
新湊遊覧船

市電万葉線新湊駅步行12 分鐘

由海王丸公園作起點，可以乘坐新湊遊船，欣賞富山灣美景。遊船首先會經過富山新港的新湊大橋，再去內川，內川有11座不同設計的橋樑，乘客可安坐船上從運河欣賞岸上風光，船程是50分鐘。時間不多者也可以只遊富山新港，只需30分鐘，方便配合新湊きっときっと市場一起玩。

INFO

富山縣射水市海王町 2 | 0766-82-1830 | 9:00am-4:00pm，12 月至 2 月 10:00am-3:00pm，星期三休息 | www.shinminatokan-kousen.jp | ＄ ¥1,800（內川 Course/50 分鐘）、¥1,200（新港遊覧 Course/30 分鐘）

海上貴婦 Map6-32/ F1
海王丸 08

市電万葉線海王丸駅步行 5 分鐘

海王丸曾是商船學校的實習船，在昭和5年（1930年）開始航行，已行走了106萬海里，相等於環繞地球50周之多，退役後放置在海王丸公園內展示。船尾有一個鐘，從前是用來告知船員時間的，因為海王丸在2月14日情人節誕生，象徵了幸福，所以有關方面就把這座鐘變成幸福之鐘。

這裡也順利成章成為了戀人聖地。

INFO

富山縣射水市海王町 8 | 0766-82-5181 | 9:30am-5:00pm，18/7-31/8 延長至 6pm 關門，1/11-6/11、28/11-14/2 則提早至 4pm 關門（營業時間每年略有不同，出發前宜先到官網查閱），星期三休息 | www.kaiwomaru.jp | ＄ ¥400

冰見
Himi

交通策略

JR高岡駅 ‧‧‧ JR 冰見線 • 28分 ‧‧‧ JR冰見駅

JR富山駅 ‧‧‧ JR 冰見線 • 28分 ‧‧‧ JR高岡駅 ‧‧‧ あいの風とやま（愛之風富山）鐵道 • 18分 ‧‧‧ JR冰見駅

MAP 6-38A
冰見市
A
B
C
D
1
2
3
4
北
阿尾森林公園
08
02
03
04
06
05
07
氷見駅
冰見市
Google Map
下載
十二町潟
水鄉公園
09
Map6-38A
氷見市
01
雨晴海岸
MAP 6-38B
射水市
JR氷見線
万葉線

海上連峰

雨晴海岸

Map6-38B

從高岡駅或冰見駅乘 JR 冰見線於雨晴駅下車，步行 10 分鐘

雨晴海岸獲選為「日本渚百選之一」，除了有天然的礁岩和松樹之外，天氣好的時候還可以看到立山連峰，據説一年只有50-70天左右才看到。這裡還有一塊叫「義經岩」的岩石，據説當年源義經要去奧州時經過這裡，曾經躲在岩石縫中避雨，等待天晴時才繼續行程，所以這裡便稱為「雨晴」了。

JR冰見線便會路經這段海岸路線。

因為源義經，令很多人認識了這裡。

天氣好還可以看到立山連峰。

INFO

https://www.oota-amaharashi.jp/

免費足湯 02

Map6-38A/ D2

冰見溫泉鄉總湯

JR 冰見駅步行 20 分鐘 / 冰見駅乘加越能巴士於ひみ番屋街下車

要到總湯當然要付入浴料，但在總湯旁邊就有一個免費的足湯，景色相當不錯，可以一邊泡足一邊欣賞到冰見港的美景，特別是黃昏時分，很多居民都會前來足湯享受一番。

這裡已成為居民休憩的好地方。

面向海岸的景色十分美麗，心情舒暢一邊泡湯一邊欣賞。

INFO

富山縣冰見市北大町 26-7 | 0766-74-2611 | 足湯 8:30am-5:30pm 總湯 10:00am-10:00pm，星期六、日及假期7:00am 開始 | 足湯免費，總湯 ¥700 | http://himi-banya.jp

舊魚市場

Map6-38A/ C2

冰見番屋街 03

JR 冰見駅步行 20 分鐘 / 冰見駅乘加越能巴士於ひみ番屋街下車

冰見番屋街前身就是以寒鰤魚聞名的冰見市舊魚市場，現在有魚類貨品售賣、觀光案內所、溫泉等摩登的複合設施，足夠大家消磨兩三小時。這裡的海鮮都是新鮮從冰見漁港撈獲的，不過沒有餐廳提供烹煮服務，所以大多是本地人購買。遊客可買一些海鮮乾貨或土產回去做手信，也可以直接光顧這裡的餐廳。

現代感很重的裝潢，逛起來很舒適。

這裡也有不少土產供大家購買。

INFO

富山縣冰見市北大町 25-5 | 0766-72-3400 | 8:30-6:00pm，餐廳 11:00am-6:00pm，迴轉壽司 10:00am-8:00pm | http://himi-banya.jp

潮風畫廊 04 Map6-38A/ D3

【忍者小靈精系列】

冰見市潮風ギャラリー

JR 冰見駅下車步行 16 分鐘 / 冰見駅前乘巴士於冰見中央下車

潮風畫廊可以說是藤子不二雄Ⓐ的展覽館，前身是北國銀行的舊址，後來經改裝成為漫畫家藤子不二雄Ⓐ的展館。這裡當然不少得他的手稿，介紹他的故事及作品。這裡的2樓收藏了他850冊作品，如果你是漫畫迷一定會喜歡這裡。

這裡重現了他工作的地方。

INFO

富山縣冰見市中央町 3-4 | 0766-72-4800 | 10:00am-5:00pm | ¥200 | http://himi-manga.jp/

【忍者小靈精系列】

忍者喜歡你 **Map6-38A/ D3**

忍者小靈精時計台 05

JR 冰見駅步行 15 分鐘

忍者小靈精是80年代十分受歡迎的卡通人物，日本名稱是「忍者ハツトリくん」，作者藤子不二雄Ⓐ的出生地就是冰見，所以在冰見市內，不難發現忍者小靈精的蹤跡。在冰見市街上，有一座忍者小靈精的時計台，每小時會報時一次，每次所有忍者小靈精的角色都會出來表演。

INFO

富山縣冰見市潮風湖虹の橋 | 9:00am-7:00pm，夏季至 9:00pm，冬季暫停（星期六、日及公眾假期每 30 分鐘報時一次）

寺中尋小靈精

光禪寺 06 Map6-38A/ C3

JR 冰見駅下車步行 20 分鐘，冰見市役所旁

從外面看上去好像沒甚麼特別，不就是一間寺廟而已。其實裡面藏著忍者小靈精！原來有650年歷史的光禪寺是藤子不二雄Ⓐ小時候的居住地，因此寺內放著許多跟藤子不二雄Ⓐ有關的東西。在庭園中佇立了幾尊卡通石像，也證明了藤子不二雄Ⓐ在冰見市民心目中的地位。

INFO

富山縣冰見市丸之內 1-35 | 0766-72-1842 | 10:00am-4:30pm（星期六、日及公眾假期 9:30am 開門）

Map6-38A/D3

越過高山又越過谷

忍者小靈精列車 07

JR 高岡駅至城端駅或冰見駅之間

近年多啦A夢市電成為了高岡的話題，其實忍者小靈精列車一早已有，大家來到冰見市可以去一個忍者小靈精之旅。這輛列車行走於JR高岡駅至城端駅或冰見駅之間，也是冰見市民日常重要的交通工具之一。

列車有兩款車身設計。

車廂內也有忍者小靈精的繪畫。

INFO

https://johana-himisen.com/hattori/

如果沒有時間坐一次，不妨在車站買一張月台入場券，上列車參觀一下。

【藤子不二雄Ⓐ和藤子‧F‧不二雄……】

其實這是兩位漫畫家的名字，他們曾經合作創作出Q太郎，藤子不二雄Ⓐ的真名叫安孫子素雄（1934年 － 2022年），而藤子‧F‧不二雄則叫藤本弘。忍者小靈精是他的個人作品，多啦A夢（叮噹）就是藤子‧F‧不二雄的個人作品，兩人在1987年正式拆夥。

絕美景色
冰見海岸

Map6-38A/ D1

JR 高岡駅往冰見駅之間的海岸一帶，即見冰見海岸

從冰見海岸至緊鄰的雨晴海岸一帶，是活躍於8世紀的歌人——大伴家持在《萬葉集》中所詠唱的絕色美景，正是代表富山的絕美景點之一。在冬天到夏天之間，天朗氣清的日子，可以眺望到積滿白雪的立山連峰，據説「冰見」的名字也是由此而來。

INFO

富山縣冰見市藪田港

日本鬼蓮 09 Map6-38A/ C4
十二町潟水鄉公園

JR 冰見駅下車步行 25 分鐘

在冰見市內，有一個地方叫十二町潟，這裡的範圍是長2公里、寬200米，種植了被指定為天然紀念物的「鬼蓮」(一種水蓮)，這個地方也叫做水鄉公園，為市民提供了一個休閒的場所。

INFO

富山縣冰見市十二町 177-1

1) 簽證

香港特區護照及BNO持有人

由2004年4月1日開始，凡持有香港特區護照或英國（海外）公民護照(BNO)前往日本，均可享有免簽證入境、逗留當地90天的待遇。另於2005年3月25日起，凡持澳門特區護照者亦可享有免簽證入境、逗留當地90天的待遇。

其他旅遊證件持有人

若未持有香港/澳門特區護照或BNO之人士，欲前往日本旅遊、探親或公幹，需到日本簽證申請中心辦理簽證手續。辦理簽證申請約需兩個工作天。

日本簽證申請中心

地址：香港北角電氣道148號16樓3室
申請時間：周一至五8:30am-3:00pm　　領證時間：周一至五8:30am-4:45pm
預約網址：https://www.vfsglobal.com/Japan/Hongkong/
簽證申請書下載：https://www.mofa.go.jp/mofaj/toko/visa/pdfs/application1_c2.pdf

2) 貨幣

流通貨幣為日圓YEN，¥100兑約HK$5.2（截至2023年10月）。港元可在日本兑換成日圓。關西機場兑換中心從6:00am開始營業，直至最後一班航班抵達。大阪的銀行由周一至周五9:00am-3:00pm營業，遊客亦可在郵局的辦公時間（9:00am-4:00pm）兑換日圓。雖然在大阪兑換兑換日圓甚方便，但編輯部建議讀者最好在香港先兑換，而且匯價較佳兼手續快捷。

提款卡海外提款

由2013年3月1日開始，所有信用卡/提款卡的海外自動櫃員機（ATM）每日提款限額(包括現金透支)及每日轉賬額將應**香港金管局要求被設定為港幣0元！**

旅客若打算在海外自動櫃員機進行提款，**應於出發前向有關發卡銀行進行啟動／激活**。

3) Visit Japan Web

2022年11月14日起，入境日本的旅客必須使用Visit Japan Web預先登記才可以入境。旅客可以在電腦或手機上填寫個人及同行者（嬰幼兒或無法自行辦理入境手續之人士）資料，包括檢疫（針紙）及海關申報資料，便會獲得入境審查及海關的QR碼，旅客可憑此入境及離開日本之用。

網站：https://vjw-lp.digital.go.jp/zh-hant/

填寫流程

1. 入境（或回國）之前需要完成以下步驟

【STEP 0 建立帳號登入】
使用電郵地址建立帳號。

【STEP 1 登錄使用者資料】
使用者本人及同行家人資料。

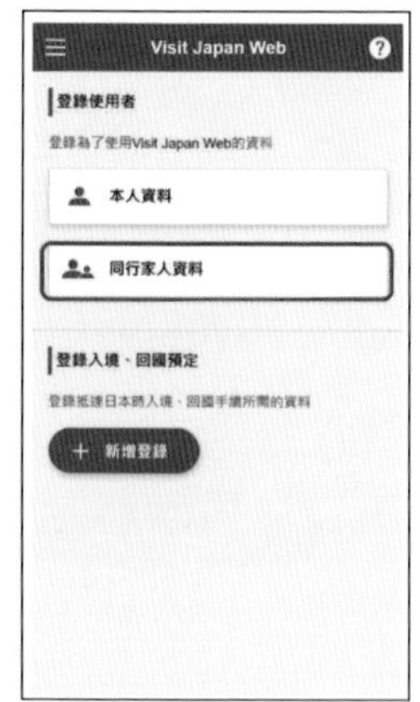

【STEP 2 登錄日程】
入境、回國預定日子。

【STEP 3登錄所需手續的相關資料】
入境審查及海關申報

※ 首次登記Visit Japan Web可能會有些複雜，而且應事前準備好針紙及護照相片方便上傳。登記後個人資料會被記錄，以後使用便會方便得多。坊間亦有許多網站或視頻，教你一步一步在網上填寫資料。

※ 如果不想用電腦或手機登記，可以使用以往的紙本表格，不過須下機前填妥，亦要準備好相關文件。

2. 抵達日本後需要的手續

【STEP4 以QR碼顯示入境．回國手續】
向相關櫃檯顯示入境審查及海關申報QR碼

4）時差

時差方面，日本全國各地使用統一時間。時差比香港快1小時（＋1小時），如日本是8:30am，香港時間則為7:30am。請讀者緊記到埗後自行調校手錶、手機及手機的時間，以免稍後出現「瞓過龍」、「送車尾」，甚至「送飛機尾」等烏龍事。

5）氣象預測

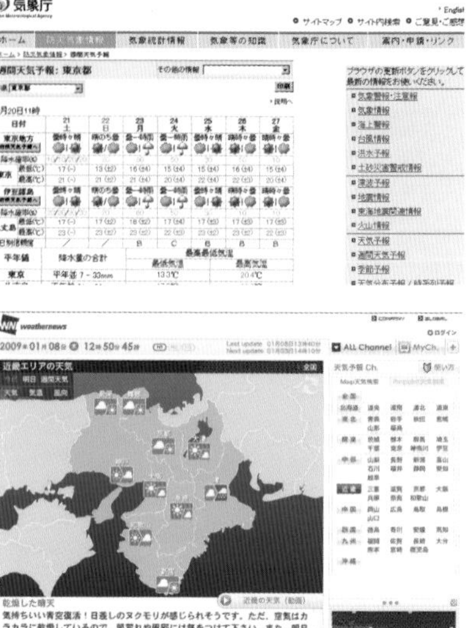

出門前需留意當地的天氣。最快最直接的方面，就是上網查閱日本氣象廳的四日天氣預報！就連地震預警、海嘯預警都有齊！

日本氣象廳
https://www.jma.go.jp/jma/index.html

除了官方的氣象預報外，日本亦有一所民營的天文台，其準確程度不遜於日本氣象廳。

除了提供天氣預報外，用家更可以直接查閱主要大區的詳細天氣情況，細緻如早午晚時段的氣溫、降雨量、降雨機會率都有提供，最令人激賞的就是網頁更提供現場即時影像LiveCam，天晴還是下大雨一目了然。

日本Weathernews網頁
http://weathernews.jp

櫻花花期預測

若你想得到當地最近的資料，可以到日本很有名的旅遊雜誌RuRu-Bu的網頁查看他們的報導。網頁內除了提供開花 / 紅葉的預測期、各地賞櫻 / 紅葉的熱門地方詳盡介紹外，更有讀者每週提供的現場照片，讓旅客可以做足心理準備，預算賞櫻 / 紅葉的最佳時間。

RuRuBu——櫻花最前線報導
http://www.rurubu.com/season/spring/sakura
RuRuBu——紅葉最前線報導
http://www.rurubu.com/season/autumn/koyo

7）電壓及電話

日本的電壓是100V，頻率是50Hz。電插座是兩腳扁插頭。由香港帶來的電器，若是 110V-240V的插頭，當然沒問題，假如是220V便不能直接使用，需準備220V轉100V的變壓器。

日本的電話號碼由3部分組成，由香港致電名古屋，可撥81（日本國碼）-052（名古屋區域碼）- 個人電話號碼。例子如下：

香港至名古屋：81-52-213-1221	**長途電話不用撥打區號的"0"字**
名古屋區內致電名古屋：213-1221	**致電同區電話不用撥打區號**
金澤至名古屋：052-213-1221	**致電不同區，電話需要撥打區號上的"0"字**

7）4G日本無限數據卡

同Wi-Fi 蛋比較起來，數據卡最大好處是便宜、慳電，可以每人一張卡。Docomo 在日本的4G覆蓋度很高，但Softbank的覆蓋範圍也達到99%，在主要大城市兩者網絡訊號接收度，差別不大。中國聯通的8天4G無限數據卡，參考價只是HK$70，比其他品牌數據卡抵用，缺點是數據用量達4GB後有限速（不低於128kbps）。如果一定想用Docomo，可以考慮3HK日本4G 7日7GB無限數據卡，使用超過7GB會降速至256kbps，參考價為 HK$80。(資料截至2022年11月)

售賣地點：鴨寮街、各電訊公司

8）免費Wifi

日本流動網絡商SoftBank於2015年開始向遊客提供Wifi免費熱點服務。SoftBank的Wifi熱點主要分布在鐵路車站、高速公路休息處、便利店等地方。用戶必需利用非日本SIM卡，才可使用免費Wifi。每次登記後可連續使用2星期，最多可供5部裝置使用，到期後可重複登記一次。

登記方法：

1) 用手機撥打免費電話
（英語：*8180
中文：*8181）
2) 取得Wifi密碼
3) 開啟手機Wifi，
用戶名為「852」加
「手機電話號碼」，輸入密碼後即可啟用。

https://www.softbank.jp/en/mobile/special/freewifi/zh-tw/

FREE Wi-Fi PASSPORT

11）有用電話

警局	110（日語）
	35010110（英語）
火警及救護	119
24小時求助熱線	0120-461-997
天氣預報	177
關西機場	72-455-2500
中國駐日本大使館	03-3403-5633
香港入境事務處	852-1868
日本航空關西機場辦事處	03-6733-3062
全日空關西機場辦事處	05-7002-9709
國泰航空關西機場辦事處	03-6746-1000
香港快運關西機場辦事處	01-2042-7730
樂桃航空關西機場辦事處	03-6731-9241

12）日本節日

1月1日	新年
1月的第2個星期一	成人節
2月11日	國慶節
2月23日	天皇誕生日
3月20日或21日	春分
4月29日	昭和日
5月3日	憲法紀念日
5月4日	綠之日
5月5日	兒童節
7月20日	大海之日
9月15日	敬老日
9月23日	秋分
10月第2個星期一	健康體育日
11月3日	文化節
11月23日	勞動感謝日

最新日本退税

海外旅客在貼有「**免稅標誌**」的商店或百貨購物**滿￥5,000至￥50萬**（**未含稅**），結帳時只要出示有效護照，即可享免10%消費稅優惠。退稅有兩種方式：

1. 店鋪結賬時，直接收取免稅價。
   （五大藥妝店均如此，由專屬免稅櫃檯辦理）
2. 店鋪先以含稅價格付款，之後顧客憑收據到退稅櫃檯領取現金。
   （百貨公司及Outlet的辦理方法，一般會收取1.1%手續費）

由2023年4月1日起，登記Visit Japan Web時，增設了「建立免稅QR碼」。到商店進行退稅時，只要出示「免稅QR碼」給店家掃瞄即完成登記，不用再出示護照，令退稅過程更快捷。此外，免稅手續已全面電子化，不再提供紙本收據，毋須在護照上釘夾免稅單，也不需要在離境時把單據交回海關櫃台。

雖然不用再把單據在出境時交給海關，但海關會在大家離境前設置櫃檯，要求每位旅客出示護照，馬上查閱所購的免稅品。記者於離境時給抽查，要求出示紀錄中的退稅商品，部份因為已托運無法出示，海關仍要求出示當時帶在身上的部份免稅品，並就已托運的退稅品進行問話（如：買了什麼），只要如實回答即可。

※如購買的退稅品已在日本境內寄回所住的地方，請於郵寄時保留單據，離境時跟海關出示即可。

退稅退足15%??

目前不少信用卡都與日本商戶有合作推出優惠，於指定商店或百貨公司用特定信用卡簽賬，即享額外5%-6% 折扣，優惠雖不算太多，但連同10%免稅就有15%折扣。由於店鋪眾多，未能盡錄，以下為銀聯卡之退稅優惠連結：

http://www.unionpayintl.com/cardholderServ/serviceCenter/merchant?language=en